工商管理、市场营销本科系列教材

统计学教程

第 3 版

主　编　刘渝琳　陈碧琼

副主编　陈立泰　王可俐

重庆大学出版社

内 容 提 要

　　本书研究统计资料的搜集、整理和分析的一般原理和方法,主要包括绪论、统计的研究环节、统计基础指标体系、统计指数分析方法、抽样分析方法、假设检验、相关分析方法、统计预测、统计平衡法等方面的内容。

　　本书可作为高等院校经济学类非统计专业的学生教材,也可作为统计、会计等有关专业人员的培训用书。

图书在版编目(CIP)数据

统计学教程/刘渝琳,陈碧琼主编. —3 版.—重庆:重庆大学出版社,2011.4(2019.10 重印)

工商管理、市场营销本科系列教材

ISBN 978-7-5624-2701-8

Ⅰ.①统…　Ⅱ.①刘…②陈…　Ⅲ.①统计学—高等学校—教材　Ⅳ.①C8

中国版本图书馆 CIP 数据核字(2011)第 060422 号

统计学教程
(第 3 版)

主　编　刘渝琳　陈碧琼
副主编　陈立泰　王可俐
责任编辑:马　宁　尚东亮　　版式设计:马　宁
责任校对:文　鹏　　　　责任印制:张　策

*

重庆大学出版社出版发行
出版人:饶帮华
社址:重庆市沙坪坝区大学城西路 21 号
邮编:401331
电话:(023) 88617190　88617185(中小学)
传真:(023) 88617186　88617166
网址:http://www.cqup.com.cn
邮箱:fxk@ cqup.com.cn(营销中心)
全国新华书店经销
重庆紫石东南印务有限公司印刷

*

开本:787mm×960mm　1/16　印张:18.25　字数:328 千
2011 年 5 月第 3 版　　2019 年 10 月第 10 次印刷
印数:24 501—25 500
ISBN 978-7-5624-2701-8　定价:45.00 元

第 3 版前言

随着信息时代的到来,现代科学技术的发展,统计作为一种方法和工具就变得越来越重要。在新形势下,统计信息是科学和社会经济信息的主体,也是国家正确制定政策和科学管理国民经济的重要依据。所以,统计工作是我国现代化建设的一项基础工作。各行各业的业务活动都离不开统计,经济越发展,统计工作越需要加强,科学技术越进步,统计知识的作用越广泛。本教材就是顺应这一要求,并用来研究、指导一切统计工作的基础理论教材。

《统计学教程》是统计的基本课程,它研究统计资料的搜集、整理和分析的一般原理和方法。编写本书的目的,一方面是为进一步学习专业统计课程奠定理论和方法基础;另一方面也为学习其他专业课和从事经济研究提供数量分析的方法。

本教程在借鉴其他统计学教材的基础上,在内容和体系上都做了较大的改进,形成了自己的特色。

首先,本书遵循"基础—分析—方法"这样的规范研究的基本思路。

其次,注意学以致用,每章后附有大量的习题,帮助学员在学习理论的基础上巩固所学的知识。

最后,统计学原理与经济统计有机结合,帮助学员在学习统计学理论的基础上,能够通过统计方法分析现实的经济问题。

本书作为高等院校经济学类非统计专业的学生教材。第 1~2 章主要阐明统计学的研究对象和基本范畴;第 3~5 章详细分析了统计的各类指标及指标体系;第 6~9 章着重介绍了统计的基本方法和分析方法。

本书的编写由重庆大学刘渝琳、陈碧琼担任主编,重庆大学陈立泰、王可俐担任副主编。具体分工是:第 5 章、第 9 章由刘渝琳编写;第 7 章和第 8 章由陈碧琼编写；第 3 章、第 6 章练习题及答案由陈立泰编写；第 1 章、第 2 章、第 4 章由王可俐编写。最后由刘渝琳、陈碧琼、陈立泰修改、定稿。

由于作者水平有限，本书尚有不当之处，殷切期望读者批评指正，以臻于完善。

编　者
2011 年 3 月

目　录

2

练习题答案

附表

参考文献

第1章 绪 论

1.1 社会经济统计的产生与发展

1.1.1 统计是适应社会经济发展和国家管理的需要而产生和发展的

早在原始社会末期,人类在获取物质生活资料的劳动中,把多余的食物储藏起来,逐渐意识到记数的必要性,从而产生了堆石子、结绳、画线等极其简单的记数活动。这同现代统计相比,虽不能称为统计,但可以说是统计的萌芽。

到了奴隶社会,统治阶级为了征兵、苛税、徭役,需要了解在其统治范围内的人口、土地、劳力、物产等情况,于是产生了人口、土地、财产等数量的调查统计。例如我国《史记》中就有公元前2000多年夏禹时代的人口、土地的数量记载;埃及在公元前3050年建造金字塔时,也曾对全国的人口和土地、财产进行普查。当然,其内容是很简单的,可以说是较为原始的统计。

历史发展到封建社会,统计已粗具规模。《商君书》指出:"强国知十三数",可见商鞅时代已把掌握人口、壮男、壮女、老人、病弱者、官吏、读书人、牛、马、饲料等反映基本国情国力的"十三数"作为治国图强的重要手段。从秦汉到明清,历代都有严密的调查制度和丰富的统计资料,并且已经应用百分数、平均数、推算、分组等统计方法。在中世纪,欧洲许多国家也进行过人口、军队、世袭领地、居民职业、财产、农业生产等方面的统计。

1.1.2　统计的大规模发展开始于资本主义社会

　　随着资本主义经济的发展,社会分工愈来愈细,工业、交通、商业、金融等事业迅速发展,引起了对统计的新的需要。统计工作也就由一般的政治、经济和军事统计逐渐扩展到工业、农业、商业、交通、银行、邮电、外贸和物价等各方面,形成了各种专业的社会经济统计。19世纪30年代到40年代,在统计史上叫做统计的"狂热年代",英、法、荷、比、挪威、丹麦等国都在这前后建立了政府统计机构,一些国家开始出版统计杂志,并成立了统计学会等组织。

1.1.3　随着资本主义统计实践的发展,统计学说和理论也逐渐发展起来,产生了不同的学派

　　①在17世纪中叶出现了政治算术学派。政治算术学派的创始人是英国人威廉·配弟(William Petty)和约翰·格兰特(John Graunt),他们主张用计量和比较的方法阐明社会政治经济现象的实质及其相互关系。配弟在他的代表作《政治算术》一书中就是通过对英、荷、法的人口、资源、资本、产业、财富等大量数字的计算和系统的比较分析,指出英国的国际地位并不悲观,如能执行正确的政策,就能富国强兵。格兰特则对伦敦市50多年的人口出生、死亡、性别比例和人口发展趋势,做了分类的计算和预测,写出了关于人口变动规律及如何处理人口统计资料的专著。他们这种用数字、重量和尺度来表达自己想说的问题的理论与方法,为以后统计学者所广泛接受,成为资产阶级统计学的基础。马克思在《资本论》中说:"威廉·配弟——政治经济学之父,在某种程度上也可以说是统计学的创始人。"但是,政治算术学派当时并未使用"统计"和"统计学"这个名词,因此被认为有统计学之实而无统计学之名。

　　②创立统计学这个名词的是国势学派主要继承人德国哥丁根大学教授阿亨瓦尔(Gottfried Achemwell)根据拉丁文 status(现状)、意大利文 stato(国家)、statisti(政治家)几个字的字根,创造了一个德文新字 statistik(统计学),并在大学里开设统计学这门课。国势学派把统计学理解为搜集大量实际资料,论述有关国情国力的系统知识,内容包括领土、人口、军队、议会、计政、经济、家教、艺术等,但结果主要是文字内容,这个学派始终没有把数量的对比分析作为统计学的基本特征。因此,国势学派又称记述学派,一般认为他们有统计学之名而无统计学之实。

这两个学派具有很大的共同点,他们都认为统计学是研究社会经济现象的,都以社会经济的实际调查资料作为立论的基础,亦都认为自己这一门科学是具体阐明国情国力的社会科学。他们的不同点就在于是否把数量方面的研究作为这门科学的基本特征。到19世纪中叶,统计的实践证明统计学是一门对社会经济现象进行数量对比分析的科学,两个学派之间的争论亦告平息。

③19世纪中叶,概率论逐步成为一门独立的数学分支。比利时人凯特勒(Quetelet)首先把概率论的原理和方法引入统计,主张用概率论作为研究社会现象的基础,并提出了"社会中的一切事物都受大数法则支配的理论",从而形成了数理统计学。在他以后,高尔登、皮尔逊、费暄、鲍莱等人在相关、抽样法等方面进一步丰富和发展了统计理论和方法。

统计学派把统计方法从仅限于对观察的资料进行整理、分析,发展到根据样本资料推测全体的推断统计,使科学能更加适应社会生活日益复杂和多样化的需要,更加适应社会生产、科学技术和经营管理现代化的需要。从这个意义上说,数理统计学派对统计科学的发展做出了较大的贡献,至今,这个学派在资本主义国家仍占统治地位。

凯特勒在理论上也有严重的错误,一是混淆了自然现象与社会现象之间的本质差别,二是夸大了概率论的作用。事实上,在社会经济现象中,随机现象并不很普遍,因而数理统计方法应用的范围也会受到一定限制。

1.1.4 我国社会经济统计的产生与发展

在我国,虽然早在4 000多年以前就产生了统计,但在封建社会里,统计未能得到广泛的发展。鸦片战争以后,随着帝国主义军事、政治、经济、文化的侵略,也开始传来了统计研究方法。旧中国的统计理论照搬英美,统计资料残缺不全。建国以后,在马列主义科学理论指导下,我国结合本国实践创立了一套适合我国社会主义建设需要的统计制度,为国家掌握重要的资料和社会主义建设做出了贡献。在"四化"建设的新时期,统计要适应经济体制改革的需要,学习世界各国统计科学理论和统计工作的先进方法,有计划有步骤地改革统计体制、统计制度和统计方法,使统计在四化建设中贡献出更大的力量。

1.2 社会经济统计的研究对象、性质和研究方法

1.2.1 社会经济统计含义

通常,统计有 3 种含义,即统计工作、统计资料和统计学。统计工作即统计实践,是指对社会、经济、政治、文化等现象的数量方面进行搜集、整理和分析等工作过程的总和;统计资料是统计工作的结果,即通过搜集、整理、分析等工作过程所取得的各项数据和资料;统计学是研究搜集、整理和分析统计资料的理论和方法的科学。统计学是统计工作经验的理论概括,反过来它又指导统计工作的实践,统计学和统计工作是理论与实践的关系。

从本质上看,统计是认识世界的一种有力的武器。无论认识自然界或认识人类社会,都离不开统计。在认识经济现象方面的统计就是经济统计。

1.2.2 社会经济统计的研究对象

社会经济统计作为一门独立的社会科学,有其独特的研究对象。社会经济统计的研究对象是社会经济现象总体的数量方面,即社会经济现象总体的数量特征和数量关系,通过这些数量方面来反映社会经济现象的规律性。社会经济现象的数量方面所涉及的内容很广泛。主要指国民经济和社会发展的总体情况,社会经济现象的基本数量和数量关系。研究社会经济现象的数量方面,具体地说就是用科学的方法去搜集、整理、分析国民经济和社会发展的实际数据,并通过统计所特有的统计指标及体系,展示所研究现象的规模、水平、速度、比例、效益等,以具体反映社会经济发展规律在一定时间、地点、条件下的作用。

1.2.3 社会经济统计的性质

社会经济统计是一门认识社会经济现象总体的数量特征和数量关系的方法论科学,属于社会科学中的方法论和应用性学科。

统计学是一门社会科学。社会经济统计学研究的对象社会经济现象本身具

有鲜明的社会性,而社会经济现象的本质和发展规律的科学原理,是由马克思主义的科学理论来阐述的。因而,社会经济统计学的理论基础,是马克思主义哲学和政治经济学。

统计学又是一门方法论学科。方法源于对象,对象和方法是统一的。社会经济统计的研究对象是社会经济现象总体的数量方面,固然要探讨社会经济现象在一定地点条件下的数量方面,但更重要的是对社会经济现象的调查研究提供理论原则和方法,诸如大量观察法、综合分析法、统计推断法等,这些构成了统计学研究的专门方法或方法论。当然,由于所反映的数量关系性质不同,有些方法普遍适用于自然现象和社会现象,有些统计方法只适用于社会现象,个别的统计方法仅仅是某些专业的专门方法。

统计学还是一门应用科学。由于社会经济现象数量方面的广泛性、适用性、特殊性和复杂性,使得统计作为一门应用学科不同于其他理论学科,即它不直接阐明社会经济现象的内部联系,而是为研究事物内在规律性提供指导原则和方式方法,是认识事物规律的手段。社会经济规律具体的数量表现是客观存在的,但要认识社会经济规律的数量表现却有一个方法问题,这就是统计学提供的研究方法。可见,认识方法和客观规律是密切联系的。方法对了才能提高认识事物规律的能力,而正确的方法也是客观的反映。应用统计方法,按客观经济规律办事,既认识了规律又能形成正确处理问题的方法。

1.2.4 社会经济统计的研究方法

根据社会现象数量方面的特点,在统计研究中运用了各种专门的方法。

1) 大量观察法

统计研究社会经济现象和过程,要从总体上加以考察,就总体中的全部或足够多的单位进行调查观察并加以综合研究。运用大量观察法是由研究对象的大量性和复杂性所决定的。

2) 综合分析法

对于大量观察所获得的资料,应用多种综合指标以反映总体的一般数量特征;在此基础上对综合指标进行分解和对比分析,以研究总体的差异性和数量关系。

3) 归纳、推断法

通过统计调查,观察总体中各单位的特征,由此得到关于总体的某种信息,这种由个别到一般,由事实到概括的方法叫归纳。以一定的置信标准,根据样本数据来判断总体数量特征的归纳推理方法叫推断。

必须指出,统计的方法是多种多样的,运用统计研究方法时要注意多种方法的结合。如在调查方法上,把大量观察与典型调查结合起来;在分析方法上,把综合指标分析和具体情况结合起来,以便达到更有效地认识社会经济现象的目的。

1.3 社会经济统计的特点和活动过程

1.3.1 社会经济统计的特点

要认识社会,就必须向社会做调查,按照事物的本来面目如实地加以反映。对经济现象进行调查研究的方法有很多种,统计是其中的一种。统计这种调查研究活动作为一个过程来说,具有不同于其他调查研究活动的特点。这些特点可以概括如下。

1)数量性

经济统计的认识对象是经济现象的数量方面。所谓数量方面是指经济现象的数量和数量对比关系,即反映经济现象的规模、水平、比例结构、普遍程度和发展速度等,并通过对数量方面的研究来认识经济现象的本质及其发展规律。

按照辩证唯物论的观点,任何事物的质和量都是不可分的。但从认识的角度看,质和量是可以分开的,可以暂时舍弃事物的一方面,单独研究另一方面。经济统计就是对经济现象进行定量认识的,它主要的特点是从数量角度来研究经济现象,用数字的语言说话。

当然,经济统计对经济现象数量方面的调查研究,必须以对经济现象的定性认识为基础。只有对经济现象的性质、特点、运动过程有了一定的认识,才有可能进行定量认识,才有可能进行经济统计活动。例如,要研究我国的国民收入水平,首先必须根据政治经济学的理论,明确什么是国民收入,然后才能据以确定国民收入的计算范围和计算方法。又如,要给企业设计一套统计决策指标体系,只有在对企业的生产经营活动全面了解的基础上,才能确定设置哪些统计指标能够满足领导决策的需要。

2）总体性

经济统计的认识对象是经济现象总体的数量方面。统计不研究单个的事实或个体现象,而是研究某一现象所包含的全体事物。例如,对某城市职工收支情况进行统计,目的不是要了解某几个职工家庭的收支水平和收支结构,而是要认识整个城市职工收支水平、收支结构及其变化情况,进而分析研究人民生活水平的特征及规律。同样,物价统计也不是要研究某一商品物价的波动情况,而是研究整个物价的波动程度。这一点,统计和会计是有区别的:会计着重研究每一笔资金的运动;统计的着眼点是对经济现象总体的认识。

但是,经济统计对经济现象总体数量方面的认识过程,是从对个别现象的认识过渡到总体的认识的。例如认识整个城市收支水平和收支结构,必须从调查个别家庭的收支情况开始,然后经过加工、汇总、推断等工作,过渡到反映全体职工收支情况。物价统计也必须从了解个别商品的价格变动开始,经过一系列统计工作过程,达到对物价总体数量变动情况的认识。这个过程可以简称为从个体到总体。

3）具体性

经济统计的认识对象是具体事物的数量方面,不是抽象的量,这是统计和数学的一个重要区别。数学所研究的是脱离了具体对象的抽象的数学关系;统计学所研究的是具体事物在一定时间、地点、条件下的数量表现。尽管如此,统计在研究数量关系时,也要遵守数学原则,在许多方面运用数学方法。

4）社会性

经济统计的认识对象是经济对象的数量方面。经济现象是人类经济活动的条件、过程和结果,如生产、流通、分配、消费等。它们都是表现为人与物的关系,背后也隐藏着人和人的关系。

经济统计从它的认识主体看也有社会性,资本主义国家的统计活动主要是为资本家服务的,这不仅是社会性,而且有阶级性。我国的经济统计也存在坚持社会主义方向的问题,统计人员的社会观点和经济观点将直接影响经济统计工作过程和认识成果。

在现阶段,经济统计不仅是认识社会的工具,同时也是对国民经济实行科学管理的重要手段。在经济管理中,要了解国情国力,掌握各种经济信息,要制订计划,监督计划的执行,以至进行综合平衡,制订方针政策等都必须随时收集各种统计资料,通过统计资料把经济现象的本来面目确切地、定量地加以反映,并

7

用统计方法对所收集的统计信息加以分析和判断,为经济管理和决策提供科学的依据。管理愈是现代化,统计作为管理工具的性质就愈显著。

1.3.2　社会经济统计的活动过程

社会经济统计工作是一项复杂的社会系统工程,具有高度的集中性和整体性。一个完整的过程可分为统计设计、统计调查、统计整理、统计分析、统计开发5个阶段。统计设计是对统计工作的各个方面和各个环节进行通盘的考虑和安排;统计调查是根据事先确定的调查纲要,搜集所研究的社会经济现象的可靠、准确的资料;统计整理是对调查资料加以科学汇总,使之条理化、系统化的过程;统计分析是对经济加工汇总的资料加以比较、对比的分析研究,揭示社会经济现象的数量特征与数量关系;统计开发是利用统计的信息资料为政府和企事业单位的预测、决策以及统计监督服务。

1.4　社会经济统计的职能、作用和任务

1.4.1　统计的职能

统计要达到认识社会的目的,不仅需要科学的方法,而且需要强有力的组织领导。随着社会经济的发展,国家统计的职能也逐步扩大。国家统计兼有信息、咨询、监督3种职能。

1)信息职能

信息职能是指国家统计部门根据科学的统计指标体系和统计调查方法,灵敏、系统地采集、处理、传输、存储和提供大量的以数量描述为基本特征的社会经济信息。

2)咨询职能

咨询职能是指利用已经掌握的丰富的统计信息资源,运用科学的分析方法和先进的技术手段,深入开展综合的分析和专题研究,为科学决策和管理提供各种可供选择的咨询建议与对策方案。

3) 监督职能

监督职能是指根据统计调查和分析,及时、准确地从总体上反映经济、社会和科技的运行状态,并对其实行全面、系统的定量检查、监测和预警,以促使国民经济按照客观规律的要求,持续、稳定、协调地发展。

上述 3 种职能是相互联系、相辅相成的。统计信息职能是保证统计咨询和监督职能有效发挥的基础;统计咨询职能是统计信息职能的延续和深化;统计监督职能是统计信息和咨询职能基础上的进一步拓展,并促进统计信息和咨询职能的优化。

统计工作只有发挥了信息、咨询和监督三者的整体功能,才能提供优质的服务,所以,也可以把统计的三大职能概括为统计服务。

总之,上述 3 种职能是一个有机整体,只有将这 3 种职能凝聚成一个合力,发挥其整体效益,才能充分体现和发挥统计工作在现代国家管理中的地位和作用。

1.4.2 社会经济统计的作用

1) 社会经济统计是一种认识社会的有力武器

作为一种有力武器,可以把它视为认识社会的一种"根据"。因为统计能够从事实的全部总和和内部联系中去把握事实,事实是弄清楚社会现象的基础。但要使这个基础成为"真正的基础",就应该从统计着手。

2) 社会经济统计是为一定目的服务的一种工具

社会经济统计是认识社会的一种有力武器,又是实现政治、经济目的的一个重要工具。在我国现代经济条件下,如果社会经济统计不能充分发挥认识社会的作用,统计数字不真实就会给人以假象,给国家政策的制定造成失误,必然破坏我国的经济建设。

当然,随着社会经济建设的发展和与外国交往的日益密切,社会经济统计将会在理论上有新的发展和深化,在实践中的应用将越来越广泛,其作用将越来越重要。

社会经济统计的作用是通过统计工作任务的完成而发挥出来的。

1.4.3 统计的任务

统计认识工具和管理工具的性质是通过统计工作所完成的任务而获得的。当前,我国经济统计工作的基本任务是为社会主义现代化建设服务。一般包括以下几方面的内容:

①准确、及时、全面、系统地反映国民经济发展情况,并进行统计分析和预测,为制定政策和加强经济管理、指导国民经济发展提供依据。社会主义现代化建设离不开经济管理,无论是发展市场经济还是推进技术进步,都需要有更丰富、更灵敏、更准确的信息。统计信息是经济信息的主体,对它的要求是不断提供准确的、多方面的信息,为国家管理和建设服务。

②对政策和计划执行情况进行检查和监督。社会主义经济是一个有机整体,统计就是机器上的仪表。统计通过准确反映社会主义建设的客观过程和结果,检查各地区、各部门、各单位对国家计划的执行情况,以便改进工作,促使国民经济协调发展。

③为进行宣传教育和从事教学科研提供资料。统计不仅要为各级领导服务,还要为群众服务,为教学和科研服务,使整个社会都能获得更多的统计资料。

10

1.5 社会经济统计的基本范畴

范畴是人们对客观事物的不同方面进行分析归类而得出的基本概念。统计总体和总体单位、单位标志和标志表现、变异和变量、指标和指标体系等是统计学的基本范畴。

1.5.1 统计总体与总体单位

1)统计总体

统计总体是根据一定的目的和要求所确定的研究事物的主体,它是由客观存在的具有某种共同性质的许多个别事物构成的整体。

确定一个总体要做许多研究:一是确定现象和性质的标准;二是确定总体范围。例如,研究我国的工业时,全国的工业企业就构成一个总体,因为这些企业是客观存在的,每一工业企业的经济职能都是从事工业生产活动。在经济职能同一性质的基础上,这些企业集合成研究的总体。

统计总体根据总体单位是否可以计数分为有限总体和无限总体。例如,在连续大量生产的某种小件产品中,总产量是无限的。在社会经济现象中,统计总体大多是有限的,例如人口总数、企业总数、商店总数等,都是有限总体。在统计调查中,对无限总体不能进行全面调查,只能调查其中一小部分单位,据以推断总体。对有限总体既可做全面调查,也可只调查其中一小部分,如人口普查(全面)及人口抽查(小部分)。

把总体、单位、标志及标志表现等范畴联系起来,可以把统计总体的特征概括为以下 3 点。

(1)大量性

即统计总体是由许多单位组成的,仅仅个别或少数的单位不能形成总体。因为研究总体数量特征的目的,主要是揭露现象的规律性。而事物的规律性,特别是社会经济现象的规律性只在大量现象的综合汇总中才能显现出来,个别社会现象有很大的偶然性,所以统计总体应该包含足够多数的单位。

(2)同质性

统计总体的同质性是一切统计研究的前提,只有总体各单位具有某种共同的性质才可能把它们结合在一起,否则,对总体各个单位标志表现的综合就没有意义。统计总体的同质性就是指总体中各单位至少有一个或一个以上不变标志,即至少有一个具有某一共同标志表现的标志,使它们可以结合起来构成总体。例如企业工人构成总体是由于每个人(单位)在社会成分这个标志的表现是相同的。

(3)变异性

构成统计总体的单位在某一方面是同质的,但在其他方面又必须有差异。如果说总体同质性是研究问题的前提,而总体变异性则是研究问题的本身,它决定着要用统计的方法来研究这类变异现象。例如企业工人总体中社会成分这一标志各单位的表现相同,即大家都是"工人",但其他标志如性别、工种、年龄、工龄、工资等工人具体表现都有所差异,这样,就可以从差异中研究问题的矛盾,寻找解决的办法。

2)总体单位

总体单位是指构成总体的个体单位,它是总体的基本单位。根据研究目的的不同,总体单位可以是人或物,可以是企业、机构、地域,甚至可以是状况、长度、时间等。例如要研究全省的工业总产值,那么全省的工业企业是总体,每个工业企业是总体单位。如果要研究粮食的亩产水平,那么播种面积是总体,而每亩面积则是总体单位。

总体单位可以用自然计量单位表示,也可以用物理计量单位来表示。如人口以个人为单位,家庭以户为单位,车床以台为单位等。又如时间、长度、面积、容积等都是以物理计量单位来表示的。

统计总体和总体单位的概念不是固定不变的,随着研究目的的不同,它们是可以转换的。例如在研究全国工业企业时,每个工业企业是总体单位,但是如果是研究某一工业企业的职工素质,该企业就成为统计总体,企业的每个职工才是总体单位。

1.5.2 统计标志和标志表现

1)统计标志

通常所说的统计标志就是单位标志,简称标志。它是总体单位的共同属性或特征。例如企业的经济类型、所属部门、职工人数、固定资产原值、总产值、利税额、全员劳动生产率等,是每一个工厂都具有的属性。又如设备的种类、型号、能力、价格、使用期限是每台设备都具有的特征。很明显,总体单位是标志的直接承担者,标志是依附于总体单位的。

一个特定的统计总体可有许许多多的标志,可以做多种分类。这里仅介绍品质标志和数量标志。品质标志是表明总体单位所具有的品性属性,例如工人的性别、设备的种类、企业的经济类型等;数量标志是表明总体单位所具有的数量特征,例如工人的年龄、工资、工厂的总产值、职工人数、全员劳动生产率等。

2)标志表现

标志表现是标志特征在各单位的具体表现。单位是标志的承担者,而标志表现则是标志的实际体现者。

标志表现有品质标志表现和数量标志表现之分。前者只能用文字来表现,例如性别是品质标志,而标志表现则具体为男性或女性;后者用数值表示就是标志值。如产量是数量标志,标志表现为50件、100件、500件等。

1.5.3 变异和变量

1）变异

在一个总体中,不管是品质标志或是数量标志,它具体表现在所有单位都是相同的,则把这种标志称为不变标志。在一个总体中当一个标志在各个单位的具体表现有可能不同时,这个标志便称为可变标志。可变标志的属性或特征由一种状态变为另一种状态,统计上称为变异。可变标志由此也称为变异标志。变异在统计学中是一个重要概念,没有变异就没有统计。

2）变量

在数量标志中,不变的数量标志称为常量或参数;可变的数量标志称为变量,所有的统计指标都是变量,变量数值称为变量值,也就是标志值。

变量按其数值的连续性分为离散性变量和连续性变量;按其数值的确定性分为确定性变量和随机性变量。

1.5.4 统计指标和统计指标体系

1）统计指标

统计指标是反映社会经济现象总体某一综合数量特征的范畴。也就是说,统计指标是说明总体特征的。

一项完整的统计指标应由总体的范围、时间、地点、指标数值、数值单位等构成,概括起来可归结为两个组成部分,即统计指标概念和统计指标数值。

统计指标有如下特点:数量性、综合性、具体性。

统计指标有重要的作用:从认识角度讲,统计指标起着社会指示器的作用和反映一定数量关系的作用;从管理和科学研究的角度讲,统计指标是基本根据之一。

统计指标与统计标志既有区别又有联系。区别是:指标是说明总体特征的,标志是说明总体单位特征的;标志有不能用数值表示的品质标志和能用数量表示的数量标志两种,而指标都是用数值表示的。联系是:有许多统计指标的数值是以总体单位的数量标志汇总而来的。

统计指标有不同种类:

(1)按其说明总体现象的内容不同可分为数量指标和质量指标

凡是反映社会经济现象的总规模水平或工作总量的统计指标称为数量指标,例如人口总数、社会总产值、商品流转额、工资总额等。凡是反映社会经济现象的相对水平或工作质量的统计指标称为质量指标,例如平均亩产量、平均工资、人口密度、出生率等。

(2)按其表现形式不同分为总量指标、相对指标和平均指标

总量指标是反映总体现象规模的统计指标,它表明总体现象发展的结果;相对指标是两个有联系的总量指标相比较的结果;平均指标是按某个数量标志说明总体单位一般水平的统计指标。

(3)按其作用不同可分为考核指标和非考核指标两类或为描述指标、评价指标、预警指标3类

描述指标是用于反映社会经济现实状况,反映社会生产生活的过程和结果的统计指标。例如,反映社会经济条件的指标,如土地面积指标、社会财富指标、人口指标等。反映生产经营状况和结果的指标,如国民生产总值、固定资产、利润总额、物资库存量、进出口贸易额等。反映社会物质文化生活情况的指标,如居民平均收入与支出指标、文化娱乐设施指标、居民文化程度等。

评价指标是用于对社会经济行为的结果进行比较、评估、考核,以检查其工作质量和经济效益的统计指标。例如企业经济活动的评价指标,如劳动生产率、出勤率、生产设备完好率等。又如国民经济评价指标,如国民收入增长速度、社会积累率等。

预警指标主要用于对宏观经济运行的监测,并根据指标数值的变化预报国民经济即将出现的不平衡状态、突变事件以及某些结构性障碍。如经济增长、经济周期波动、失业与通货膨胀、就业量与失业率、物价水平、汇率和利率等。

2)统计指标体系

若干个相互联系的统计指标组成的整体称之为统计指标体系。

建立统计指标体系有重要的意义:可以认识现象的全貌和全过程;可以分析复杂现象总体变化的原因(因素)和结果等。

统计指标体系也有不同的种类,总的可分为基本统计指标体系和专题统计指标体系。基本统计指标体系是反映和研究国民经济和社会发展及其各个组成部分状况的指标体系。它又分为三大层次:整个国民经济和社会发展统计指标体系、各个地区和各个部门的统计指标体系、各种企业和事业单位的统计指标体系。专题统计指标体系是针对某一个经济或社会问题而制订的,如经济效益、人民生活水平、能源问题等的指标体系。

在基本统计指标体系中,社会经济科技指标体系占有举足轻重的地位。其具体构成如图1.1所示。

图1.1 社会经济科技指标体系

3)统计指标和统计指标体系的设计

统计指标和统计指标体系的设计内容有:确定哪些指标、核心指标、指标间的联系;确定指标的名称、涵义、内容;确定指标的计量单位;确定指标的计算方法;确定指标的空间与时间范围等。

15

在设计统计指标与统计指标体系时必须坚持科学性、目的性、全局性、统一性、可比性等原则。

1.6 社会经济统计的理论体系

1.6.1 建立社会经济统计理论体系的依据

①适应统计研究对象的特点;
②适应统计任务的要求;
③适应学科发展分工的要求。

1.6.2 社会经济统计的理论体系

社会经济统计的理论体系如图 1.2 所示。

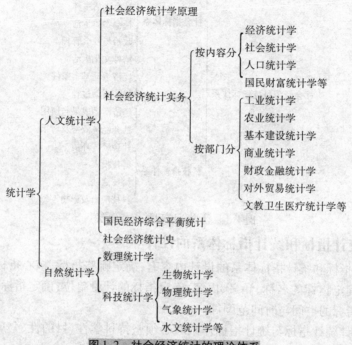

图 1.2 社会经济统计的理论体系

本章小结：

1. 统计学产生于原始社会末期，是适应社会经济发展和国家管理的需要而产生和发展的。

2. 社会经济统计学是将统计学的方法应用于解释社会经济现象和解决社会经济问题，在国家宏观调控、企业管理、科学研究和国际交流中有重要作用。

3. 社会经济统计的研究对象是社会经济现象总体的数量方面，即社会经济现象总体数量特征和数量关系，通过这些数量方面来反映社会经济现象的规律性。

4. 数量性、总体性、集体性、社会性是社会经济统计的特点。信息、咨询、监督是社会经济统计的 3 种职能。

5.社会经济统计的研究方法包括大量观察法、综合分析法、归纳推断法。

6.总体、总体单位、标志、变量、指标、指标体系是社会经济统计学中几个重要的基本概念,是理解和学好社会经济统计学的基础。

关键词:

统计、统计学、社会经济统计学、统计学派、总体、总体单位、标志、变量、统计指标、指标体系、存量、流量。

练习题

一、名词解释

社会经济统计	统计总体
统计指标	总体单位
统计标志	统计变异

二、简答

1.简述社会经济统计学的主要特点。

2.统计具有什么样的职能与作用?

3.社会经济统计经历了哪几个过程?其相互关系如何?

4.简述统计研究的主要方法。

5.社会经济统计学的研究对象和理论基础是什么?

6.统计总体与总体单位的关系是什么?

7.统计标志与统计指标的关系是什么?

8.变量与变量值的关系是什么?

9.举例说明统计总体、总体单位、统计标志、变量、变量值、统计指标各是什么,其关系如何?

10.如何设计统计指标与统计指标体系?

11.社会经济统计理论体系包括哪些内容?

12.结合实际,联系统计历史,简要说明学习社会经济统计学的重要意义。

三、业务题

1.请指出下列单位中的统计总体与总体单位。

单位名称	统计总体	统计总体单位
某机械厂		
某乡		

某高等院校

某医院

某商场

某公司

某商业主管局

2. 请指出上题中,总体单位的标志有哪些?哪些又是不变标志与可变标志?

3. 指出下列总体中的质量标志和数量标志各是什么?

  (1)大学生   (2)统计人员

  (3)农民   (4)工人

  (5)汽车   (6)计算机

  (7)房屋建筑物   (8)灯具

  (9)磁带   (10)证券公司

4. 试指出以下标志是哪种标志?

  (1)新生婴儿   (2)教育水平

  (3)统计员职称   (4)电视机寿命

  (5)民族   (6)国籍

  (7)产品等级   (8)宾馆星级

  (9)金牌数量   (10)一流小品

5. 试指出大学生学习成绩差异的基本原因,并区分其中的品质标志和数量标志。

6. 利用下列资料,计算总体单位总量、标志总量和各种质量指标。

企业名称	职工人数/人			年工资总额/万元	全年工业总产值/万元
	总　计	其　中			
		男	女		
东风厂	5 000	2 300	2 700	300	4 000
新华厂	7 000	4 000	3 000	400	6 000

第 2 章　统计的研究环节

2.1　统 计 设 计

2.1.1　统计设计的概念

统计设计是统计工作的第一个阶段。它是根据统计研究对象的性质和研究目的,对统计工作各个方面和各个环节的通盘考虑和安排。统计设计的结果表现为各种设计方案。无论大小的统计工作都会涉及社会经济现象相互联系的各个方面和各个环节,因此,统计设计要从纵横两个方面对整个统计工作做出通盘的考虑和安排。

2.1.2　统计设计的作用

统计设计作为一个独立的工作阶段有其客观必然性:①统计是一种高度集中的统一工作,它要求事先制订通盘考虑与安排的设计方案;②统计工作由单一的活动发展到整体的统计活动,这就要求统计设计必须独立而不能作为统计调查的附属;③从认识的顺序讲,统计工作并不是从搜集资料开始的,而是从对于客观对象的定性认识开始的;④从统计实践来看,统计内容不全,统计指标既有缺口又有重复,统计标准不统一,统计方法不灵活等都迫使统计工作从全局着眼改进统计方案,突出统计设计。统计设计对整个统计工作起两方面的作用。一方面,它是总体的定性认识和定量认识的连接点;另一方面,它对整个统计工作起通盘安排的作用。

2.1.3 统计设计的种类

(1)从设计所包含的认识对象的范围来讲,分为整体设计与专项设计

整体设计是把认识对象作为一个整体,对整个统计工作进行的全面设计;专项设计是指作为认识对象的一个组成部分的统计设计。整体设计与专项设计的划分是相对的,整体设计是主要的、第一位的;专项设计是附属的、第二位的。

(2)从设计所包含的工作阶段来讲,可分为全阶段设计和单阶段设计

全阶段设计是对统计工作全过程的设计;单阶段设计是对统计工作过程中某一阶段的设计。全阶段设计是主要的;单阶段设计要在全阶段设计的基础上进行。

(3)从统计设计所包含的时期来讲,可分为长期设计和短期设计

长期设计是指时期较长(5 年、10 年)的统计设计;短期设计是指 1 年或 1 年以内的统计设计。

20 2.1.4 统计设计的内容

1)整体设计的内容

①统计指标和指标体系的设计;
②统计资料分类和分组的设计;
③搜集统计资料方法的设计;
④统计各部门、各阶段的协调和关联;
⑤统计力量的组织和安排。

2)全阶段设计的内容

①明确统计的目的;
②确定统计对象的范围;
③规定统计的时空标准;
④确定调查登记的项目、分类和分组方法;
⑤制订保证统计资料准确性的方法;
⑥规定各个阶段的工作进度和时间安排;
⑦制订统计全过程的组织管理办法。

2.2 统计调查

2.2.1 统计调查的意义和种类

1)统计调查的意义

社会经济现象是复杂的,要认识其本质的规律性,就必须搜集资料,加以整理,并据以进行分析研究。在整个统计工作中,经过统计设计,确定了统计指标和统计体系之后,接下去的首要工作,就是搜集十分丰富和合乎实际的统计资料,进行统计调查。所谓统计调查,就是根据统计研究的预定目的、要求和任务,运用各种科学的调查方法,有计划、有组织地搜集有关现象的各个单位的资料,对客观事实进行登记,取得真实可靠的原始资料的工作过程。即具体地搜集统计资料的工作过程。

统计是认识社会的有力武器,面向社会实际做调查则是达到正确认识的基础。人们的认识是由社会存在决定的,它是客观的物质运动在人们头脑中的反映。离开社会实践,离开对实际情况的调查,人们的认识也就成了无源之水,无本之木,决不会得到正确的结论。只有深入实际做调查,弄清问题的历史和现状,才能真正取得对问题的发言权和工作的主动权。

统计调查是统计工作的基础环节,是统计整理和统计分析的前提。如果调查工作做得不好,调查资料失实或不全,就会影响统计整理和统计分析的质量,甚至使整个统计工作失去意义。所以说统计工作的质量在很大程度上取决于统计调查的质量,统计调查在整个统计研究中占有十分重要的地位。

统计调查必须满足真实性、时效性、全面性和系统性的要求。

统计资料的搜集方式有两种:一种是直接向调查对象搜集反映调查对象个体的统计资料,称为原始资料或初始资料;另一种是根据研究目的,搜集已经加工、整理过的说明总体现象的资料,这种资料被称为次级资料或二手资料。统计调查指的是对原始资料的搜集,因为利用二手资料只是资料搜集的一种方式,而不是统计调查。

统计调查的基本任务是根据统计指标体系,通过具体的调查取得反映社会经济总体现象及其各个部分间互相联系的原始统计资料。

2）统计调查的种类

根据不同情况,统计调查可分为不同的类别:

(1)按调查对象包括的范围不同,分为全面调查和非全面调查

全面调查是指对总体中的全部单位无一例外都进行登记观察。普查和大多数全国统计报表都属于全面调查。这种方式有利于掌握所有调查单位的全部情况,但它需要耗费较多的人力、物力和财力。因此,全面调查只适用于有限总体,调查内容应限于反映国情国力的重要统计指标。非全面调查是指对总体中的一部分单位进行登记或观察,包括抽样调查、重点调查和典型调查等。这种方式由于调查单位少,可以用较少的人力、物力和财力调查较多的内容,搜集到较深入、细致的情况和资料。由于非全面调查未包括全面资料,因此常常与全面调查结合起来使用。

(2)按调查登记时间是否连续,分为经常性调查和一次性调查

经常性调查是随着调查对象的变化连续不断地进行登记,主要针对的是时期现象;一次性调查是不连续的调查,主要针对的是时点现象。

(3)按组织方式不同,分为统计报表和专门调查

统计报表是按照统一规定的表式要求,自上而下地统一布置和自下而上地逐级汇总上报的一种调查组织方式。

(4)按资料搜集的方式不同,分为直接观察法、采访法和报告法

直接观察法是指调查人员亲自到现场对调查单位的调查项目进行清点、测定、计量以取得资料的一种统计方法。直接观察法所取得的资料具有较高的准确性,但需要大量的人力、物力、财力和时间,其应用受到很大的限制。采访法是指由调查人员向被调查者提问,根据被询问者的答复来收集资料的一种调查方法。它又分为个别调查和开调查会两种。报告法是指由报告单位采用一定的原始记录和统计台账,依据统计报表的格式和要求,按隶属关系逐级向有关部门提供统计资料的一种调查方法。报告法的特点是有统一项目、统一表式、统一要求和统一上报程序。

2.2.2 统计调查方案

统计调查是一项繁重复杂、高度统一和严格的科学工作,在着手调查前都必须制订一个周密的调查方案。一份完整的调查方案,包括以下几方面的内容。

1）确定调查的任务和目的

调查总是为一定的研究目的服务的,制订调查方案的首要问题是明确调查的目的和任务。不同的研究目的和任务,决定着不同的调查内容和范围。调查的目的和任务应根据党的方针政策和各个时期政治经济任务所提出的要求来确定。具体来说,要考虑以下几点:①有关国情国力的基本情况;②根据党的方针、政策和当前的政治经济任务把握最迫切的问题;③根据制订计划的需要,从统计工作整体出发,立足于国民经济综合分析研究的需要;④从调查对象的实际出发,把需要和可能结合起来。

2)确定调查对象和单位

确定调查对象和单位,是为了回答向谁调查、由谁来具体提供统计资料的问题。调查对象就是统计总体,是由性质上相同的许多调查单位所组成。调查单位也就是总体单位,它是指所要调查的组成总体的个体,也是在某项调查中登记其具体特征的单位,即调查项目的承担者。调查单位的确定决定于调查目的和调查对象。

明确调查单位需要把它与填报单位区分开来。填报单位也称报告单位,是提供调查资料的单位,一般是基本企事业组织。填报单位一般在行政上、经济上具有一定的独立性,而调查单位可以是人、企事业单位,也可以是物。调查单位和填报单位有时一致,有时不一致。如工业企业普查,每个工业企业既是调查单位又是填报单位,而在工业企业生产设备状况的普查中,调查单位是工业企业的每台生产设备,填报单位则是每个工业企业。

3)确定调查项目和调查表

调查项目是指调查中所要登记的调查单位的特征,这些特征在统计上又称标志。确定调查项目所要解决的问题是:向调查单位调查什么。拟定调查项目要注意:选择的项目是调查目的和任务所需要的且能取得资料的;每一个项目应有确切的涵义和统一的解释;各项目间尽可能彼此相互联系。

调查项目确定后,就要把这些项目列入调查表,以便填列整理资料。调查表一般由表头(名称、填报单位、时间等)、表体(项目名称、栏号、计算单位、标志值等)、表尾(签名、日期等)3部分组成。

调查表的形式一般有单一表和一览表两种。单一表是在一份表中只登记一个调查单位,可以容纳较多的调查项目,适用于较详细的调查。一览表是在一份表中登记若干调查单位,适用于调查项目不多的调查。

调查表确定后,需要编写填表说明和项目解释。填表说明用来提示填表时应注意的事项;项目解释则是为了说明调查表中所列的各个调查项目的涵义、包括范围、计算方法等。列入调查表中的许多项目,每个调查人员对它们的理解不尽相同,为了保证调查资料的科学性和统一性,填表说明和项目解释是十分必要的。

4)确定调查时间和期限

调查时间是调查资料所属的时间。如果所调查的是时期现象,就要明确规定反映调查对象从何年何月起到何年何月止的资料;如果所要调查的是时点现象,就要明确规定统一的标准时点。

调查期限是进行调查工作的时限,包括搜集资料和报送资料的整个工作所需的时间。规定这个工作期限,可以统一步骤,保证调查资料的时效性。

5)调查工作的组织实施

为了保证整个统计调查工作的顺利进行,在调查方案中还应该有一个周密考虑的组织实施计划。调查工作的组织领导主要包括以下内容:组织领导机构和人员配备情况;调查的方式方法;调查前的准备工作;资料报送办法;调查经费的预算和开支办法;提供公布调查结果的时间等。

2.2.3 统计调查方法

1)统计报表

统计报表是按国家统一规定的表式、统一的指标、统一的报送程序和报送时间,自上而下统一部署,自下而上逐级提供基本统计资料的一种统计调查方法。统计报表所包含的范围比较全面,项目比较系统,指标的内容相对稳定。因此,它是统计调查中取得统计资料的一种重要调查方式。统计报表具有统一性、全面性、可靠性和连续性等特点。

统计报表按不同的角度分类,有不同的类型。

①按调查范围不同,统计报表可分为全面调查的统计报表和非全面调查的统计报表。全面统计报表要求调查对象的全部单位均要填报;非全面统计报表的范围只是调查对象中的部分单位。

②按报送周期不同,统计报表可分为定期报表和年报。日报、旬报、月报、季报和半年报均属于定期报表。报送的周期越短,花费的人力、物力、财力就越多,因此,指标项目可以少一些;报送的周期长,指标项目可以多一些、细一些。

③按填报单位不同,统计报表可分为基层报表和综合报表。基层报表主要由基层企事业单位填报,它提供的原始资料是统计的基础资料。由主管部门根据逐级汇总填报的统计报表为综合统计报表。

④按报送方式不同,统计报表可分为邮寄报表和电讯报表。

⑤按报表的内容和实施范围不同,统计报表可分为国家统计报表、部门统计报表和地方统计报表。国家统计报表是根据有关的国家统计调查项目和统计调查计划制订的统计报表,也叫国民经济基本统计报表。部门统计报表是根据有关的部门统计调查项目和统计调查计划制订的统计报表。地方统计报表是根据有关地方统计调查项目和统计调查计划制订的统计报表,其实施范围是各省、市、自治区,主要用来满足地方专门需要。部门报表和地方报表都是国家统计报表的补充。

2) 普查

(1) 普查的意义

普查是根据统计任务的特定目的而专门组织的一次性全面调查。它主要用来搜集某些不能或不宜用定期的全面统计报表搜集的统计资料。一般用来调查属于一定时点上的社会经济现象的总量,如全国人口普查、生产设备普查等。普查比任何其他调查都更能掌握大量全面的统计资料。

有组织、有计划、有准备、有步骤地进行普查,有如下好处:声势浩大,经费容易解决;有利于各部门的相互配合,共同协作;能较快地确定分类标准和目录;统一行动,限期完成等。

(2) 普查的组织方式

普查的组织方式基本上有两种:一种是组织专门的普查机构,配备一定数量的普查人员对调查单位直接进行登记;另一种是利用调查单位的原始记录和核算资料,颁发一定的调查表格,由调查单位填报。普查要求有较高的准确性和时效性,因而普查工作必须有统一领导、统一要求和统一行动。

普查按普查资料汇总特点的不同也可分为一般普查和快速普查两种组织形式。

(3) 普查的组织原则

①必须统一规定普查的标准时间,即资料所属的时间,以避免由于时间变动而产生资料的重复和遗漏。例如,我国第4次人口普查统一规定1990年7月1日0时为标准时点,它反映了该时刻人口的实际状况。

②在普查范围内各调查单位或调查点的调查登记工作应尽可能同时进行,并应在最短期限内完成,以使各方面步调一致,保证调查汇总工作的时效性和资料的准确性。

③普查的基本内容和指标解释应统一规定,不得任意改变和增减。另外,同

25

一目的的各次普查,其普查项目应稳定,便于历史资料的对比研究。

总之,普查的组织要做到:统一组织领导;设计和颁发普查方案;组织培训普查队伍;进行试点,运用系统工程和统筹学的原理与方法,制订工作规则;严格控制各个环节的质量。

3)抽样调查

抽样调查为非全面调查,它是以概率论为理论基础,按随机原则,从总体中抽取一部分单位进行观察、登记,并据以推算总体全部单位数量特征的一种调查方法。

抽样调查主要用于以下几个方面:①对一些社会现象不可能或不必要进行全面观察时,应采用抽样调查;②用于对普查资料进行修正、补充。

抽样调查是一种非全面调查,但它又不同于其他的非全面调查。与其他非全面调查相比有如下特点:

(1)按随机原则抽取调查单位

所谓随机原则,是指在抽样过程中,样本单位的抽取不受任何主观因素及其他系统性因素的影响,每个总体单位都有相等的被抽中的机会。这是抽样调查与其他非全面调查(如重点调查和典型调查)的区别之一。只有坚持随机原则,才能保证样本对总体的代表性,保证抽样的科学性。

(2)以部分推断总体

统计研究的目的是要认识现象总体的数量特征。当有些现象不可能、没必要或来不及进行全面调查时,通过抽样调查可以推断总体的数量资料。

(3)可以计算和控制抽样误差

以样本指标推断总体指标,免不了有误差,但这种误差可以事先计算、控制,以保证抽样推断的结果达到一定的可靠程度。

通过抽样调查的特点,可以看到抽样调查具有明显的优越性,即具有经济性、时效性、准确性和灵活性。由于抽样调查的诸多优点,所以这种调查方法的应用范围越来越广,在统计调查方法体系中占了主体地位。

4)重点调查

重点调查是一种非全面调查,它是在所要调查的全部单位中,选择一部分重点单位进行调查。被选取的重点单位有两种类型:①从数量上看,它们在所研究的现象中占有绝对大的比重,如要了解原油生产情况,只要调查若干大油田的情况,就可以掌握石油的生产情况。同样地,可以通过调查若干大中型钢铁的生产情况来了解整个钢铁的生产状况。②从性质上看,它们在所研究的现象中占有重要地位。所选择的单位在所研究的现象中不一定占有很大比重,但它们却处于举足轻重的位置。如全国十几个城市的大型百货商店的销售额,在全国城镇百货销售额中未占绝对大的比重,但通过对这十几个商店的调查,可以了解百货行业商品流转的基本状况。

由于重点调查所选取的单位少,因此,可以用较少的精力获得及时的资料,是一种经济有效的调查方法。一般来说,当调查的任务只要求掌握基本情况,而部分单位又能集中反映这些情况时,采用重点调查是比较合适的。

5) 典型调查

典型调查是一种非全面的一次性调查,是在对调查对象初步分析的基础上,选择若干具有代表性的典型单位,进行深入细致的调查,借以认识现象总体发展变化的规律。典型调查是一种比较灵活的调查方式,它具有如下特点:①调查单位是根据调查目的有意识地选择出来的少数具有代表性的单位,便于从典型入手,逐步扩大到认识事物的一般性和普遍性,调查方法可以机动灵活,省时、省力,提高调查效果;②典型调查是一种深入细致的调查,通过它既可以搜集有关的数字资料,又可以掌握具体生动的情况,研究事物发生和发展的过程和结果,探索事物发展变化的规律性。

典型调查可分两种:一种是对个别典型单位进行调查研究,称为解剖麻雀式的典型调查;另一种是对现象总体按与研究问题有关的标志划分类型,再从各类型中选择典型单位进行调查,这种形式被称为划类选典式的典型调查。

典型调查的作用是:①典型调查可以补充全面调查和其他非全面调查的不足。这表现在3个方面,一是可以利用典型调查方式搜集全面统计和其他非全面调查无法取得的统计资料;二是利用典型调查可以搜集到不能用数字反映的各种情况;三是利用典型调查资料,证实全面调查数字的真实性,以便有针对性地采取措施,提高统计数字的质量。②在一定条件下,可以利用典型调查资料,结合基本统计数字,估计总体指标数值。③典型调查可以用来研究新生事物,因为新生事物在刚出现时总是少数,但它具有代表性。当新生事物还处在萌芽状态时,采用典型调查就比较合适。

6) 各种统计调查方法的结合使用

①根据具体情况按照需要与可能分别采用各种不同的调查方式、方法;
②在某些重大的统计调查中,把几种方法同时结合运用。

2.2.4 统计调查误差及检查

统计调查误差就是调查结果所取得的统计数字与调查总体实际数量之间的

差距。按任何统计调查方法搜集的资料都必须经过检查,才能进入统计整理阶段。统计资料的检查包括资料的准确性、完整性和及时性的检查。其中准确性检查是最主要的检查,费时费力,难度较大。准确性检查就是调查误差的检查,因此首先必须对调查误差的种类与原因要有所认识。

1）调查误差的种类与原因

统计调查误差可分为登记性误差和代表性误差。登记性误差是由于错误判断事实或错误登记事实而发生的误差,不管是全面调查或非全面调查都会有登记性误差。代表性误差是非全面调查所固有的。非全面调查由于只调查现象总体的一部分单位,这部分单位中只有抽样调查能计算代表性误差,所以通常所谓代表性误差是相对抽样调查而言的。调查资料的准确性检查指的是检查登记性误差,即审核和订正发生在调查过程中的误差。

登记性误差又分为偶然性登记误差和系统性登记误差。偶然性登记误差的原因很多,如调查人员注意力不集中,技能低下所发生的遗忘、笔误错填,或者是被调查者回答不当等。偶然性登记误差的特点是不具有倾向性,即在数量上不偏于某一方。这类误差既可能被夸大,也可能被缩小,在对大量调查资料进行整理时,通常会相互抵消。系统性登记误差的特点是具有明显的倾向性、一贯性,而在数量上偏向某一方,故又称偏差。例如,使用没有校正好的测量工具而显示数据连续偏大或偏小,或者是有意歪曲事实(如虚报、瞒报)等。系统性登记误差不管是有意或者无意,危害性都比较大,因此它对整理综合结果的指标影响程度大。

以上说明,登记性误差多是由主观因素所产生的。可以通过完善调查方案,加强调查过程的检察督促,提高调查人员的政治素质和业务技能,采取现代化的搜集信息手段来提高调查资料的质量,以把登记误差减少到最低的限度。

2）调查资料检查的方法

调查资料准确性的检查对象就是登记性误差,采取的方法是逻辑检查和计算检查。逻辑检查是检查调查的内容是否合理,项目之间有无相互矛盾之处,以及与有关资料进行对照,或者检查数字的平衡关系,以暴露逻辑上的矛盾。计算检查是检查调查表或报表中各项数字在指标口径、计算方法和结果上有无差错,计算单位有无与规定不符合等。

对于调查资料完整性和及时性的检查,即是检查所有被调查单位的资料是否齐全,是否按规定的份数、项目和时间上报。因为任何填报单位不报、缺报或迟报,都会影响汇总工作的进行。

通过上述检查,如发现有缺报、缺份和缺项等情况,应及时催报、补报,如发现有不正确或可疑之处,则应分别按不同的情况做如下处理:①对于可以肯定的一般错误,即代为更正,并向所属单位核对;②对于可疑之处或无法代为更正的错误,应通知原单位复查更正;③如果所发现的差错,估计在其他单位也可能发生时,应将错误情况通报尚未报送资料的单位,以免发生类似的错误;④对于严重的错误应发还重新填报,并查明发生错误的原因,若是由于某些不正之风所导致,应予以适当处理。

2.3 统计整理

2.3.1 统计整理概述

统计整理是指根据统计研究目的,将统计调查所得的原始资料进行加工,为统计分析准备系统化、条理化的综合资料的工作过程。广义地讲,这项工作也包括为研究特定问题对已经加工的综合资料的再加工和系统地积累统计资料。

统计整理是统计调查的继续,也是统计分析的前提,它具有承前启后的作用,是整个统计工作不可缺少的重要环节。如果统计资料整理得科学有序,可以加工出足够丰富的、反映问题深刻的综合信息资料,能够说明和揭示更多的问题;如果统计资料整理得不好,那么调查得来的资料再多,也不能发挥其应有的效用,造成资料和财力的浪费,同时,还直接关系到对事物的认识是否准确,是否全面,是否深刻。

统计整理的内容包括:①选择整理的指标,确定具体的统计分组;②对调查资料进行汇总,计算各组数值和总体总量;③利用统计表,描述整理的结果。

统计整理应遵循的原则是:抓住最基本的最能说明问题本质特征的统计分组和统计指标对统计资料进行加工整理。

统计整理一般按以下步骤进行:设计汇总方案;审核原始资料;分组、计算、汇总原始资料;编制统计表反映汇总整理结果。

2.3.2 统计分组

1)统计分组的概述

统计分组就是根据统计研究的需要,将统计总体按照一定的标志区分为若干个组成部分的一种统计方法。它同时具有两层含义:对总体而言是"分";对总体单位而言则是"合"。

通过统计分组,使同一组内的各单位在分组标志上的性质相同,不同组之间的性质相异。能够对统计总体进行分组,是由统计总体中各个总体单位所具有的"差异性"特点决定的。统计总体中的各个单位,一方面在某一个或几个标志上具有相同的性质,可以被结合在同一性质的总体中;另一方面,又在其他标志上具有彼此相异的性质,从而又可以被区分为性质不同的若干个组成部分。

一般来说,统计分组有以下作用:

①划分社会经济现象质的差异性。把复杂的现象区分为各个性质不同的组成部分,以认识事物的质的差别。这种分类可以直接反映一定社会经济结构的特点。例如,1999 年我国按经济类型划分的固定资产总额,如表2.1 所示。

表2.1　1999 年我国全社会固定资产投资完成额

	实际完成/亿元	所占比重/%
全社会固定资产投资总额	29 854.7	100.00
其中:国有经济	15 947.8	53.42
集体经济	4 338.6	14.53
个体经济	4 197.5	14.06
其他经济	5 372.2	17.99

资料来源:中国统计年鉴.北京:中国统计出版社,2000.

②反映社会经济现象总体的内部结构变化。要反映总体内部结构的变化,必须有各个时间的同一标志的内部结构资料,并把它们排列起来,才能看到其发展变化的情况。例如,我国全社会固定资产投资中,不同经济类型的固定资产投资比例的变化情况,如表2.2 所示。

表2.2　全社会固定资产投资按经济类型分类　　　　单位:%

	1995 年	1997 年	1998 年	1999 年
国有经济	54.44	52.49	54.10	53.42
集体经济	16.43	15.44	14.76	14.53
个体经济	12.79	13.75	13.18	14.06
其他经济	16.34	18.32	17.96	17.99

资料来源:中国统计年鉴.北京:中国统计出版社,2000 年.

③研究社会经济现象总体之间数量上的依存关系。社会经济现象不是孤立的,而是相互联系、相互依存和相互制约的。利用分组可以看到它们之间的相互联系。

2）统计分组的种类

①统计分组按其任务和作用的不同,可分为类型分组、结构分组和分析分组。通常认为,现象总体按主要的品质标志分组,多属于类型分组;按数量标志分组多是结构分组;分析分组则是为研究现象总体诸标志依存关系的分组,因此分析分组的标志称为原因标志,与之相对的为结果标志。原因标志多是数量标志,结果标志全部是数量标志。

②统计分组按分组标志的多少可分为简单分组和复合分组。分组按一个标志进行的称为简单分组;按两个或两个以上的标志进行,并重叠在一起的,为复合分组。

③统计分组按分组标志的性质不同可分为品质分组和变量分组。

3）统计分组标志的选择与分组体系

分组标志的选择在统计分组中具有关键性的作用,它包括:选什么作为分组的标志;选多少标志进行分组。

选择分组标志,必须根据统计的研究目的,挑选能够反映总体性质特征的标志。由于社会经济现象的复杂性,常常需要选用多个标志对总体进行分组。这种对同一总体进行多种不同分组而形成的一种相互联系、相互补充的统计分组称为统计分组体系。它表现为平行分组体系和复合分组体系两种形式。

（1）简单分组和平行分组体系

总体按一个标志进行分组的是简单分组,对同一总体选择两个或两个以上的标志分别进行简单分组,就形成平行分组体系。例如,为了认识工业企业职工总体的基本情况,选择年龄、文化程度、工龄和操作形式等标志进行简单分组,得到如表2.3所示的平行分组体系。

表2.3 平行分组体系

按年龄分组	按文化程度分组	按工龄分组	按操作形式分组
20岁以下	大专	5年及5年以下	手工操作工人
21～35岁	中专	6～10年	半机械化操作工人
36～50岁	技工	11～20年	机械化操作工人
51～55岁	高中	21年以上	自动控制作业工人
56～60岁	初中		
61岁以上	小学		
	识字不多		
	不识字		

31

平行分组体系的特点是,每一个分组只能固定一个因素对差异的影响,不能固定其他因素对差异的影响。

（2）复合分组和复合分组体系

对同一总体选择两个或两个以上的标志重叠起来进行分组,叫做复合分组,复合分组形成复合分组体系。例如,为了认识我国高等院校在校学生的基本情况,可以同时选择学科、本科或专科、性别等标志进行复合分组,得到复合分组体系,如表2.4所示。

表2.4 复合分组体系

理科学生组	文科学生组
本科学生组	本科学生组
男生组	男生组
女生组	女生组
专科学生组	专科学生组
男生组	男生组
女生组	女生组

建立复合分组体系,应根据统计分析的要求,在选择分组标志时,确定它们的主次顺序。复合分组体系的特点是:第一次分组只固定一个因素对差异的影响,第二次分组则同时固定两个因素对差异的影响,当最后一次分组时,所有被选标志对差异的影响已全部被固定。

4）统计分组的方法

统计分组的关键在于选择分组标志和划分各组界限。选择分组标志是统计分组的核心问题,因为分组标志与分组的目的有直接的关系。根据分组标志的特征不同,统计分组可以分为品质分组法和变量分组法。

（1）品质分组法

品质分组法是指选择反映事物属性差异的品质标志作为分组标志进行分组,并在品质标志的变异范围内划定各组界限,将总体划分为若干个性质不同的组成部分。如人口按性别、文化程度分组,企业按所有制类型分组等。

（2）变量分组法

变量分组法是指选择反映事物数量差异的数量标志作为分组标志进行分组,这是一种主要的分组方法。它主要包括以下几方面的内容:

①单项式分组和组距式分组。在变量分组中,变量有离散型和连续型之分。离散型变量变动幅度比较小时,则可以将每一个变量值作为一组,这种分组称为单项式分组。如表2.5所示的职工家庭按儿童数分为以下几组。

如果离散型变量值变动很大,项数又很多,采用单项式分组,势必因分组数太多而失去分组的意义,在这种情况下就不能采用单项式分组,而应采用组距式分组。如表2.6所示的企业按机器台数分组。

表 2.5 单项式分组
没有儿童的
有一个儿童的
有两个儿童的
有三个儿童的

表 2.6 组距式分组

机器台数/台	企业数/个
50 以下	40
50 ~ 100	60
100 ~ 150	80
150 ~ 200	100
200 以上	70

组距式分组就是把整个变量值依次划分为几个区间,各个变量值按其大小确定所归属的区间,区间的距离称为组距,这样的分组称为组距式分组。连续型变量由于不能一一列举其变量值,只能进行组距式分组。进行组距式分组时,对于全体变量值应该划分多少组才恰当,应全面分析资料所反映的社会经济内容、标志值的分散程度等因素,不可强求一致,但必须达到正确反映客观事实的目的。

②等距分组和不等距分组。等距分组即标志值在各组保持相等的组距,凡是在标志值变动较均匀的情况下,可采用等距分组。当标志值变动很不均匀,变动幅度很大时,就应采用不等距分组。

③组限和组中值。组距两端的数值称为组限,其中,每组的起点数值称为下限,每组的终点数值称为上限。离散性变量各组的上下限可用确定的数值表示。连续性变量的相邻组的上限和下限是重叠的,因此,凡遇到某标志值刚好等于某相邻两组的上下限时,一般把此值归为下限的那一组。离散性变量也可采用把各组的上限当做下一组的下限的做法。如表 2.7 所示的甲班考试成绩表。

表 2.7 甲班考试成绩表

按成绩分组/分	组中值/分	人数/个
50 ~ 60	55	2
60 ~ 70	65	7
70 ~ 80	75	11
80 ~ 90	85	12
90 ~ 100	95	8
合 计	—	40

组距分组掩盖了分布在各组内的单位的实际变量值。为了反映分布在各组中个体单位变量值的一般水平,统计中往往用组中值来表示。组中值是各组变量范围的中间数值,通常可以根据各组上限、下限进行算术平均。即:

33

$$组中值 = \frac{上限 + 下限}{2}$$

通常,用组中值来代表组内变量值的一般水平,统计中假定各单位的变量值在本组范围内呈均匀分布或在组中值两侧呈对称分布。

有时,组距数到上下两端的组限用开口式的组距,即在首末两组中往往用"××以下"或"××以上"的不确定组限的形式。为了进行统计分组,有时要假定开口式的组距,并计算其组中值,一般可参照相邻组的组距来决定。其计算公式为:首组假定下限 = 首组上限 - 邻组组距

末组假定上限 = 末组下限 + 邻组组距

如表 2.8 所示的乙班考试成绩表。

在表 2.8 中,首组假定下限 = 60 分 - 10 分 = 50 分,其组中值为 (50 + 60) 分 ÷ 2 = 55 分。末组假定上限 = 90 分 + 10 分 = 100 分,其组中值为 (90 + 100) 分 ÷ 2 = 95 分。

表 2.8　乙班考试成绩表

按成绩分组/分	组中值/分
60 以下	55
60 ~ 70	65
70 ~ 80	75
80 ~ 90	85
90 以上	95

5)对分组资料的再分组

当分组资料的分组不科学、不合理或者不可比时,必须依据正确的分组原则进行再分组。

再分组有两种方法:①按原来的分组标志重新划组,将原分组资料根据新组组限按比例重新整理;②先划定新组,并确定新组单位数在总体中应占的比重,然后据以将原分组资料按比例重新加以整理。例如,某工业部门各企业按劳动生产率不同的分组资料,如表 2.9 所示。

表 2.9　某部门劳动生产率分组表

按劳动生产率分组/(元·人⁻¹)	企业数比重/%	总产值比重/%	职工人数比重/%
600 以下	11	9.66	6.20
600 ~ 700	14	12.83	9.48

按劳动生产率分组/(元·人⁻¹)	企业数比重/%	总产值比重/%	职工人数比重/%
700~800	10	13.00	10.78
800~900	15	16.78	16.26
900~1 000	20	19.12	20.00
1 000~1 100	9	10.98	12.93
1 100~1 200	12	9.04	11.54
1 200~1 300	4	3.82	5.40
1 300~1 400	2	1.84	2.69
1 400 以上	3	2.93	4.72
合　计	100	100	100

　　显然,很难从上述分组资料中看出各组间质的区别。根据统计分析的要求,仍按劳动生产率标志重新分为落后企业(劳动生产率在 750 元/人以下)、一般企业(劳动生产率在 750~1 000 元/人之间)、良好企业(劳动生产率在 1 000~1 250元/人之间)和先进企业(劳动生产率在 1 250 元/人以上)4 组,则可根据新组限要求将原分组资料按比重重新整理,得到再分组资料,如表 2.10 所示。

表 2.10　某工业部门劳动生产率分组表

按劳动生产率分组/(元·人⁻¹)	企业数比重/%	总产值比重/%	职工人数比重/%
750 以下	30	28.99	21.07
750~1 000	40	42.40	41.65
1 000~1 250	23	21.93	27.17
1 250 以上	7	6.68	10.11
合　计	100	100	100

　　假设为了在不同工业部门间进行比较,考虑到不同部门间因产品价值构成不同而导致劳动生产率水平的不可比,则可按第二种方法再分组。即先确定不同部门各类企业在总体中均占相同的比重,例如落后企业占 25%,一般企业占40%,良好企业占 20%,先进企业占 15%,然后根据新组单位数比重的要求,将原分组资料按比例重新整理,得到再分组资料,如表 2.11 所示。

35

表 2.11 某工业部门企业情况分组表

企业类别	企业数比重/%	总产值比重/%	职工人数比重/%
落后企业	25	22.49	15.68
一般企业	40	44.12	42.04
良好企业	20	20.28	23.70
先进企业	15	13.11	18.58
合　计	100	100	100

在表 2.11 中,新组第一组的数据是按原分组资料第一组加第二组的数据获得的,新组第二组的数据是按原分组资料第三组、第四组的数据再加上第五组中根据新组单位数比重按比例应整理在内的部分计算得到的,其余各组以此类推。

上述两种方法均建立在假设原资料各组内的单位均匀分布的基础上,实际并不如此,故再分组的结果通常具有一定程度的假定性。

2.4　次数分布

2.4.1　次数分布的含义

在统计分组的基础上,将总体中的所有单位按组归类整理,列成总体中各个单位数在各组间的分布,称为次数分布。分布在各组的个体单位数叫次数,又称频数;各组次数与总次数之比称比率,又称频率。将各组组别与次数依次编排而成的数列就叫做次数分布数列,简称分布数列,又称分配数列或次数分配。它分为属性分配数列和变量分配数列两种。

现在先举例说明变量分配数列编制的过程。例如,对某工厂 50 个计件工人某月工资进行登记,得到以下原始资料(单位:元):

267	222	194	173	137	298	227	198	176	146
211	255	140	175	196	224	282	129	164	188
135	171	191	219	260	126	162	186	209	252
237	122	160	184	204	243	117	159	183	203
100	153	181	201	229	112	157	181	203	232

这些资料比较分散零乱,直接看不出有什么特征。如果我们将这些数字按顺序,从小到大排列起来,则为:

100	112	117	122	126	129	135	137	140	146
153	157	159	160	162	164	171	173	175	176
181	181	183	184	186	188	191	194	196	198
201	203	203	204	209	211	219	222	224	227
229	232	237	243	252	255	260	267	282	298

通过这样的序列,可以呈现一定的规律性,首先可知道波动幅度在 100 ~ 298 元之间。其次,可以看出大多数工人的工资在 150 ~ 250 元之间,偏低或偏高的都很少。

现在按工资水平分组,编成分配数列,这种规律就可以更明显地表现出来,其编制步骤如下:

第一步:设 R 为全距,$R = (298 - 100)$ 元 $= 198$ 元

第二步:设组数 $K = 8$,d 为等组距。则组距 $d = (198 \div 8)$ 元 $= 24.75$ 元

为计算方便,d 宜取整数为 25(元)

第三步:计算每一组的工人数及其比重,就形成分配数列,如表 2.10 所示。

表 2.12 分配数列

月工资/元	工人数/个	工人数比重/%
100 ~ 125	4	8
125 ~ 150	6	12
150 ~ 175	8	16
175 ~ 200	12	24
200 ~ 225	9	18
225 ~ 250	5	10
250 ~ 275	4	8
275 ~ 300	2	4
合　计	50	100

由表 2.12 可知,这 50 个工人计件工资呈现"两头小、中间大"的分布,规律

性很明显。

在变量数列中,标志值构成的数列表示标志值的变动幅度,而频数构成的数列则表示相应标志值的作用程度。频数愈大则组的标志值对于全体标志水平所起的作用也愈大;反之,频数愈小则组的标志值对于全体标志水平所起的作用也愈小。在研究频数和频率分配的时候,常常还需要编制累计频数数列和累计频率数列,它是通常所讲的次数分布。

影响次数分布的因素有组距与组数、组限和组中值。

次数是分布在各组中的个体单位数,如用相对数形式表示便是比率。比率是一种结构相对数,各组比率之和应等于1。

各组次数或比率的大小意味着相应的变量值在决定总体数量表现中所起的作用不同。次数或比率大的值,其变量值在决定总体数量表现中的作用就大,反之就小。

2.4.2 次数分布的表示方法

1)表示法

即用统计表来表示次数分布,并可列入累计次数,它具体表现为向上累计和向下累计两种。向上累计次数及比率是将各组次数和比率由变量值低的组向变量值高的组累计,各累计数的意义是各组上限以下的累计次数或累计比率;向下累计次数及比率是将各组次数和比率由变量值高的组向变量值低的组累计,各累计数的意义是各组下限以上的累计次数或累计比率。现仍以50名工人的计件工资为例来说明。

累计频数和累计频率的意义是很明显的。当所关心的是标志值比较小的现象的次数分配情况时,通常用次数向上累计,以表明在这些数值以下所有数值所占的比重。例如,表2.12中第一组说明在50名工人中,月工资在125元以下的有4人,占总人数的8%;第二组说明月工资在150元以下的有10人,占总人数的20%,以此类推。当所关心的是标志值比较高的现象的次数分配情况时,通常用次数向下累计以表明在这些数值以上所有数值所占的比重。例如,表2.12中第七组表示月工资在250元以上的有6人,占总人数的12%,第五组表示月工资在200元以上的有20人,占总人数的40%,以此类推。如表2.13所示。

表2.13 50名工人计件工资表

向上累计				向下累计			
工资分组上限	频数	累计频数	累计频率/%	工资分组上限	频数	累计频数	累计频率/%
125	4	4	8	100	4	50	100
150	6	10	20	125	6	46	92
175	8	18	36	150	8	40	80
200	12	30	60	175	12	32	64
225	9	39	78	200	9	20	40
250	5	44	88	225	5	11	22
275	4	48	96	250	4	6	12
300	2	50	100	275	2	2	4
合 计	50	—	—	合 计	50	—	—

由表2.13可知,累计频数和累计频率可以更简便地概括总体各单位的分布特征。

2)图示法

即用统计图形表示次数分布的方法。常用的有直方图、折线图、曲线图3种。仍以前面50个工人的工资为例来表示以上各种图形。

①直方图,即用长方形的宽度和高度来表示次数分布的图形,如图2.1所示。它一般不用来表示累计次数的分布。

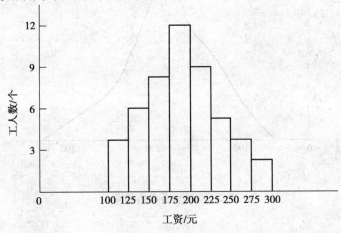

图2.1 次数分布直方图

②折线图,可以在直方图的基础上,用折线将各组次数高度的坐标连接而成,也可用组中值与次数求坐标点连接而成。如图 2.2 所示。折线图可以用来表示累计次数的分布。

③当变量值非常多,变量数列的组数无限增多时,折线便近似地表现为一条平滑的曲线,折线图就变成了曲线图。如图 2.3 所示。

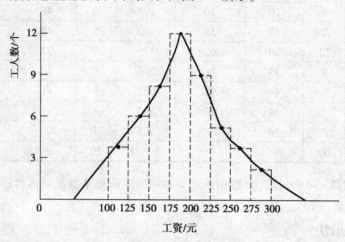

图 2.2　次数分布折线图

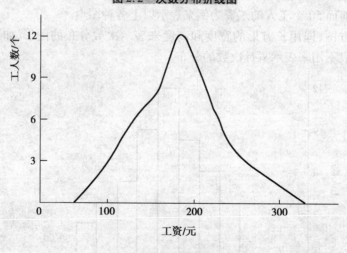

图 2.3　次数分布曲线图

2.5 统计汇总

2.5.1 设计汇总方案

对原始初级资料的整理是一种汇总性整理,它是根据预先设计好的汇总方案进行的。统计汇总方案的设计是一种单阶段设计,它主要包括两方面的内容:一是确定统计分组和分组体系;二是设计统计指标和指标体系。统计汇总方案主要表现为一系列空白的汇总表式、汇总用的填表说明和各种分类目录。

2.5.2 统计汇总的组织形式

统计汇总是调查资料经过科学分组之后,将各单位分别归组,计算各组及总体单位数;将分配在各组中各单位的标志值分别加总,计算各组及总体的标志总量。由于统计汇总的范围很广,材料很多,对统计汇总资料的要求也不相同,这就需要采取不同的组织形式进行汇总。其组织形式主要有以下两种。

(1)逐级汇总

逐级汇总指按照一定的统计管理体制,自下而上地对调查资料逐级进行汇总。我国定期统计报表一般采用这种组织形式。

(2)集中汇总

集中汇总指将全部调查资料集中到组织统计调查的最高一级机关一次汇总。它的特点在于迅速,可以大大缩减整理资料的时间。如快速物资普查,重点企业快速电讯报告等。

此外,也可以将两者结合,这种形式兼有上述两种组织形式的优点,但耗费人力、物力、财力较大。

2.5.3 统计资料的审核

审核统计资料是保证统计汇总质量的重要手段,包括汇总前的审核与汇总后的审核两个环节。汇前审核的内容主要有:资料的完整性、及时性、准确性;汇后审核的内容主要有:复计审核、表表审核、表实审核、对照审核等。

41

2.5.4 统计汇总的技术

1）手工汇总

手工汇总是用算盘或小型计算器进行的汇总。常用的方法有画线法、过录法、折叠法和卡片法4种。

（1）画线法

用画线符号在汇总表上做记录的汇总方法。它适用于对总体单位数的汇总。汇总时，看总体单位属于哪一组，就在汇总表上相应的组内划一点线符号，然后计算各组内的点线数目便得到各组单位数。

（2）过录法

将调查资料过录到预先预计的汇总表上，然后计算加总，得出各组总体单位数和标志值的合计数。过录法可汇总单位数和标志值，而且便于核算，便于计算。

（3）折叠法

把所有报表或调查表中需要汇总的栏或行，折叠在一条线上，然后加总。这种方法适用于对标志值的汇总，简单易行。

（4）卡片法

利用特制的摘录卡片进行分类汇总，它适用于调查单位多，分组标志多，分组较细的情况。其基本步骤是：①编号：对每一种分组，按组的顺序编号，并且在调查表的有关项目下注上所属的组号；②摘录：将每个总体单位的组号和汇总项目的实际数值摘录在卡片上；③分组计数：根据摘录卡片可以按组号将总体单位归组，分组后，卡片数即为总体单位数。

2）机械汇总

机械汇总是利用一套机器，包括卡片打孔机、验孔机、分类机和制表机等，以穿孔卡片代替手工摘录卡片，进行汇总。其步骤是：①编号；②卡片打孔；③分类；④制表。实际上，机械汇总是在手工汇总的卡片法基础上发展而来的。在汇总大量的资料时，机械汇总可以提高工作效率，大大缩减汇总时间。目前，机械汇总在我国未能普遍运用。

3）计算机汇总

利用电子计算机进行统计汇总，是统计汇总技术的新发展。从20世纪50年代开始，已正式利用电子计算机对统计数据进行处理，它主要包括原始数据的加工、存储、合并、分类、逻辑检查、运算以及打印出汇总表式或图形等。

电子计算机汇总的程序是:①程序设计:利用计算机语言,结合汇总内容进行设计;②编码:根据设计程序的规定把汉字信息数字化;③数据录入:把经过编码后的数据和实际数字通过录入设备记载到存贮介质(如磁盘、纸带等)上;④编辑:按照事先规定的一套逻辑检查规则对进入计算机的原始数据进行分析、比较、筛选、整理等;⑤制表、打印:所有数据经过编辑之后,由计算机按事先规定的汇总表式进行制表、打印。

我国1982年第三次人口普查已成功地运用了计算机进行统计数据的分类、汇总、分析。1990年第四次人口普查、2000年第五次人口普查又再次利用现代电子计算机技术进行统计资料的汇总和计算工作。从以后的发展趋势看,广泛使用电子计算技术是我国统计工作现代化的重要标志之一。

2.6 统计表

2.6.1 统计表的概念和构成

43

1)统计表的概念

统计表是用数字说话的一种最常用的统计形式。把统计调查得来的数字资料,经过汇总整理后,按一定的顺序填列在一定表格之内,这种表格就叫统计表。简而言之,以纵横交叉的线条所绘制的表格来表现统计资料的一种形式,称为统计表。

统计表是统计资料整理的结果,利用统计表可以把大量的统计指标集中醒目地填列在一张或几张统计表格之内,因而它是系统地提供资料和积累资料的重要形式。统计表可以用来说明总体的综合特征,利用表中的指标,可以研究社会经济现象的规律性,因而统计表也是统计分析的重要工具。

2)统计表的构成和内容

①统计表的构成,从形式上看,由以下几个部分组成:总标题、横行标题和纵栏标题以及指标数值。总标题是统计表的名称,简明扼要说明全表的内容,放在表的上端正中央;横行标题放在表的左端,纵栏标题放在表的上方,分别说明横行或纵栏所填列的统计数字的内容。

②统计表的构成,从内容上看,由主词和宾词两部分构成。主词是统计表所要说明的总体或总体的各个组;宾词是用来说明主词的各种指标。表的主词一

般都在表的左端,宾词一般放在表的上方,有时也有主词放在表的上方,宾词放在表的左端的情况。

现列表2.14说明统计表的构成。

表2.14 某工业管理局所属企业所有制的构成总标题

	全民所有制	集体所有制	合　计
企业数	170	24	194
比重/%	88	12	100

2.6.2 统计表的分类

①按作用不同分为调查表、汇总表(整理表)、分析表。

②按统计数列的性质不同分为空间数列表、时间数列表、时空数列结合表,如表2.15、2.16所示。

表2.15 某市居民储蓄的发展变化情况

年　份	年末储蓄存款余额/万元
1996	8 250
1997	7 080
1998	8 450
1999	9 120
2000	9 880

此表为时间数列表

表2.16 2005年某公司所属企业基本情况

企业名称	职工人数/个	工业总产值/万元
甲企业	1 120	1 072
乙企业	1 540	1 384
丙企业	2 108	1 846
⋮	⋮	⋮
合　计	61 085	54 364

此表为空间数列表

时空数列结合表是以上两种表格的内容的综合体现,表略。

③按统计分组的情况不同,分为简单表、分组表和复合表。简单表是主词未经任何分组的统计表。例如,主词由研究总体单位清单组成的一览表,主词由地区、国家、城市等目录组成的区域表,主词由时间顺序组成的编年表等。

将主词按某一标志分组后形成的统计表,便是分组表。利用分组表可以揭示不同类型的不同特征,研究总体的内部构成,分析现象之间的依存关系等,如表2.17 所示。

表 2.17　某高校学生性别构成

性　别	个数/个	比重/%
男　性	7 320	77.3
女　性	2 150	22.7
总　计	9 470	100

将主词按两个或两个以上标志进行复合分组的统计表称为复合表。在一定分析任务要求下,复合表可以把更多的标志结合起来,更深入地分析社会经济现象的特征和规律性。如表2.18 所示。

表 2.18　某地区××××年小麦情况调查

田数分组		播种面积/ha	小麦收获量/kg	平均亩产/kg
按施肥情况分	按种子品类分			
未施肥	普通	5	15 000	3 000
	精选	10	41 250	4 125
每公顷施肥 225 kg 以下	普通	35	157 500	4 500
	精选	40	240 000	6 000
每公顷施肥 225~300 kg	普通	65	396 500	6 100
	精选	75	534 375	7 125

2.6.3　统计表的设计

设计统计表必须遵循科学、实用、简练、清晰的原则,具体应注意以下几点。

①统计表的总标题、横行、纵栏标题都要简明扼要。

②统计表的格式不能过分庞杂,要简明清晰。如果反映的问题较多,可多用

45

几张表。

③统计表的数字要有准确的计量单位,如果全表只有一个统一的计量单位,可将其列在表的右上角。

④统计表的数字应该填写整齐,对准位数。当表中某栏数字为零就写"0";如没有这栏数字,该栏就用短线"—"表示;暂缺的数字用"…"表示;相同的数字照写。

⑤统计表的各栏可以统一编号,主词栏和计量单位栏用甲、乙表示;宾词栏各栏用1,2,3…标明栏号。

⑥统计表如有注解,一般写在表的下端,表中数字资料来源的说明也列在表的下端。

⑦统计表一般是"开口"式的,即表的左右两端不画纵线,上、下基线画粗线。

2.7　统计分析

2.7.1　统计分析概念、内容

1)统计分析的概念

统计分析是以经过加工整理的大量统计资料为基础,通过比较、对照,进行进一步的加工研究,形成概念,进行判断、推理,对社会经济现象的本质、规律性和它的发展前景从数量方面做出说明的一个过程。

2)统计分析的内容

①对统计整理的成果进行进一步加工,计算统计相对数、平均数等多种分析指标,形成统计分析的"部件"和"零件"。

②从总体的特殊表现过渡到总体的一般表现,即达到规律性的认识。

③对现象做出判断和评价。

④推论,即从现状的认识过渡到对未来的认识(预测)。

3)统计分析的作用

统计分析在统计工作过程中具有重要的作用:①反映社会经济现象的规模水平;②揭示社会经济现象的比例结构;③推断社会经济现象的发展变化的特征

和趋势;④认识社会经济现象变化的原因和结果;⑤为统计的开发提供详尽的资料。

2.7.2　统计分析的种类和方法

1)统计分析的种类

①按分析的内容划分,可分为规模水平分析、结构比例分析、速度效益分析、规律发展趋势分析等。

②按分析所涉及的范围分为全面分析、部分分析和专题分析等。

③按分析的时间不同可分为长期分析、短期分析、定期分析、不定期分析等。

④按分析所涉及的人员可分为专业分析和群众分析等。

2)统计分析的方法

①比较分析法;

②因素分析法;

③平衡分析法;

④抽样推断法;

⑤相关分析法;

⑥回归分析法;

⑦增量分析法;

⑧结构比例分析法等。

3)统计分析的基本步骤

一项完整的统计分析,必须包括以下几个步骤:

①明确分析的目的;

②搜集整理汇总统计资料;

③运用有关的分析方法进行分析;

④对分析的结果进行修改补充。

2.8　统计开发

充分利用统计信息资料,建立数据库、信息库,进行深层次的加工,搞好开放式统计,以多种多样的方式提供资料和咨询,发挥统计多方面的功能,为社会经

47

济、生活、科技的发展提供优质服务,是实现统计信息社会化的重要一环。要达到这个目的,必须借助电子计算机,用现代高科技进行统计开发,达到统计信息社会共享的目标。在统计开发工作中,运用电子计算机,国外称为电子处理数据,我国则称为统计电算化。统计电算化就是利用电子计算机系统来执行统计资料的搜集、整理、分类、记录、分析、解释和报告等行为,以便及时准确地对社会经济现象进行全面、系统、综合的反映、控制,为统计信息的使用者提供其所属的各种统计信息资料的过程。

统计电算化是统计和电子计算机共同发展的产物。在国外,统计电算化进程大致经历了以下 3 个阶段:单项数据处理阶段、综合数据处理阶段、统计数据系统处理阶段。

统计电算化的工作过程简称流程,一般包括两个方面,即系统设计流程和系统处理流程。系统设计流程一般由系统分析、系统设计、程序设计、系统实施等几个步骤构成;系统处理流程包括数据输入、检测、整理、检索、存储和输出等内容。

我国统计电算化工作起步较晚。随着经济体制改革的深入和对外开放的扩大,近年来统计电算化有了一定的发展。今后随着认识的不断深入和科学技术的不断发展,我国的统计电算化必将更上一层楼。

本章小结:

1. 统计设计、统计调查、统计整理、统计分析和统计开发是统计 5 个重要的研究环节。

2. 统计设计是整个统计研究的第一阶段。它是总体的定性认识和定量认识的连结点,同时还对整个统计工作起通盘安排的作用。

3. 统计调查是取得原始统计数据的重要方法,通过统计调查可以获取重要的第一手资料。统计报表、普查、抽样调查、重点调查、典型调查和各种统计调查方法的结合使用是统计调查中几种重要的方法。

4. 统计数据资料的整理是统计研究的一项重要工作,不同的数据资料有不同的整理方法,要根据数据资料的特点选用适当的整理方法。

5. 统计分组法是数据整理的基础,应该熟练掌握统计分组的技术和技巧。

6. 组距、组限和组中值是组距数列中的重要概念。

7. 在统计分组的基础上,将总体中的所有单位按组归类整理列成总体中各个单位数在各组间的分布,称为次数分布。它清晰地描述出了总体的一些特性。

8.充分利用统计信息资料,建立数据库、信息库,进行深层次的加工,以多种多样的方式提供资料和咨询,充分发挥统计多方面的功能,是实现统计信息社会化的一个重要环节。

关键词:

统计设计、统计调查、统计报表、抽样调查、普查、重点调查、典型调查、统计整理、统计分组、组距、组中值、组限、次数分布、累计次数、累计频率、逐级汇总、集中汇总、统计表、统计分析、统计开发。

练 习 题

一、名词解释

统计设计	统计调查
统计报表	统计普查
统计整理	统计分组
次数分布	频数与频率
统计汇总	统计表
统计分析	统计开发

二、简答题

1.为什么要进行统计设计?怎样进行统计设计?

2.统计设计的种类和内容是什么?

3.如何制订统计调查方案?

4.统计报表有哪些种类?是怎样建立的?

5.普查有什么特点?有何作用?

6.抽样调查、重点调查、典型调查的区别与联系。

7.举例说明各种统计调查方法如何结合运用。

8.统计调查误差有几种?怎样检查?

9.为什么要进行统计分组?这样进行统计分组?

10.次数分布如何表示?

11.简述统计表的基本结构。

12.常用统计分析方法有哪些?

三、业务题

1.某罐头厂从一天生产的罐头中抽选30听,测得每听重量如下:

162	158	158	163	156	157	160	162	167	168
160	164	152	159	159	168	159	154	157	160
159	163	160	158	154	156	156	156	169	169

要求:根据上述资料,编制变量数列(建议分为6组)。

2. 某企业机械加工车间有 50 名工人,上月生产定额完成百分比(%)如下:

98	81	110	105	107	100	108	110	109	120
121	103	124	104	105	112	103	100	122	126
114	92	88	100	117	114	95	103	119	127
129	126	138	106	87	140	135	142	118	146
82	119	145	132	93	102	106	109	116	125

要求:就上述资料,按定额完成百分比分组并编制累计频数和累计频率数列。

3. 某地区对 1 000 户农民调查得到农户拥有电视机资料如下:

按收入分组/元	农户数/户	拥有电视机/台
500 以下	100	2
500～1 000	200	18
1 000～1 500	400	90
1 500～2 000	200	80
2 000 以下	100	60
合　计	1 000	250

要求:按低收入组(占农户的 20%)、中收入组(占农户的 50%)、高收入组(占农户的 30%)重新分组,编制分配数列。

4. 有某企业某日各车间定额工时完成情况如下:

车　间	定额工时/工时		完成百分比/%
	计　划	实　际	
铸造车间	8 000	8 400	105
机加车间	12 000	12 800	107
部件车间	10 000	9 800	98
总装车间	16 000	16 640	104
合　计	46 000	47 640	103.6

要求:(1)说明该统计表属于何种形式?

(2)标明各构成部分的名称。

5. 按下表中资料填齐表中所缺空白栏数字。

组　限	组　距	组中值
72.5~77.5		
~76.5	3	75
70　~	10	

6. 指出下列调查属于什么种类,并说明理由:

(1)为了解钢铁积压情况,上级机关向各单位颁发一次性调查表要求填报。

(2)为了解科技人员分配、使用状况,有关部门向各单位布置调查表要求填报。

(3)各生产大队向上级主管部门提交的播种进度报告。

(4)为了解某地区主要农产品生产成本而进行的调查。

(5)从一批商品中选出10件进行检查,以判断和记录其质量。

(6)对全国各铁路交通枢纽的货运量、货物种类等进行调查,以了解全国铁路货运概况。

(7)对大中型基本建设项目投资效果进行调查。

要求:同时指出上述各项调查,哪些属于全面调查,哪些属于非全面调查? 哪些属于连续调查? 哪些属于非连续调查?

7. 为什么我国人口普查的标准是时点都是选择在6月30日24时,而国外普查的标准时点大多选在冬天?

8. 假设某人口普查的标准时点规定为6月30日24时,并以常住人口为普查对象,在标准时点以后几天,调查员遇到下面情况,该如何处理?

(1)7月3日在第1家调查时,得知这家7月2日死去1人,在普查表上应列为"死亡",或不列为"死亡"。

(2)同日在第2家遇到婚礼,10天以前新婚夫妇已办好结婚登记,调查员应如何登记其"婚否"项目。

(3)7月4日在第3家,这家6月30日出生1个小孩,应如何登记?

(4)7月4日在第4家,户主告诉调查员他在7月1日已办理离婚手续,对其婚姻状况如何填写?

9. 将下列两个表样合并为1个统计表并定出标题。

机工按工种和性别分组

工　种	全部工人	其　中	
		男	女
车　工			
铣　工			
钻　工			
刨　工			

不同工种机工按工资级别分组

工资级别	全部工人	其　中			
		车　工	铣　工	钻　工	刨　工
1					
2					
3					
4					
5					
6					
7					
8					

第3章 统计基础指标体系

3.1 总量指标

3.1.1 总量指标的概念、作用和种类

1)总量指标的概念与作用

总量指标是反映社会经济现象总体规模或水平的统计综合指标,也称统计绝对数。例如,一定时期某地区工业总产值、净产值、商品销售额、粮食产量、职工人数等,都属于绝对指标。

总量指标是统计最基本的指标,因此,在统计分析中,总量指标具有重要的意义和作用。

①反映社会经济基本情况的数量资料最先都直接具体地表现为一定社会经济现象的总量。因此,总量指标是研究社会经济的数量关系及其发展规律性的重要指标。

②在我国社会主义市场经济条件下,国民经济计划的基本指标都是按总量指标来规定的。因此,总量指标是各级领导机关制定政策、编制和检查计划执行情况的重要依据。

③统计指标基本形式中的另外两个指标,即相对指标和平均指标一般都是由两个有联系的总量指标之比计算出来的,是总量指标的派生指标。因此,总量指标是计算其他统计指标的重要基础。

2）总量指标的种类

（1）总量指标按其反映的内容不同，可以分为总体单位总量指标与标志总量指标

用来反映总体中单位数量的绝对指标称为总体单位总量指标；用来反映总体中单位标志值总和的绝对指标称为标志总量指标。例如，对某地区居民粮食消费情况进行研究时，该地区居住的人口总数便是总体单位总量指标，居民的粮食消费总量则是标志总量指标。明确总体单位总量指标与标志总量指标之间的差别，对于计算和区分相对指标与平均指标具有重要意义。

（2）总量指标按其反映的时间状态不同，可分为时期指标和时点指标

反映总体在某一时期内活动过程结果的总量指标称为时期指标；反映总体在某一时刻（瞬间）上状况的总量指标称为时点指标。时期指标和时点指标有着明显的区别，这表现在以下 3 个方面。

①时期指标的数值可以连续计数。它的每个数据都说明社会经济现象在这一时期内发生的总量。如一年的总产值，是一年中每天产值的累计。时点指标的数值只能间断计数。它的每个数据都表示社会经济现象发展到一定时点上所处的水平。如年末的人口数，是指年初的人口经过一年的生死变迁至年终（12月 31 日 24 时）的实有人口数。

②时期指标的各期数值直接相加可以说明较长时期内社会经济现象发生的总量。如 5 年的总产值是每年总产值相加的总和。时点指标的数值直接相加除在有关指标的计算过程中需要运用外，没有实际意义。

③一般来讲，同一总体时期指标数值的大小与时期的长短成正比。一年的总产值必须大于一月的总产值。时点指标数值的大小与时点间的间隔长短没有直接联系。如年末的人口数不一定比某月的月末人口数大。为此，设计时要规定时间间隔。选择标准时间和时间间隔，必须考虑现象的特点和变化规律，并结合经济管理上的实际需要。如果选择不当，就不能正确反映现象的真实数量。

3.1.2 计算总量指标需要注意的问题

1）要有明确的含义

统计绝对指标不同于数学中的绝对数，不是一个单纯技术的加总问题。统计绝对指标是各种社会现象总量的表现。因此须正确地确定总量指标所表示的各种社会现象的概念、构成、范围和计算方法，否则，就不能得到反映客观的正确数字。例如,只有从理论上确定工业企业的各种具体类型,才能得出正确分类的工业企业。又如,要统计工业产品,就要弄清什么是工业,要计算国民收入,就要知道什么是国民收入,不同质的现象,是不能计算总量的。

2)要有明确的时域概念

在计算总量指标时,要明确它所反映的时间的长短和大小范围。如计算工业总产值,是计算一个月的,还是计算一年的? 是计算一个工厂的,还是计算一个省的? 等等。这些都应加以明确,并且计算出来的总量指标也要加以标明。

3)要有统一的计量单位

总量指标表明一定的社会经济内容,因而,它不是抽象的数字,必须具有一定的计量单位。统计上常用的计量单位有:实物单位、货币单位、劳动量单位3类。

(1)实物单位

实物单位是根据事物的属性和特点而采用的计量单位。由于事物的特质不同,实物单位也多种多样。有的按实物的自然单位,如人按"个",汽车按"辆",机床按"台"等;有的按实物的度量衡单位,如钢材按"吨",粮食按"千克"等;有的按专用单位,如发电量按"千瓦",含热量按"焦耳"等。有时因使用某一种单位还不能充分说明实物的数量,就需要采用复合单位来说明,如拖拉机按"千瓦/台"。有的采用标准实物单位,对性质上同属一类的不同实物,折合成标准实物单位来计算其总量。用实物单位表示的总量指标,反映了各种产品的使用价值的大小,所以,通常用实物单位表示的总量指标也叫使用价值类指标。

(2)货币单位

货币单位是用货币来度量社会财富或劳动成果的一种计量单位。由于各种商品的属性和使用价值不同,用实物单位计算商品的数量时不能直接加总,为了解决不同商品的加总问题,就需要采用货币单位,如工农业总产值、商品销售额等,用货币单位表示的总量指标叫做价值类指标。

(3)劳动量单位

劳动量单位(或工作单位)是用劳动时间来表示的计量单位,如工日、工时。1 个工人做了 1 小时的工,就是 1 个工时,8 个工时等于 1 个工日。劳动量是可以相加的,将各种产品所耗费的劳动量加总,就是劳动消耗总量。劳动量单位主要用于编制和检查基层企业的生产作业计划。

3.2　相对指标

3.2.1　相对指标的概念和种类

相对指标是两个有联系的指标对比计算的比率,也可以叫统计相对数,它从数量上反映事物的时间、空间、事物内部本身以及不同事物之间的联系程度和对比关系。

相对指标的数值一般表现为无名数(倍数、系数、成数、百分数、千分数等),也有用有名数表示的,即分子分母的指标计量单位同时使用。

在统计分析中,相对指标的作用主要表现为以下两方面:①为人们深入认识事物发展的质量状况提供客观的依据;②可以使不能直接对比的现象找到可以对比的基础,进行更为有效的分析。

相对指标因对比基础不同,分为结构相对指标、比例相对指标、强度相对指标、比较相对指标、计划完成相对指标、动态相对指标等几种。

3.2.2　几种相对指标的计算方法

1)计划完成相对指标

计划完成相对指标,是用实际完成数和计划数对比求得的一种反映计划完成程度的相对指标。其计算公式为:

$$计划完成相对指标 = \frac{实际完成数}{计划数} \times 100\%$$

例　某工业企业某年第一季度的自行车产量计划为 4 700 辆,实际完成 4 800 辆,则:

$$计划完成相对指标 = \frac{4\ 800}{4\ 700} \times 100\% = 102.1\%$$

即完成计划的 102.1%,或超额 2.1% 完成计划。

根据计划完成相对指标来判断计划完成的好坏,必须注意计划指标的性质。在一般情况下,超过计划是好现象,如工业总产值、产品产量、商品流转额、劳动生产率等。因其计划都是作为最低限度提出计划指标,所以要力争超额完成。

但有的指标,如单位产品成本、原材料消耗和商品流通费用水平等,其计划是按最高限额规定计划指标的。因此,实际完成应力求比计划数低。

(1)计划任务数以绝对数形式出现

当计划任务数以绝对数形式出现时,检查其计划完成情况一般分为短期计划完成和长期计划完成(一般为5年)的检查两种。

①短期计划完成情况检查:可以有两种不同表示方法。其一是计划数与实际数是同期的,例如月计划数与月实际数对比,说明月度计划执行情况。其二是计划中某一段实际累计数与全期计划数对比,用以说明计划执行的进度如何,为下阶段工作安排作准备。它的计划公式是:

$$计划完成程度 = \frac{累计至本期止实际完成数}{全期计划数} \times 100\%$$

②长期计划完成情况检查:长期计划如五年计划,计划任务的规定有不同的性质,有的任务是按全期应完成的总数来规定的,有的任务则是规定计划期末应达到的水平,因而产生了两种不同的检查分析方法。一种叫水平法,一种叫累计法。

a.水平法。在制订长期计划时,有些计划任务是要求在整个计划期的末期达到规定的水平,这种计划的检查则需要用水平法,其计算公式如下:

$$计划完成相对指标 = \frac{计划末期实际达到的水平}{计划规定末期应达到的水平} \times 100\%$$

例　某厂在第9个五年计划期间规定最后一年(2000年)某产品应达到400万吨,2000年实际产量为451万吨,则该厂某产品的计划完成相对指标为:

$$计划完成相对指标 = \frac{451\ 万吨}{400\ 万吨} \times 100\% = 112.75\%$$

用水平法计算提前完成计划的时间,是以计划期(如5年)间连续1年时间(12个月,不依日历年度计算)的产量达到计划规定最后一年的产量为准来计算的,如上例,该厂从1999年2月至2000年1月底连续12个月(1年)时间生产407万吨,达到五年计划规定的400万吨水平,完成了计划任务。计算提前完成计划时间的公式如下:

提前(+)或推迟(−)完成计划时间

$$= \begin{matrix} 长期计划的 \\ 期末日期 \end{matrix} - \begin{matrix} 实际达到计划期 \\ 最后一年水平的日期 \end{matrix}$$

$$= 2000\ 年\ 12\ 月 - 2000\ 年\ 1\ 月$$

$$= 11\ 个月$$

即该厂某产品提前 11 个月完成了第 9 个五年计划规定的产量 400 万吨的任务。

b. 累计法。凡计划指标是按计划期内各年的总和规定任务的，检查计划应采用累计法，即将整个计划间实际完成的累计数和计划数对比，计算公式如下：

$$计划完成相对指标 = \frac{计划全期累计实际完成数}{计划全期的计划累计数} \times 100\%$$

例 我国第 1 个五年计划规定，1953—1957 年这 5 年内，国家对经济及文化部门基本建设投资为 427.4 亿元，而 5 年累计完成基本建设投资 493 亿元，则：

$$计划完成相对指标 = \frac{493}{427.1} \times 100\% = 115.3\%$$

如果计划任务提前完成，则用计划全部时间减去自计划执行之日起至累计实际完成量已达到计划任务的时间，即为提前完成计划的时间。

(2) 计划任务数以相对数形式出现

在计划工作中，也有用提高或降低百分比来规定计划任务的，这时计算计划成百分比有它特殊的地方。这种计划任务实际上是指计划数和上年度实际数加以对比得出"计划为上年百分数"的相对指标，然后减去 100% 来确定。应该记住，在计算计划完成程度指标时，不能直接用实际提高或降低百分之几除以计划提高或降低百分之几，而应当包括原有基数(以上年实际水平为 100%)在内，即恢复"为上年的百分数"，然后进行对比，才能得出正确的答案。于是得到下面的公式：

$$\frac{计划完成}{程度指标} = \frac{本年实际水平}{上年实际水平} \div \frac{本年计划水平}{上年实际水平} \times 100\% = \frac{本年实际水平}{本年计划水平} \times 100\%$$

例 某企业规定某产品单位成本降低 5%，实际降低 7%，则成本降低计划完成指标为：

$$\frac{100\% - 7\%}{100\% - 5\%} \times 100\% = \frac{93\%}{95\%} \times 100\% \approx 97.9\%$$

计算结果表明实际成本比计划任务降低了 2.1%。

2) 结构相对指标

结构相对指标是在统计分组的基础上，将统计总体中各组的数值同总体的数值对比，或者说，就是总体各个组成部分在总体中所占的比重。结构相对指标说明现象的结构或总体中某一类现象的普遍程度。其基本公式是：

$$结构相对指标 = \frac{总体的某部分数值}{总体的全部数值} \times 100\%$$

结构相对指标可以用百分数表示，也可以用小数表示。结构相对指标有两个特点：①由于其分子永远小于分母，所以，各部分或组所占的比重都不会大于1；②在同一总体中，由于分母都相同，所以各部分或所占的比重可以相加，而且其和必等于1。

结构相对数应用是很广泛的，如分别将企业的男女职工数与全部职工人数对比，得到的男女职工比重就是结构相对指标，它反映了企业职工在性别上的构成情况；又如重工业和轻工业总产值各占全部工业总产值的比重，工业企业各类人员分类比重等都是结构相对指标，本期结构相对指标反映总体构成和普遍程度；不同时期同类结构相对指标之比，可反映构成变化情况。

3）比较相对指标

比较相对指标就是同一时期内某同一类现象在不同地区、单位间的对比关系。它表明某一同类现象于相同时期内在各国、各地、各单位或各组之间发展的差异程度，其计算公式为：

$$比较相对指标 = \frac{甲国（地区、单位）某一现象数值}{乙国（地区、单位）同类现象的数值} \times 100\%$$

式中，分子与分母现象所属统计指标的涵义、口径、计算方法和计量单位等必须一致。

比较相对指标可以用绝对指标进行对比，也可以用相对指标或平均指标进行对比。在管理工作中，比较相对指标用得很广泛。例如，同一企业内生产人员数与非生产人员数之比，或在同一时间条件下，重庆市的人均收入与武汉市的人均收入比较等，可以看出这些比较是否合理。又如将本单位产品的质量、成本、单耗等技术经济指标与同行业的先进水平对比可以找差距，学先进，为提高生产技术水平提供依据。

4）比例相对指标

总体内部各组成部分之间存在着一定的联系，并具有一定的比例关系，比例相对指标就是反映总体中各组成部分之间数量关系程度和比例关系的综合指标，其计算公式为：

$$比例相对指标 = \frac{总体中某一部分的数值}{总体中另一部分的数值} \times 100\%$$

比例相对指标的数值通常用百分比或几比几的形式来表现。

例　设教学人员为200人，行政职工为300人，就可以计算出教学人员与行政职工的比例关系。即：

$$比例相对指标 = \frac{200 人}{300 人}（\times 100\%） = 1 : 1.5（66.67\%）$$

在统计分析中,有时要求用 $I:m:n$ 的连比形式反映总体中若干个组之间的数量关系,如积累基金分配中的农、轻、重的比例,生产成本中的料、工、费比例等,均可按比例公式计算获得。

5)强度相对指标

强度相对指标,是指两个性质不同而互有联系的指标的对比关系,它用来说明现象发展的强度、密度或普遍程度。它可以说明 1 个国家或 1 个地区经济发展水平的高低或经济力量的强弱。如按人口平均计算的粮食产量、钢产量、国民收入等。还可以反映互有联系的不同社会现象之间的比例关系。例如,货币流通量与商品零售额的比例关系等。其计算公式为:

$$强度相对指标 = \frac{某一现象的数值}{另一有联系现象的数值} \times 100\%$$

强度相对指标是两个不同总体的绝对指标之比,因此,它常常是用复合单位来表示的。这个复合单位是由指标分子和分母的原有单位组合而成的。如人口密度的单位是:"人/平方千米",动力装备程度的单位是"千瓦/人"等。此外,也有少数强度相对指标,由于分子与分母的计量单位是相同的,所以它也可用百分比来表示,如流通费用率,资金利润率等。

计算强度相对数的基本问题,是采用什么指标作为比较的基础。对比基数的选择,首先,取决于现象本身的联系,如粮食产量和人口数对比,是因为粮食和人口有着非常密切的关系。其次,对比基数的选择取决于统计研究的任务。如果是为了说明猪肉的消费水平,就把猪肉的产量与平均人口对比;如果是为了反映畜牧业的发展水平,就需要把牲畜头数和耗地面积对比。

有的强度相对指标的分子、分母可以互换。如商业网点数与人口数对比,或人口数与商业网点数对比。前者计算出来的相对指标称为强度相对指标的正指标,即计算出来的指标数值越大,表示商业网点的密度越大;后者计算出来的指标称为强度相对指标的逆指数,即计算出来的指标数值越大,说明商业网点的密度越小。强度相对指标的正指标与逆指标的经济含义是不同的,但说明的是同一问题。至于选用正指标还是逆指标,要根据具体情况看用哪一种指标更能说明所研究的问题而定。

6)动态相对指标

动态相对指标是表明同类事物在不同时间状态下的对比关系,说明社会经济现象在时间上的发展和变化程度,是一种重要且常用的相对指标,该指标将在本章第 5 节详细介绍。

现把以上各种指标列表,如表 3.1 所示。

表 3.1　相对指标比较一览表

相对指标的种类	定　义	计算公式	计量单位	备　注
结构相对指标	以部分数值与总体数值对比求得的比重或比率	$结构相对指标 = \dfrac{总体中某部分数值}{总体全部数值} \times 100\%$	%	①反映总体的基本特征；②涉及一个总体
比例相对指标	总体内各组成部分分数值之间对比求得的比率	$比例相对指标 = \dfrac{总体中某一部分分数值}{总体中另一部分分数值} \times 100\%$	%	①反映重大比例关系；②涉及一个总体
比较相对指标	不同单位的同类现象进行对比求得的比率	$比较相对指标 = \dfrac{甲单位某类指标植}{乙单位同类指标值} \times 100\%$	%	①反映同类事物在不同条件下的差异；②涉及两个总体
动态相对指标	不同时期的同类现象进行对比求得的比率	$动态相对指标 = \dfrac{报告期指标值}{基期指标值} \times 100\%$	%	①后反映事物发展速度趋势；②涉及一个总体
强度相对指标	两个性质不同但有联系的指标数值对比求得的比数	$强度相对指标 = \dfrac{某一总体的指标数值}{另一有联系总体的指标数值} \times 100\%$	分子与分母的组合单位或%	①反映现象的强度、密度、程度；②涉及两个总体
计划完成情况相对指标	某一段时间内的实际完成数与计划数对比而求得的比率	①$计划完成相对指标 = \dfrac{实际完成数}{计划数} \times 100\%$ ②$计划完成相对指标 = \dfrac{累计至本期止际完成数}{全期计划数} \times 100\%$ ③$计划完成相对指标 = \dfrac{计划期间累计的实际完成数}{计划规定的累计数} \times 100\%$ ④$计划完成相对指标 = \dfrac{计划期末实际水平}{计划期末规定水平} \times 100\%$ ⑤$计划完成相对指标 = \dfrac{实际为上年百分数}{计划为上年百分数}$ ⑥$计划完成相对指标 = \dfrac{实际平均水平}{计划平均水平}$	%	①用来测查计划执行情况；②涉及一个总体；③第 1 个公式为基本公式，第 2 个公式为短期计划完成的检查公式，第 3、4 个公式为以相对数计算的计划完成程度，第 6 个公式为以平均水平计算的计划完成程度；④第 3 个公式也叫累计法公式，第 4 个公式叫水平法公式

3.2.3　计算和运用相对指标的原则要求

1)正确选择对比基数

在相对指标中,分母指标作为对比的基础,故称为基数。选择基数必须从现象的性质、特点出发,结合研究问题的目的来确定。如果用于动态对比,基数的选择要能反映一定历史阶段的特点。例如,为了反映我国经济发展和人民生活水平的变化,往往选择我国政治经济发生重大转折的 1978 年为基期。

2)严格保持对比的两个指标的可比性

首先,必须根据同样的方法论计算所比较的指标。例如比较两个企业的劳动生产率水平,如果一个企业的产量是与全体职工人数对比,另一企业又是全体工人数之比,那么这两个企业的劳动生产率是不可比的。其次,可比性还包括对比应在同样的对象范围内进行。再次,用同样的单位计量表示比较的指标也是可比性的重要问题。例如,比较两个拖拉机厂的产量,如果一个厂的产量以台表示,另一个厂是以马力表示的总功率,它们是不可比的。

3)相对指标与总量指标结合运用

相对指示是一个抽象的比率,不能反映现象绝对数量的差别。为了全面深入地说明问题,在运用相对指标时必须结合总量指标进行分析。

例　1986 年我国人口自然增长率为 14.8‰,与世界一百多个国家相比,并不算高,而结合我国 1986 年年末的人口总数 106 008 万人的事实来看,仅 1986 年一年全国就增加了 1 476 万人,这是一个很惊人的数字,它具体说明了我国人口问题的严重性,所以严格控制人口增长是一项正确的战略决策。

4)相对指标与相对指标结合运用

不同的相对指标都是各自某一侧面反映事物间的数量对比关系,因此很难用某一个相对指标来分析现象的全貌,这就需要将各种相对指标结合起来运用。例如,可以计算不同时期我国国民收入使用额中的消费率和积累率,然后与工业或农业等方面的增长速度结合起来,综合分析我国不同时期消费与积累的比例关系与工业或农业生产发展之间的联系,为深入研究消费与积累比例的协调性提供依据。

5）根据社会经济现象性质和相对指标的性质，对相对指标的计算结果进行正确评价

例如，计划完成相对指标，对有些现象是大于100%为超额完成计划，而对有些现象则是小于100%为好，又如，对比例相对指标的计算结果评价，要根据事物发展的客观规律以及事物所处的历史条件而定。再如，评价增长速度指标的计算结果时，要从是否能促进国民经济和社会协调平衡地发展为出发点。

3.3 平均指标

3.3.1 平均指标的概念与作用

平均指标又称统计平均数，是同类社会经济现象在一定时间、地点条件下所达到的一般水平。同类社会经济现象在统计学中称为同质总体。平均数作为同质总体中各个单位数量的标志值，它反映着总体分布的集中趋势。

平均指标的特点在于它把总体中各单位标志值的差异抽象化了，它可能与各单位所有标志值都不相同，但又作为代表值来反映这些单位标志的一般水平。

平均指标在统计研究中有以下作用：①反映总体各单位变量分布的集中趋势；②比较同类现象在不同单位的发展水平，以说明生产水平经济效益或工作质量的差距；③分析现象之间的依存关系。

3.3.2 平均指标的种类

社会经济统计中的平均指标共有5种：算术平均数、调和平均数、几何平均数、中位数和众数。前3种通常称为数值平均数，后两种称为位置平均数。

1）算术平均数

算术平均数是总体标志总量除以总体单位总量，是社会经济统计中经常应用的一种平均指标。其计算公式为：

（1）简单算术平均数

$$\overline{X} = \frac{x_1 + x_2 + x_3 + \cdots + x_n}{n} = \frac{\sum x}{n}$$

式中　$\overline{X}$——算术平均数；

　　　x——标志值或变量值；

　　　n——总体单位数或项数；

　　　$\sum$——求和符号。

例　某生产班组有 11 人,各人日产某种零件数为:15,17,19,20,22,22,23,23,25,26,30,则平均每个工人日产零件数为:

$$\overline{X} = \frac{15 + 17 + 19 + 20 + 22 + 22 + 23 + 23 + 25 + 26 + 30}{11} 件 = 22 件$$

(2)加权算术平均数

所谓"加权",就是指变量数列中,各个标志值出现的次数不同,不能同等看待,计算平均数时,必须以其次数相乘,以权衡其轻重。权数一般是次数(频数),加权算术平均数的一般公式是:

$$\overline{X} = \frac{x_1 f_1 + x_2 f_2 + \cdots + x_n f_n}{f_1 + f_2 + \cdots + f_n} = \frac{\sum xf}{\sum f}$$

式中　f——权数；

其他符号代表意义同前。

权数对平均数的影响作用,不仅决定于权数本身数值的大小,而且决定于次数系数或次数比重的大小。以次数系数为权数和以次数比重为权数,需要采用不同形式的计算公式。其计算公式为:

$$\overline{X} = \sum x \cdot \frac{f}{\sum f} = \sum x \cdot W$$

式中　W——频率(次数的比重)

例　以表3.2中资料计算30个工人的平均工资。

表3.2　加权算术平均数计算表

工资/元 x	工人数/人 f	各组人数比重/% $\dfrac{f}{\sum f}$	各组工资额/元 xf
75	2	7	150
80	6	20	480
85	10	33	850

64

工资/元 x	工人数/人 f	各组人数比重/% $\dfrac{f}{\sum f}$	各组工资额/元 xf
90	8	27	720
95	4	13	380
合　计	30	100	2 580

$$\overline{X} = \frac{\sum xf}{\sum f} = \frac{2\ 580\ 元}{30\ 人} = 86\ 元 / 人$$

$$或：\overline{X} = \sum x \cdot \frac{f}{\sum f}$$

$$= (75 \times 0.07 + 80 \times 0.20 + 85 \times 0.33 + 90 \times 0.27 + 95 \times 0.13)元/人$$

$$= 86\ 元/人$$

可见,根据系数权数和比重权数计算的结果与根据次数权数计算的结果是完全一致的。

2) 调和平均数

调和平均数是社会经济统计中常用的另一种平均指标,它是根据标志值的倒数计算的,所以又称为倒数平均数。

调和平均数的计算,根据所掌握的资料不同,也有简单调和平均数和加权调和平均数两种。

(1) 简单调和平均数

它是各单位标志值 x 的倒数的算术平均数的倒数,适用于未分组的资料,其计算公式为:

$$H = \frac{1}{\dfrac{\dfrac{1}{x_1} + \dfrac{1}{x_2} + \cdots + \dfrac{1}{x_n}}{n}} = \frac{1}{\dfrac{\sum \dfrac{1}{x}}{n}} = \frac{n}{\sum \dfrac{1}{x}}$$

式中　H——调和平均数。

(2) 加权调和平均数

它是各单位标值 x 倒数的加权算术平均数的倒数。设 m 代表各项权数,则有:

65

$$H = \frac{m_1 + m_2 + \cdots + m_n}{\frac{1}{x_1}m_1 + \frac{1}{x_2}m_2 + \cdots + \frac{1}{x_n}m_n} = \frac{\sum m}{\sum \frac{m}{x}}$$

根据前面资料得到调和平均数计算表。如表3.3所示。

表3.3 调和平均数计算表

工资水平/元 x	各组工人工资总额/元 $xf = m$	工人人数/人 $f = \frac{xf}{x} = \frac{m}{x}$
75	150	2
80	480	6
85	850	10
90	720	8
95	380	4
合 计	2 580	30

根据表3.3的资料计算的平均工资为：

$$H = \frac{\sum m}{\sum \frac{m}{x}} = \frac{2\ 580\ \text{元}}{30\ \text{人}} = 86\ \text{元/人}$$

计算平均数时,由于掌握统计资料的限制,如果没有各标志的单位数或次数,不能直接运用加权算术平均数来计算;而需要用标志值推算各标志的单位数或次数,这就要运用加权调和平均数的方法。现举例说明调和平均数的应用。

①由相对数计算平均数：

某公司有4个工厂,已知其计划完成程度及计划产值资料。如表3.4所示。

表3.4 由算术平均数计算平均数表

工 厂	计划完成程度/% x	计划产值/万元 f	实际产值/万元 xf
甲	90	100	90
乙	100	200	200
丙	110	300	330
丁	120	400	480
合 计	—	1 000	1 100

$$平均计划完成程度 = \frac{实际产值}{计划产值} \times 100\% = \frac{\sum xf}{\sum f} \times 100\% = \frac{1\ 100}{1\ 000} \times 100\%$$

$$= 110\%$$

如果只掌握计划完成程度和实际产值资料,则就应用加权调和平均数来计算平均数。如表3.5所示。

表3.5　由调和平均数计算平均数表

工 厂	计划完成程度/% x	实际产值/万元 $m = xf$	计划产值/万元 $f = \dfrac{m}{x}$
甲	90	90	100
乙	100	200	200
丙	110	330	300
丁	120	480	400
合　计	—	1 100	1 000

$$平均计划完成程度 = \frac{\sum m}{\sum \dfrac{1}{x}m} \times 100\% = \frac{1\ 100}{1\ 000} \times 100\% = 110\%$$

②由平均数计算的平均数:

已知某商品在3个集市贸易市场上的单位平均价格及销量资料如。表3.6所示。

表3.6　价格和销量资料表

市 场	平均价格/(元·kg⁻¹) x	销售量/kg f	销售额/元 xf
甲	2.00	15 000	30 000
乙	3.00	10 000	30 000
丙	2.80	12 500	35 000
合　计	—	37 500	95 000

$$平均价格 = \frac{销售额}{销售量} = \frac{\sum xf}{\sum f} = \frac{95\ 000\ 元}{37\ 500\ kg} = 2.53\ 元/kg$$

如果只掌握平均价格和销售额,则就应用加权调和平均数公式来计算平均

67

数。如表 3.7 所示。

表 3.7 平均数计算表

市 场	平均价格/(元·kg⁻¹) x	销售额/元 $m = xf$	销售量/kg $f = \dfrac{m}{x}$
甲	2.00	30 000	15 000
乙	3.00	30 000	10 000
丙	2.80	35 00	12 500
合 计	—	95 000	37 500

$$平均价格 = \frac{\sum m}{\sum \dfrac{m}{x}} = \frac{95\ 000\ \text{元}}{37\ 500\ \text{kg}} = 2.53\ \text{元/kg}$$

从以上例子可以得到:调和平均数的权数是算术平均数中被平均标志值与单位数相乘所确定的标志总量,即 $m = xf$,下面列出两种平均数计算式的关系:

$$加权算术平均数 = \frac{\sum xf}{\sum f} = \frac{\sum xf}{\sum \dfrac{1}{x} \cdot xf} = \frac{\sum m}{\sum \dfrac{m}{x}}$$

$$= 加权调和平均数$$

可见,这两种平均数计算形式虽有不同,而计算内容完全相同,其结果也是一致的。

3) 几何平均数

几何平均数是 n 个变量值乘积的 n 次方根,几何平均数是计算平均比率和平均速度最适用的一种方法。几何平均数也分简单几何平均数和加权几何平均数两种。

(1) 简单几何平均数

$$G = \sqrt[n]{x_1 \cdot x_2 \cdot x_3 \cdots x_n} = \sqrt[n]{\prod x}$$

式中　　G——几何平均数;

　　　　$\prod$——连乘积符号。

(2) 加权几何平均数

$$G = \sqrt[f_1 + f_2 + \cdots + f_n]{x_1^{f_1} \cdot x_2^{f_2} \cdots x_n^{f_n}} = \sqrt[\sum f]{\prod x^f}$$

平均数计算方法的选择应根据社会经济现象的客观性质和研究目的来确

定。适宜用算术平均数方法就不能用调和平均数或几何平均数,适宜用调和平均数或几何平均数方法也同样不适用其他平均数方法。但从数量关系上考虑,用同一资料计算 3 种平均数结果是几何平均数大于调和平均数而小于算术平均数。它们的关系用不等式表示如下:

$$H \leqslant G \leqslant \overline{X}$$

现举例说明以上两种几何平均数的应用。

[例1]　某机械厂有毛坯车间、粗加工车间、精加工车间、装配车间 4 个流水连续作业车间,本月份第一车间制品合格率为 95%,第二车间合格率为 92%,第三车间合格率为 90%,第四车间合格率为 85%,求平均车间产品合格率。

对于这个问题不能采用算术平均数和调和平均数。因为各车间产品合格率总和并不等于全厂总合格率。第二车间的合格率是在第一车间制品合格的基础上计算的,第三车间又是在第二车间合格的基础上计算的,如此等等。全厂产品的总合格率等于各车间合格率的连乘积。所以要采用几何平均数计算车间平均合格率。

$$
\begin{aligned}
车间平均合格率\ G &= \sqrt[4]{\prod x} \\
&= \sqrt[4]{95\% \times 92\% \times 90\% \times 85\%} \\
&= 90.43\%
\end{aligned}
$$

[例2]　投资银行某笔投资的年利率是按复利计算的,25 年的年利率分配是:有 1 年为 3%,有 4 年为 4%,有 8 年为 8%,有 10 年为 10%,有 2 年为 15%,求平均年利率。

计算平均年利率必须先将各年利率加 100% 换算为各年本利率,然后按加权几何平均数计算平均本利率,再将结果减去 100% 得平均年利率,即:

$$G = \sqrt[(1+4+8+10+2)]{(103\%)^1 \times (104\%)^4 \times (108\%)^8 \times (110\%)^{10} \times (115\%)^2} - 100\%$$

$$= 108.6\% - 100\% = 8.6\%$$

这就是说,25 年的平均本利率为 108.6%,年平均利率为 8.6%。

4）中位数

中位数就是将总体中某数量标志的各个数值按大小顺序排成数列,属于中间位置的那个数值。可见中位数是由位置决定的,故也称为位置平均数。

中位数的位置上所占据的点,恰好把全部标志值平分为两半,一半大于中位数,故也称为分割值。中位数是统计数列中间一项或两项的平均数,不受极端值的影响。所以当统计数列中含有极大值与极小值的情况下,可采用中位数。中位数的计算方法有如下两种。

69

(1)根据未分组资料计算

在标志值未经分组情况下,计算中位数,首先要将全部标志值按大小顺序排列,然后用下式确定中位数的位置。

$$中位数位置 = \frac{N+1}{2} \quad (N = 项数)$$

若总体单位数的奇数,则正中间的数即为中位数;若总体单位数的偶数,则中点位置上、下两个标志值的算术平均数为中位数。

例 甲、乙两班组工人分别为 11 人和 12 人,每人日产零件数如下:

甲班组:15,17,19,20,22,22,23,23,25,26,30

乙班组:15,16,17,17,19,20,22,22,23,25,26,26

甲组中位数位置为 $\frac{12+1}{2}=6$,即第六位工人的日产量 22 件为中位数。

乙组中位数位置为 $\frac{12+1}{2}=6.5$,即在第六位与第七位工人数之间,而第六位和第七位工人日产量的算术平均数为 $\frac{10+22}{2}=21$ 件为中位数。

(2)根据分组资料计算

在资料经过分组编成单项式分配数列的情况下,也是按上面所讲的方法来确定中位数的位置。

在组距数列的条件下计算中位数较为复杂。首先要确定中位数的位置,中位数位置 $= \frac{\sum f}{2}$,即中位数所在组,然后根据公式计算。由组距数列求中位数的公式有下限公式和上限公式之分。

①下限公式:

$$M_e = L + \frac{\frac{\sum f}{2} - S_{m-1}}{f_m} \times i$$

式中 M_e——中位数;

L——中位数所在组下限;

f_m——中位数所在组的次数;

S_{m-1}——中位数所在组以下的累计次数;

i——中位数所在组的组距。

②上限公式:

$$M_e = U - \frac{\frac{\sum f}{2} - S_{m+1}}{f_m} \times i$$

式中　U——中位数所在组的上限；

S_{m+1}——中位数所在组以上的累计次数；

其他参数的含义同前。

举例如表 3.8 所示。

表 3.8　计算中位数资料表

年收入额/元	农户数/户	农户数累计/户	
		向上累计	向下累计
500 ~ 600	240	240	3 000
600 ~ 700	480	720	2 700
700 ~ 800	1 050	1 770	2 280
800 ~ 900	600	2 370	1 230
900 ~ 1 000	270	2 640	630
1 000 ~ 1 100	210	2 850	360
1 100 ~ 1 200	120	2 970	150
1 200 ~ 1 300	30	3 000	30
合　计	3 000	—	—

从表 3.8 资料可知：

$$\frac{\sum f}{2} = \frac{3\ 000\ 户}{2} = 1\ 500\ 户$$

因而,中位数的应在第 3 组内。同时,

$f_m = 1\ 050\ 元, S_{m-1} = 720\ 元, S_{m+1} = 1\ 230\ 元$

$L = 700\ 元\ , U = 800\ 元, i = 100\ 元$

则　$M_e = 700\ 元 + \dfrac{1\ 500 - 720}{1\ 050} \times 100\ 元 = 774.3\ 元$

或　$M_e = 800\ 元 - \dfrac{1\ 500 - 1\ 230}{1\ 050} \times 100\ 元 = 774.3\ 元$

5) 众数

众数是统计数列中出现次数最多的标志值或变量值。众数的计算方法有以下两种：

（1）根据未分组资料计算

在这种情况下确定众数是非常简单的，即哪个标志值出现的次数最多，哪个数值就是众数。

（2）根据分组资料计算

在组距数列条件下计算众数，首先要确定众数所在组，然后根据公式计算。众数所在组为次数最多的那一组。从组距数列求众数的公式亦有下限公式和上限公式之分：

下限公式：

$$M_0 = L + \frac{\Delta_1}{\Delta_1 + \Delta_2} \times i$$

式中　L——众数所在组的下限；

　　　M_0——众数；

　　　Δ_1——众数组次数与下一组次数之差；

　　　Δ_2——众数组次数与上一组次数之差；

　　　i——众数组的组距。

上限公式：

$$M_0 = U - \frac{\Delta_2}{\Delta_1 + \Delta_2} \times i$$

式中　U——众数所在组的上限；

　　　其他参数的含义同前。

根据上例资料得到

$L = 700$ 元，$U = 800$ 元

$\Delta_1 = 1\ 050$ 元 $- 480$ 元 $= 570$ 元

$\Delta_2 = 1\ 050$ 元 $- 600$ 元 $= 450$ 元

$i = 800$ 元 $- 700$ 元 $= 100$ 元

由此计算众数为：

$$M_0 = 700 \text{ 元} + \frac{570}{570 + 450} \times 100 \text{ 元} = 755.9 \text{ 元}$$

或　　　　　$$M_0 = 800 \text{ 元} - \frac{450}{570 + 450} \times 100 \text{ 元} = 755.9 \text{ 元}$$

3.4 变异指标

3.4.1 变异指标的意义和种类

变异指标又称标志变动度,它反映着同质总体单位标志值的差异程度。

变异指标的作用具体表现在:①反映总体各单位标志值分布的离中趋势;②说明平均指标的代表性程度;③说明现象变动的均匀性程度。

设某厂某车间有甲、乙两个生产组,每组都是 5 个人,各人的日产量件数如下:

甲组:15,20,45,75,95

乙组:46,48,50,52,54

甲组平均日产量为:

$$\overline{X} = \frac{\sum x}{n} = \frac{15 + 20 + 45 + 75 + 95}{5} 件 = 50 件$$

乙组平均日产量为:

$$\overline{X} = \frac{\sum x}{n} = \frac{46 + 48 + 50 + 52 + 54}{5} 件 = 50 件$$

以上两组的平均日产量都是 50 件,但甲组各工人之间的生产件数相差较大,乙组各工人间的生产件数相差较小。因此,平均数(50 件)对甲组来说,其代表性小,对乙组则相对较大。标志变动度的大小与平均数代表性成反比。

3.4.2 测定标志变动度的方法

1) 全距

全距是表明总体标志值变动范围的指标。它是统计数列中两个极端值的差,故又称极差。其计算公式为:

$$全距 R = 最大值 - 最小值$$

例如前面所举两个生产组工人日产量的全距是:

$$R_{甲} = (95 - 15) 件 = 80 件$$

$R_乙 = (54 - 46)$ 件 = 8 件

这说明虽然两组工人日产量的平均数都为 50 件,但两组日产量的变动范围却有显著的差别。甲组全距为 80 件,说明工人日产量的数量差距很大,而乙组全距为 8 件,说明乙组每个工人的日产量比较均匀。

对组距分配数列求全距,可以用最高组的上限与最低组的下限之差求全距的近似值。其计算公式为:

全距 R = 最高组的上限 - 最低组的下限

全距数值愈小,反映标志值愈集中,平均数代表性愈强,反之则愈弱。

全距的优点是计算简便,意义明确,常用于工业产品质量的检查和控制。它的缺点是不能反映中间数值的变异,说明问题不准确。一般情况下不采用此法。

2)平均差

平均差是表明总体单位数量标志值平均变动程度的指标,它是总体各单位标志值与平均值的离差绝对值的算术平均数。其计算公式为:

$$简单平均差:AD = \frac{\sum |x - \bar{x}|}{n}$$

$$加权平均差:AD = \frac{\sum |x - \bar{x}|f}{\sum f}$$

式中 AD——平均差;

$|x - \bar{x}|$——各标志值对平均数的离差的绝对值。

平均差的优点是,根据全部标志值计算出来的,反映标志变动度比较全面;缺点是采用绝对值,不考虑离差的正负号,计算上不够严格。

下面根据表 3.9 所列资料计算平均差。

表3.9　平均差计算资料表

工人日产量/件 x	工人数/人 $(x - \bar{x})$	离差绝对值/件 $|x - \bar{x}|$
15	-35	35
20	-30	30
45	-5	5
75	25	25
95	45	45
合　　计	0	140

平均差:$AD = \dfrac{\sum |x - \bar{x}|}{n} = \dfrac{140}{5}$件$= 28$件

在分配数列条件下,要加权平均计算平均差。

例 某车间200个工人日产量分组编成分配数列,计算平均差。如表3.10所示。

表 3.10 平均差计算表

工人日产量/kg (1)	离差/人 f (2)	组中值/kg x (3)	xf (4) = (3)×(2)	$x - \bar{x}$ (5) = (3) - 42	$\|x - \bar{x}\|$ (6) = (5) 的绝对值	$\|x - \bar{x}\|f$ (7) = (6)×(2)
20 ~ 30	10	25	250	-17	17	170
30 ~ 40	70	35	2 450	-7	7	490
40 ~ 50	90	45	4 050	+3	3	270
50 ~ 60	30	55	1 650	+13	13	390
合　计	200	—	8 400	—	40	1 320

$$\bar{X} = \frac{\sum xf}{\sum f} = \frac{8\ 400}{200} \text{kg} = 42\ \text{kg}$$

$$AD = \frac{\sum |x - \bar{x}|f}{\sum f} = \frac{1\ 320}{200} \text{kg} = 6.6\ \text{kg}$$

计算结果表明,平均差愈大,标志变动程度愈大,平均差愈小,标志变动程度愈小。计算式中采用标志值对算术平均数的离差绝对值之和,是因为算术平均数的数学性质为:各标志值对算术平均数的离差之和等于零。不取绝对值就无从计算平均差。但是取绝对值计算不符合代数方法的演算,所以在统计研究中较少使用。

从以上可以看出:全距不受中间标志值的影响,不能全面反映各单位标志的变异程度,也不能用以评价平均指标的代表程度。而平均差又取绝对值进行计算,不符合科学的代数方法,为了克服这两种指标的局限性,可以采用标准差的方法。

3) 标准差

标准差也称均方差,它是各标志值与其算术平均数的离差平方的算术平均

数的方根。标准差避免了绝对值的缺点,符合代数方法的演算,是测算标志变动度的主要指标。其计算公式为:

$$简单式:\sigma = \sqrt{\frac{\sum (x - \bar{x})^2}{n}}$$

$$加权式:\sigma = \sqrt{\frac{\sum (x - \bar{x})^2 f}{\sum f}}$$

式中 σ——标准差。

计算结果表明,标准差越大,标志变动度愈大,平均数代表性愈弱,标志变动度愈小,平均数代表性愈强。

根据前在面资料计算如下:

$$\sigma_{甲} = \sqrt{\frac{(15-50)^2 + (20-50)^2 + (45-50)^2 + (75+50)^2 + (95-50)^2}{5}} 件$$

$$= \sqrt{960} 件 = 30.98 件$$

$$\sigma_{乙} = \sqrt{\frac{(46-50)^2 + (48-50)^2 + (50-50)^2 + (52+50)^2 + (54-50)^2}{5}} 件$$

$$= \sqrt{8} 件 = 2.828 件$$

计算结果表明甲组每个工人日产量与平均工人产量(50件)平均相差了30多件,而乙组每个工人日产量与平均日产量(50件)平均相差2.8件,显然乙组工人平均日产量的代表性大于甲组。

以上衡量标志变动度的指标都是绝对指标,其数值大小,不仅决定于各标志值的差异程度,还决定于数列平均水平的高低。同时,它具有与标志值相同的名数。因此,对具有不同平均水平和不同计算单位的数列,就不能直接利用以上指标来比较其标志变动度的大小,而需要将以上指标与相应的平均数对比,即采用相对数,才能进行比较。

4)标志变异系数

标志变异系数是标志变异的绝对指标与平均数的比较值,用作数列间标志变异程度的比较。根据本章所述的标志变异指标,有3种:

①全距系数(V_R):

$$V_R = \frac{R}{\bar{X}} \times 100\%$$

②平均差系数(V_{AD}):

$$V_{AD} = \frac{AD}{\overline{X}} \times 100\%$$

③标准差系数(V_σ):

$$V_\sigma = \frac{\sigma}{\overline{X}} \times 100\%$$

以上3种系数都是反映总体各单位标志值相对变异程度的。其中最常用的变异系数是标准差系数,现举例说明标准差系数的应用。

设有甲、乙两组工人生产相同的零件,甲组工人平均日产量$\overline{X}_1 = 10$件,乙组工人平均日产量$\overline{X}_2 = 20$件。各组工人日产量资料如表3.11、表3.12所示。

表3.11 甲组工人日产量资料表

日产零件数 x	$x - \overline{x}$	$(x - \overline{x})^2$
6	-4	16
8	-2	4
10	0	0
12	2	4
14	4	16
50	—	40

表3.12 乙组工人日产量资料表

日产零件数 x	$x - \overline{x}$	$(x - \overline{x})^2$
15	-5	25
17	-3	9
20	0	0
23	3	9
25	5	25
100	—	68

甲组工人产量标准差:

$$\sigma_1 = \sqrt{\frac{40}{5}} \text{件} = 2.83 \text{件}$$

乙组工人产量标准差:

$$\sigma_2 = \sqrt{\frac{68}{5}} \text{ 件} = 3.96 \text{ 件}$$

计算表明乙组工人日产量标准差大于甲组工人日产量标准差。但如果以此来判断乙组工人日产量的变异程度比甲组工人大,则是不确切的。事实上,甲组工人日产量最大最小的差距达到本组平均产量的80%,而乙组工人日产量最大最小的差距,只有本组平均产量的50%。现在我们计算两组标准差系数,并加以比较,便可以得出确切的结论。

甲组工人产量标准差系数:

$$V_1 = \frac{\sigma_1}{\overline{X}_1} \times 100\% = \frac{2.83 \text{ 件}}{10 \text{ 件}} \times 100\% = 28.3\%$$

乙组工人产量标准差系数:

$$V_2 = \frac{\sigma_2}{\overline{X}_2} \times 100\% = \frac{3.96 \text{ 件}}{20 \text{ 件}} \times 100\% = 18.8\%$$

相对说来,乙组产量的离散程度比甲组小,即乙组工人日产量比甲组有更大的均匀性。

3.4.3 计算和运用平均指标的原则要求

1)平均指标只适用于同质总体

平均数既然是把所研究的现象的某一数量标志值的差异抽象化后所得的一般水平,这就产生一个所平均对象的同质性问题。若总体不同质,则其平均数就不能反映客观事物的本质,成为一种"虚构的平均数"。

2)用组平均数补充总平均数

同质总体的各单位虽然在本质上的相同的,但往往存在一些属性上的差异。这些属性上的差别在计算总平均数的过程中,被抽象化了,但它们对总平均数会有重要影响。如表3.13所示。

从总平均数看,乙村的平均产量高于甲村,但是,无论是旱地或是水田,甲村的平均产量都高于乙村。出现这种组平均数和总平均数不一致情况的原因在于甲乙两村生产条件不同。旱地生产水平比水田生产水平低,甲村的旱地面积占了总播种面积的70%,而乙村的旱地面积只占了播种面积的40%,所以导致甲村总平均产量偏低。就本例而言,利用组平均数补充说明总平均数,对于正确地评价甲、乙两队的生产成果是有益的。

78

表3.13　甲、乙两村有关资料

耕地分组	甲 村			乙 村		
	播种面积/ha	总产量/kg	平均产量/kg	播种面积/ha	总产量/kg	平均产量/kg
旱　地	13.3	65 000	4 887	12	54 000	4 500
水　田	6.67	70 000	10 495	120	190 800	9 540
合　计	19.97	135 000	6 760	32	244 800	7 650

3）用分配数列补充说明平均数

平均指标不仅决定于标志水平,而且决定于总体内部的分布状况。因而,在许多情况下,利用分配数列补充说明平均数,对于深入全面地认识问题是有帮助的。

4）用典型事例补充说明平均数

平均数只是说明某一数量标志的一般水平,为了深入地说明问题,还应用个别的典型事例作补充。例如,在同一个班级中,既有平均成绩90分以上的优秀生,也有平均成绩不及格的落后生。为了总结经验教训,就应做典型调查以补充平均数的不足。

5）平均指标与变异指标结合应用

变异指示作为衡量平均指标的代表性程度,有其重要的作用。但是另一方面,变异指标离开了平均指标,就可能失去单独应用的意义。例如,我们利用变异指标来分析企业生产的均匀性、节奏性时,首先应该借助平均指标来确定生产水平,把两方面结合起来,才能对企业生产经营情况做全面、中肯的评价。

3.5　动态指标

3.5.1　动态数列的意义和种类

动态数列是根据动态指标编制的。它是指某社会经济现象在不同时间上的一系列统计指标值按时间先后顺序加以排列后形成的数列,又称时间数列。

动态数列由两个要素构成:①现象所属的时间;②这些时间所对应的统计指标值。

　　动态指标及其数列有重要的作用：①描述社会经济现象发展的过程和结果；②研究社会经济现象的发展方向、水平、速度和趋势；③探索社会经济现象发展变化的规律性；④对社会经济现象的发展变化进行预测。

　　根据统计指标的性质和表现形式的不同，动态数列可以分为绝对数动态数列、相对数动态数列和平均数动态数列 3 种。其中，绝对数动态数列是基本的数列，而相对数动态数列和平均数动态数列则是绝对数动态数列的派生数列。如表 3.14 所示。

表 3.14　动态数列形式表

项　目　＼　月　份	1　月	2　月	3　月
抽查合格量/件	89	196	297
抽查总量/件	100	200	300
抽查合格率/%	89	98	99

　　表中抽查合格率数列是相对数动态数列，它是由抽查合格量和抽查总量这两个绝对数动态数列派生出来的。

　　对于一系列绝对数动态数列，只要稍加观察就不难发现，它可以按指标数值特点不同，被分为时期数列和时点数列，即由时期指标构成的数列为时期数列，由时点指标构成的数列为时点数列，关于二者的区别，在前面已经介绍过。

3.5.2　动态水平指标

1) 发展水平和平均发展水平

(1) 发展水平

发展水平是指动态数列中的每一项具体指标数值，又称发展量。发展水平可表现为总量指标，也可表现为相对指标或平均指标。

根据各发展水平在动态数列中所处的地位与作用，可分为最初水平（数列中第一项指标值，用 a_0 表示）和最末水平（数列中最后一项指标值，用 a_n 表示），基期水平（用 a_0 表示）和报告期水平（用 a_1 表示）。

(2) 平均发展水平

将不同时期的发展水平加以平均而得的平均数叫平均发展水平，一般也叫序时平均数或动态平均数。

序时平均数与一般平均数有共同之处,都是将各个变量值差异抽象化,但彼此又有区别:平均发展水平所平均的是现象总体在不同时期上的数量表现,从动态上说明其在某一时期内发展的一般水平,故又称动态平均数。而一般平均数是将总体各单位同一时间的变量值差异抽象化,用以反映总体在具体历史条件下的一般水平,不体现时间的变动,故又称静态平均数。

序时平均数可以根据绝对数动态数列来计算,也可以根据相对数动态数列或平均数动态数列来计算。其中,绝对数动态数列计算序时平均数是最基本的。

①绝对数动态数列计算序时平均数。绝对数动态数列分为时期数列和时点数列,二者计算序时平均数的方法不一样。

第一,时期数列计算序时平均数。根据时期数列的特点,采用简单算术平均法,即以时期项数去除时期数列中各个指标数值之和。用公式表示:

$$\bar{a} = \frac{a_1 + a_2 + a_3 + \cdots + a_n}{n} = \frac{\sum a}{n}$$

式中 $\bar{a}$——序时平均数;

  a——各期发展水平;

  n——时期项数。

例 某百货商店第一季度各月销售额资料如下:1 月份 125 万元,2 月份 135 万元,3 月份 148 万元。根据上列计算式,可以计算出第一季度每月平均销售额为:

$$\bar{a} = \frac{a_1 + a_2 + a_3}{3} = \frac{125 + 135 + 148}{3} 万元 = 136 万元$$

第二,时点数列计算序时平均数。要正确计算时点数列的序时平均数,就应该知道每一时点上的数字。统计每一时点上的数字是一项相当繁杂的工作,一般都只能每隔一定的时间,选择某一时点上的数字为代表进行统计。所以,由时点数列计算的序时平均数实际上是按照一定条件推算出来的近似值,这个条件就是假定两个相邻时点之间现象是均匀变动的。但是,由于时点间隔不同,就有间隔相等的时点数列和间隔不相等的时点数列。

a.间隔相等时点数列求序时平均数。

例 某企业第三季度各时点的职工人数资料如表 3.15 所示。

表 3.15 某企业职工人数资料表

	6 月 30 日	7 月 31 日	8 月 31 日	9 月 30 日
月末职工人数	1 200	1 260	1 254	1 290

求第三季度的平均职工人数。

可以这样考虑:6 月 30 日的人数可视为 7 月 1 日的人数,而 7 月 31 日的人数是已知的,假定在 7 月份内职工人数是均匀地增加,那么 7 月份的平均人数 = (1 200 + 1 260)人 ÷2 = 1 230 人。同样道理以此类推。这样,整个第三季度的平均人数为 7,8,9 各月平均人数的平均数。

$$\bar{a} = \frac{\dfrac{1\ 200 + 1\ 260}{2} + \dfrac{1\ 260 + 1\ 254}{2} + \dfrac{1\ 254 + 1\ 290}{2}}{3} 人$$

$$= \frac{1\ 230 + 1\ 257 + 1\ 272}{3}$$

$$= 1\ 253 人$$

根据上述思路可以得出以下通用公式

$$\bar{a} = \frac{\dfrac{a_1}{2} + a_2 + \cdots + a_{n-1} + \dfrac{a_n}{2}}{n-1}$$

这种方法叫"首末折半法"。

b. 间隔不等时点数列计算序时平均数。

在间隔不相等的条件下只能以各时点之间的间隔长度作为权数加以计算。

例 已知某地区 2001 年各时点的人口资料如表 3.16 所示。

表 3.16 某地区人口资料表

	1 月 1 日	6 月 1 日	8 月 1 日	12 月 31 日
人 数/万人	21.3	21.35	21.36	21.5

以上间隔不等,用月数为权数进行加权平均计算得到:

$$\bar{a} = \frac{\left(\dfrac{21.3 + 21.35}{2}\right) \times 5 + \left(\dfrac{21.35 + 21.36}{2}\right) \times 2 + \left(\dfrac{21.36 + 21.5}{2}\right) \times 5}{5 + 2 + 5} 万人$$

$$= 21.374 万人$$

用 f 表示时间间隔长度,则计算公式如下:

$$\bar{a} = \frac{\dfrac{a_1 + a_2}{2}f_1 + \dfrac{a_2 + a_3}{2}f_2 + \cdots + \dfrac{a_{n-1} + a_n}{2}f_{n-1}}{f_1 + f_2 + \cdots + f_{n-1}}$$

$$= \frac{\displaystyle\sum_{i=1}^{n-1} \dfrac{a_i + a_{i+1}}{2}f_i}{\displaystyle\sum_{i=1}^{n-1} f_i}$$

②相对数动态数列和平均数动态数列计算序时平均数。其计算公式为：

$$\overline{C} = \frac{\overline{a}}{\overline{b}} \times 100\%$$

式中　$\overline{a}$——分子的序时平均数；

　　　$\overline{b}$——分母的序时平均数；

　　　$\overline{C}$——相对数（平均数）动态数列计算的序时平均数。

例　某企业总产值计划完成情况如表3.17所示。

表3.17　某企业总产值计划完成情况表

年　份	1997	1998	1999	2000	2001	合　计
计划产值/千元	345	360	400	450	480	2 035
实际产值/千元	414	450	520	594	648	2 626
计划完成/%	120	125	130	132	135	129.04

先求年平均实际产值$\overline{a}$：

$$\overline{a} = \frac{\sum a}{n} = \frac{414 + 450 + 520 + 594 + 648}{5}千元 = 525.2\ 千元$$

再求年增均计算产值$\overline{b}$：

$$\overline{b} = \frac{\sum b}{n} = \frac{345 + 360 + 400 + 450 + 480}{5}千元 = 407\ 千元$$

则平均总产值计划完成百分数：

$$\overline{C} = \frac{\overline{a}}{\overline{b}} \times 100\% = \frac{525.2}{407} \times 100\% = 129.04\%$$

上面介绍的是由两个时期指标形成的相对数计算序时平均数的方法，若是时点指标形成的相对数就是时点数列计算序时平均数的方法计算。对于平均数时间数列计算序时平均数时，以上方法仍然适用。

2）增长水平和平均增长水平

（1）增长水平

某种现象在一定时间内所增长的绝对数量，称为增长水平或增长量。它是报告期水平与基期水平之差，反映报告期比基期的增减水平。其计算公式为：

增长水平（增长量）＝报告期水平 − 基期水平

即　$\Delta_a = a_n - a_0$

增长水平由于采用的基期不同,可分为逐期增长量和累计增长量。

逐期增长量:$a_1 - a_0, a_2 - a_1, \cdots, a_n - a_{n-1}$

累计增长量:$a_1 - a_0, a_2 - a_0, \cdots, a_n - a_0$

可以看出,累计增长量等于相应的各个逐期增长量之和,即:

$$a_n - a_0 = (a_1 - a_0) + (a_2 - a_1) + \cdots + (a_n - a_{n-1})$$

在实际统计工作中也可计算"年距增长量"。其计算公式为:

年距增长量 = 本期发展水平 − 去年同期发展水平

(2)平均增长水平

某种现象在一定时期内平均每期增长的数量,称为平均增长水平(平均增长量),它可将各个逐期增长量相加后,被逐期增长量的个数来除,即采用简单算术平均法即可,或将累计增长量被时间数列项数减"1"来除也可求得。

$$平均增长量 = \frac{逐期增长量之和}{逐期增长量个数} = \frac{累计增长量}{时间数列项数 - 1}$$

3)发展速度和平均发展速度指标

(1)发展速度

它根据两个不同时期的发展水平对比而得,说明报告期水平已发展到(或增加到)基期水平的若干倍(或百分之几)。其计算公式为:

发展速度 = 报告期水平/基期水平(×100%)

由于采用的基期不同,发展速度可分为定基发展速度和环比发展速度,用符号表示如下:

定基发展速度:$\dfrac{a_1}{a_0}, \dfrac{a_2}{a_0}, \cdots, \dfrac{a_n}{a_0}$

环比发展速度:$\dfrac{a_1}{a_0}, \dfrac{a_2}{a_1}, \cdots, \dfrac{a_n}{a_{n-1}}$

定基发展速度和环比发展速度的关系为:

①定基发展速度等于相应的各个环比发展速度的连乘积,即:

$$\frac{a_1}{a_0} \times \frac{a_2}{a_1} \times \cdots \times \frac{a_n}{a_{n-1}} = \frac{a_n}{a_0}$$

②相邻两个定基发展之比等于一个环比发展速度。即

$$\frac{a_n}{a_0} \div \frac{a_{n-1}}{a_0} = \frac{a_n}{a_{n-1}}$$

在实际工作中,利用这种关系式,可根据已知资料来推算出未知的数据。

例 我国石油产量 1981 年是 1990 年的 95.5%，1982 年是 1981 年的 100.9%，1983 年是 1982 年的 103.9%，1984 是 1983 年的 108%，则以 1980 年为固定基期的 1984 年定基发展速度（总速度）为：

95.5% × 100.9% × 103.9% × 108% = 108.1%

同理，以 1980 年为固定期的 1983 年的定基发展速度为 100.1%，可以求得 1984 年的环比发展速度为：

$$\frac{108.1\%}{100.1\%} \approx 108\%$$

统计实践中，基期的选择取决于研究的目的和现象本身的特点。

(2) 平均发展速度

平均发展速度说明某种现象在一个较长时期内逐年平均发展变化的程度，它是各个环比速度的平均数。

在实际工作中，计算现象的平均速度很重要。它是作为编制长期计划的基本指标。也是用来对比分析现象不同发展阶段的不同速度，对比不同国家或地区经济发展的不同情况的重要指标。

平均发展速度的计算有几何平均法和方程式法两种。

① 几何平均法：

a. 根据环比发展速度计算。由于总速度不等于各年环比展速度的相加和，而是等于各年环比发展速度的连乘积，所以不能用算术平均数，通常要用几何平均法，得出：

$$\overline{X} = \sqrt[n]{x_1 \cdot x_2 \cdot x_3 \cdots x_n}$$
$$= \sqrt[n]{\prod x}$$

式中 $\overline{X}$——平均发展速度；

　　　x——环比发展速度；

　　　$\prod$——连乘积符号。

b. 根据定基发展速度计算。由于定基发展速度等于相应各期环比发展速度的连乘积，所以平均发展速度的计算可直接用定基发展速度（即总速度）R 开 n 次方根计算。即

$$\overline{X} = \sqrt[n]{R}$$

c. 根据发展水平计算。由于定基发展速度是根据最末水平与最初水平计算而得的，因此平均发展速度又可用以下公式计算：

$$\overline{X} = \sqrt[n]{\frac{a_n}{a_0}}$$

85

式中　a_n——最末水平；

　　a_0——最初水平。

[例1]　已知我国钢产量 1986—1990 年各年的环比发展速度分别为 115.6%,107.8%,105.6%,103.6%,107.2%,则平均发展速度为：

$$\overline{X} = \sqrt[5]{115.6\% \times 107.8\% \times 105.6\% \times 103.6\% \times 107.2\%}$$

$$\ln \overline{X} = \frac{1}{5}(\ln 1.156 + \ln 1.078 + \ln 1.056 + \ln 1.036 + \ln 1.072)$$

$$= \frac{1}{5}(0.063 + 0.032\,6 + 0.023\,7 + 0.015\,4 + 0.030\,2)$$

$$= 0.022\,98$$

$$\overline{X} = 1.08 \text{ 或 } 108\%$$

[例2]　已知我国 1990 年国民收入生产额为 14 300 亿元,根据"八五"计划规定,到 1995 年要达到 18 250 亿元,计算平均每年的递增率。

已知：$a_0 = 14\,300$ 亿元,　$a_n = 18\,250$,　$n = 5$ 年

$$\overline{X} = \sqrt[n]{\frac{a_n}{a_0}} = \sqrt[5]{\frac{18\,250}{14\,300}}$$

$$\ln \overline{X} = \frac{1}{5}(\ln 18\,250 - \ln 14\,300)$$

$$= \frac{1}{5}(4.261\,3 - 4.155\,3)$$

$$= 0.021\,2$$

$$\overline{X} = 1.05 \text{ 或 } 105\%$$

平均增长率 = 105% - 100% = 5%

[例3]　我国 1990 年农业总产值为 7 382 亿元,若按每年平均增长 3.5% 的速度发展,1995 年我国农业总产值将达到什么水平？

已知：$a_0 = 7\,382$ 亿元,　$n = 5$ 年,　$\overline{x} = 103.5\%$

$$a_n = a_0 \overline{x}^n = (7\,382 \times 1.035^5) \text{ 亿元} = 8\,767.5 \text{ 亿元}$$

如果现象发展的过程划分了几个时期,又具有各时期的平均发展速度指标,要对全过程求平均发展速度,则要以各时期的年数为权数,按加权几何平均法计算,即：

$$\overline{X} = \sqrt[\Sigma f]{\prod \cdot \overline{x}^f}$$

例　某工厂 1997—1999 年 3 年平均发展速度为 107%,2000—2001 年两年平均发展速度为 108.2%,则这 5 年的平均发展速度多少？

$$\overline{X} = \sqrt[3+2]{(1.07)^3 \times (1.082)^2} = 1.075 \text{ 或 } 107.5\%$$

②方程式法(累计法,代数平均法):

先假设$\bar{x}$为应用此法求得的平均发展速度指标,这样,根据$\bar{x}$计算逐年发展水平如下:

第一年 $= a_0 \bar{x}$

第二年 $= a_0 \bar{x} \times \bar{x} = a_0 \bar{x}^2$

第三年 $= a_0 \bar{x}^2 \times \bar{x} = a_0 \bar{x}^3$

$\vdots$

第 n 年 $= a_0 \bar{x}^{n-1} \times \bar{x} = a_0 \bar{x}^n$

即　$a_0 \bar{x} + a_0 \bar{x}^2 + a_0 \bar{x}^3 + \cdots + a_0 \bar{x}^{n-1} + a_0 \bar{x}^n$

$\quad = a_1 + a_2 + a_3 + \cdots + a_{n-1} + a_n$

即　$a_0 (\bar{x}^n + \bar{x}^{n-1} + \cdots + \bar{x}^3 + \bar{x}^2 + \bar{x}) = \sum_{i=1}^{n} a_i$

即　$\bar{x}^n + \bar{x}^{n-1} + \cdots + \bar{x}^3 + \bar{x}^2 + \bar{x} = \dfrac{\sum_{i=1}^{n} a_i}{a_0}$

这个方程式的正根,就是所求的年平均发展速度。但是,要求解这个方程式是比较复杂的,因此,在实际工作中,都是根据事先编好的《平均增长速度查对表》来查对应用。

使用查对表时,要先计算出 $\dfrac{\sum a}{a_0}$ 的数值。由于

$$\frac{\sum a}{a_0} = \frac{a_1}{a_0} + \frac{a_2}{a_0} + \frac{a_3}{a_0} + \cdots + \frac{a_n}{a_0} = \sum y$$

(设以 y 表示各年定基发展速度)

所以,这个数值的计算,可以根据全期总水平即各年发展水平总和除以基期水平来计算,也可以根据各年定基发展速度的总和进行计算。当 $\dfrac{\sum a}{a_0}$ 的数值除以期内年数 n 大于 1,即 $\dfrac{\sum a}{n} > a_0$ 时,所求得的结果为递增速度。查表时,要在递增速度部分查找 $\dfrac{\sum a}{a_0}$ 的数值,与这个数值相对应的左边栏内的百分比,即为所求的年平均递增速度。

当 $\dfrac{\sum a}{a_0}$ 的数值除以期内年数 n 小于 1,即 $\dfrac{\sum a}{n} < a_0$ 时,则所求得的结果为递减速度,要在递减速度部分查找,方法相同。

例 我国"七五"时期基本建设投资额资料如表 3.18 所示。

表 3.18 我国"七五"期间基建投资额表

年　份	基本建设投资额/亿元
1985 年(基期)	1 074.37
1986 年	1 176.11
1987 年	1 343.10
1988 年	1 574.31
1989 年	1 551.74
1990 年	1 702.60
合　计	7 347.86

根据表 3.18 资料得出

$$\frac{\sum a}{a_0} = \frac{7\ 347.86}{1\ 074.37} \times 100\% = 683.92\%$$

$$\frac{683.92\%}{5} = 136.78\% > 100\%(\text{表示速度递增})$$

查附录表,就可以知道我国"七五"期间基本建设投资额的平均增长速度为 10.6%,年平均发展速度为 110.6%。

对以上两种方法,应该依据计算对象的不同特点分别采用。如果计划工作中比较关心长时间(比如 5 年)的总量计划完成情况,可以采用方程式法,若侧重于考察最末一年所达到的水平,适宜采用几何平均法。几何平均法是计算平均速度的常用方法。

4)增长速度和平均增长速度

(1)增长速度

它可以根据增长量与基期水平对比求得,说明报告期水平比基期水平增加了若干倍(或百分之几)。其计算公式为:

$$\text{增长速度} = \frac{\text{增长量}}{\text{基期水平}}(\times 100\%)$$

$$= \frac{报告期水平 - 基期水平}{基期水平}(\times 100\%)$$

$$= 发展速度 - 1$$

由于选择基期不同,增长速度也有定基增长速度和环比增长速度之分。

$$定基增长速度 = 定基发展速度 - 1$$
$$环比增长速度 = 环比发展速度 - 1$$

以上等式不能得出环比增长速度的连乘积等于定基增长速度的结论,这点须记清楚。

(2)平均增长速度

平均增长速度是说明其逐年平均增长变化的程度。其计算公式为:

$$平均增长速度 = 平均发展速度 - 1$$

3.5.3　计算和运用动态指标的要求

①结合具体研究目的适当选择动态水平指标和动态速度指标。

②把发展速度、增长速度与发展水平、增长量结合起来。

进行动态分析时,既要看速度,又要看水平。有一个很有代表性的指标,即增长1%的绝对值。用符号表示:

$$|1\%| = \frac{增长量}{增长速度 \times 100} = \frac{a_n - a_{n-1}}{\left(\dfrac{a_n}{a_{n-1}} - 1\right) \times 100} = \frac{a_{n-1}}{100}$$

例　我国"一五"时期前一年1952年钢产量为135万吨,1957年为535万吨,5年间增长了226.3%,而"七五"时期前一年1985年钢产量为4 679万吨,1990年为6 635万吨,5年间增长了41.8%,说明"一五"时间钢产量增长速度快于"七五"时期,然而从速度指标背后的水平指标来看,却是后者大于前者。

③把平均速度指标与动态数列水平指标结合起来。

平均速度是一个较长时期总速度的平均,如果动态数列中中间时期指标值出现了特殊的高低变化,或者最初、最末水平受特殊因素的影响,使指标值偏离常态,不管用几何平均法或用方程式法来计算平均速度,都将降低或失去说明问题的意义。所以,仅仅计算一个平均速度指标是不够的,应该联系各期的水平,计算各期的环比速度,使水平和速度结合起来分析。

在分析较长历史时期的动态资料时,这种结合可采取计算分段平均速度来补充说明总平均速度。

本章小结：

1. 统计对社会经济现象的研究是通过各种数据指标进行描述和反映的。常用的统计指标包括：总量指标、相对指标、平均指标、变异指标、动态指标。

2. 总量指标用以反映客观事物的数量规模和水平的大小，通过总量指标，可以了解客观事物的总体范围、规模大小、实力的高低。根据总量指标所说明的内容，总量指标有单位总量和标志总量之分。单位总量说明总体单位的规模，标志总量说明总体某一个数量标志之总和的大小。根据总量指标的时间特性，总量指标有时期指标和时点指标之分。时期指标说明客观事物的数量变化与时间长短密切相关，时点指标说明客观事物的数量变化与时间长短没有必然的联系。总量指标必须有计量单位。

3. 相对指标是将客观事物中有联系的现象之间相互联系的程度加以度量，把不能直接用总量指标进行比较的现象，建立起比较的桥梁。相对指标共有：计划完成相对指标、结构相对指标、比较相对指标、比例相对指标、强度相对指标、动态相对指标6种，每一种相对指标在实际中都有很大的用处。

4. 平均指标说明总体某种数量标志值的一般程度，消除了各单位在数量上的差异。平均指标反映了数据的集中趋势，是数据的"中心"。有5种平均指标，其中，算术平均数、调和平均数、几何平均数的计算用到了全部的数据，它们容易受到数据中的极大值和极小值的影响，称之为数值平均数。而众数和中位数都是根据数据中的某种特征进行计算的，不受数据极端值的影响，称之为位置平均数。算术平均数、众数和中位数是最常用的平均指标。

5. 客观事物总是在不断的变化，为了对数据的变化程度进行定量描述，我们学习了变异指标。变异指标反映了同质总体单位标志值的差异程度，说明社会现象的稳定性和均衡性。

6. 为了更准确地描述数据总体的发展轨迹，我们还学习了动态指标。动态指标可以描述社会经济现象发展的过程和结果，研究社会经济现象的发展方向、水平、速度和趋势，探索社会经济现象发展变化的规律性，对社会经济现象的发展变化进行预测。发展水平和平均发展水平、增长水平和平均增长水平属于动态水平指标，发展速度和增长速度、平均发展速度和平均增长速度属于动态速度指标。

关键词：

总量指标、相对指标、平均指标、变异指标、动态指标、计划完成相对指标、比例相对指标、比较相对指标、强度相对指标、结构相对指标、动态水平指标、动态速度指标、算术平均数、调和平均数、几何平均数、众数、中位数、标准差、标准差系数、标志变异系数。

练习题

一、名词解释

总量指标	相对指标
平均指标	强度相对数
权　数	中位数
众　数	标志变动度
标准差	变异系数
标志总量	总体单位总量
动态数列	序时平均数
发展速度	平均发展速度
几何平均数	

二、简答

1. 什么是总量指标? 它在社会经济统计中作用如何?

2. 总体单位总量和总体标志总量、时期指标和时点指标如何区别? 实物指标和价值指标的特点和作用如何?

3. 统计中常用的相对指标有几种? 各有什么作用?

4. 强度相对指标和其他相对指标主要区别是什么?

5. 如何理解权数的意义? 在什么情况下,应用简单算术平均数和加权算术平均数计算的结果是一样的? 请举例说明。

6. 在什么条件下, $\dfrac{\sum x}{n} = \dfrac{\sum xf}{\sum f}$?

7. 什么是众数和中位数? 它们为何称为位置平均数? 怎样运用?

8. 测定标志变动度的指标有哪些? 它们各有什么特点?

9. 为什么要计算变异系数?

10. 时期数列和时点数列有哪些不同特点?

11. 时期数列和时点数列计算序时平均数有什么不同? 当计算相对指标或平均指标动态数列的序时平均数时,应该怎样利用时期数列和时点数列计算上的特点来进行计算?

12. 发展速度、增长速度、平均发展速度和平均增长速度等指标的关系如何?

13. 用几何平均法与方程式法计算平均发展速度有什么不同?哪些现象适用几何平均法,哪些现象适用方程式法?举例说明。

14. 为什么要注意速度指标和水平指标的结合运用?如何结合?

三、业务题

1. 某企业产值计划完成 103%,比上年增长 5%,试问计划规定比上年增长多少?

2. 某企业 2001 年比上年增长甲产品 10%、乙产品 8%、丙产品 5%,实际产量甲产品为上年的 1.2 倍、乙产品为上年 85%、丙产品为上年的 2.03 倍。试确定 3 种产品的计划完成程度指标。

3. 下面是我国人口和国土面积的资料:

年份	根据第五次人口普查调查数(内地人口)/万人	
	1982 年	2000 年
男	52 352	65 355
女	49 302	61 228
合计	101 654	126 583

补充资料:国土面积 960 万平方千米。

试计算全部可能计算的相对指标,并指出它们属于哪一种相对指标。

4. 某地区全民所有制固定资产投资完成资料如下:

年份	1997	1998	1999	2000	2001			
					1 季	2 季	3 季	4 季
固定资产投资额/亿元	68	83	95	105	29	30	28	30

该地区计划这 5 年固定资产投资为 410 亿元。试问五年计划任务提前多长时间完成?

5. 某产品按五年计划规定,最后一年产量应达到 54 万吨,计划完成情况如下:

年份	第一年	第二年	第三年		第四年				第五年			
			上半年	下半年	一季	二季	三季	四季	一季	二季	三季	四季
产量	40	43	20	24	11	11	12	13	13	14	14	15

试问该产品提前多长时间完成五年计划?

6. 某厂甲、乙两车间生产同一产品的产量和单位成本资料如下:

①计算结构相对指标;

②各车间单位成本不变,全厂单位成本2001年较2000年降低10元,试分析原因。

车间	2000 年		2001 年	
	产量/件	单位成本/元	产量/件	单位成本/元
甲车间	600	300	1 200	300
乙车间	900	350	800	350
合计	1 500	330	2 000	320

7. 根据下表中资料,分别计算不同时期的强度相对指标的正指标、逆指标。

项目	单位	2000 年	2001 年
专业卫生技术人员	万人	341.1	350.7
医院病床数	万张	222.9	229.7
年平均人口数	万人	104 003	105 126

8. 某企业计划产品单位成本在上期699元水平上降低12元,实际上本期单位成本672元,试确定降低单位成本的计划完成程度。

9. 有3个班组的废品率及有关资料如下:

班组	废品率/%	产品数/件	产品消耗总工时/h
1	3	60	1 200
2	5	40	1 800
3	4	70	2 000

要求:(1)已知3个班组生产同一产品,求它们的平均废品率。

(2)如果3个班组生产不同产品,又该如何计算平均废品率?

10. 某管理局所属企业的工人工资资料如下:

按月工资分组/元	企业数/个	各组工人在工人总数中所占的比重/%
200~250	3	20
250~300	6	25
300~350	4	30
350~400	4	15
400 以上	5	10

试计算该管理局工人的平均工资。

11. 两个厂生产同种电子元件,抽样检查其耐用时间的分组资料如下:

耐用时间/h	抽查元件数量/件	
	甲厂	乙厂
1 000 以下	4	3
1 000~1 200	30	11
1 200~1 400	11	31
1 400 以上	5	5
合计	50	50

要求:(1)哪个厂生产的电子元件耐用时间长? 为什么?

（2）比较两个元件耐用时间的众数和中位数,哪个厂较高?

12. 已知有甲乙两种水稻品种,甲品种每公顷产量的标准差为 190 kg,标准差系数为 3%,乙品种平均每公顷产量为 7 500 kg,标准差为 200 kg,问:哪一品种平均产量较高? 哪一品种产量的稳定性较高?

13. 某厂技术熟练程度不同的工人完成产量情况如下:

	甲车间			乙车间		
	产量/件	工人数/人	人均产量/件	产量/件	工人数/人	人均产量/件
不熟练	12 000	60			20	
较熟练	7 500		250	12 000	50	
熟 练	2 800			10 400		260
合 计		100		26 180		

（1）填齐表中空位上的数字。

（2）如何评价这两个车间劳动生产率的高低？

14. 某农作物的两种不同良种在 5 个村生产条件基本相同的地块上试种,结果如下:

村庄	甲品种		乙品种	
	单位产量/kg	播种面积/ha	单位产量/kg	播种面积/ha
甲	9 500	11	7 000	9
乙	9 000	9	9 000	13
丙	11 000	10	11 200	15
丁	10 500	8	10 000	13
戊	10 000	12	12 080	10
合计	—	50	—	60

试测定这两个品种单位产量哪一种具有较大的稳定性,指出哪一种较有推广价值?

15. 某生产队播种 40 ha 早稻,其中35%的稻田使用良种,平均产量为9 000 kg/ha,其余的稻田平均产量仅为 6 000 kg/ha。试问:①全部耕种早稻平均产量是多少? ②早稻的全部产量为多少?

16. 某地 20 个商店 2001 年第四季度的统计资料如下:

按商品销售计划完成情况分组/%	商店数目/个	实际商品销售额/万元	流通费用率/%
80～90	3	45.9	14.8
90～100	4	68.4	13.2
100～110	8	34.4	12.0
110～120	5	94.3	11.0

试计算该地 20 个商店平均完成销售计划指标以及总的流通费用率。

17. 某车间有两个小组,每组都是 7 个工人,各人日产的件数如下:

第一组:20 40 60 70 80 100 120

第二组:67 68 69 70 71 72 73

这两个组每人平均日产件数都是 70 件,试计算工人日产量的变异指标。

①全距;②平均差;③标准差。请指出哪一组的平均数代表性大。

18. 某校各时期平均毕业人数如下：1950—1952 年,年平均毕业 309 人,1953—1957 年,年平均毕业 545 人；1958—1964 年,年平均毕业 940 人；1965—1969 年,年平均毕业 1 093 人；1970—1973 年,无毕业生；1974—1975 年,年平均毕业 416 人；1976—1978 年,年平均毕业 617 人；1979 年毕业 823 人,试求该校 30 年来平均每年毕业生人数。

19. 某管理局所属两个企业 1 月份产值及每日在册工人数资料如下：

企业	总产值/万元	每日在册人数/人		
		1 ~ 15 日	16 ~ 21 日	22 ~ 31 日
甲	31.5	230	212	245
乙	35.2	232	214	228

试计算各企业月劳动生产率并综合两企业的月劳动生产率。

20. 某商品在甲、乙两个集市的价格资料如下：

	1 月 1 日	2 月 1 日	3 月 1 日	4 月 1 日
甲	0.80 元	0.85 元	0.85 元	0.90 元
乙	0.85 元	0.90 元	0.85 元	0.86 元

又知第一季度成交额甲集市为 34 万元,乙集市为 14 万元,试问该商品在甲、乙两个集市第一季度的平均价格是多少？

21. 某企业 2001 年四月份几次工人数变动登记如下：

4 月 1 日	4 月 11 日	4 月 16 日	5 月 1 日
1 210 人	1 240 人	1 300 人	1 270 人

试计算该企业四月份的平均工人数。

22. 我国 1985 年和"七五"时期社会商品零售总额发展情况如下：

年份	1985	1986	1987	1988	1989	1990
社会商品零售总额/亿元	4 305	4 950	5 820	7 440	8 101.4	8 255

要求计算"七五"时期的：①逐期和累计增长量、全期平均增长量；②定基和环比的发展速度；③定期和环比的增长速度；④增长 1% 的绝对值；⑤年平均发展速度和增长速度。

23. 根据下表已有的数字资料,运用动态指标的相互关系,填写下面数值：

年份	产量/万吨	与上年比较			
		增长绝对量/万吨	发展速度/%	增长速度/%	增长1|%|
1996	95.2				
1997		4.8			
1998			104.0		
1999				5.8	
2000					
2001		7.0			1.15

24. 已知 1990 年我国国民收入生产额为 14 300 亿元,若以平均每年增长 5% 的速度发展,到 2010 年国民收入生产额将达到什么水平?

25. 1979 年根据国家统计局的计算,我国国民生产总值为 2 400 亿元。按规定我国人口总数在 2010 年不超过 14 亿,那时,要求人均国民生产总值达到 1 500 美元的目标,从 1980 年至 2010 年的 31 年间国民生产总值的年平均增长速度应该是多少(不考虑价格因素)。

26. 某地区 1990 年底人口数为 2 000 万人,假定以后每年以 9‰的增长率增长,又假定该地区 1990 年粮食产量为 60 亿千克,要求到 2001 年平均每人粮食达到 475 千克。试计算 2001 年的粮食产量应该达到多少?粮食产量每年平均增长速度如何?

第 4 章 统计指数分析方法

4.1 统计指数的概念、作用和分类

4.1.1 统计指数的概念

　　统计上的指数与数学中的指数不是一回事,广义上一切比较相对数均称之为指数。狭义的指数是一种特定的相对数,它是用来说明复杂经济现象总体的变动的。所谓复杂经济现象总体,是指那些由多种不能直接加总的要素所组成的社会经济现象总体。狭义的统计指数是综合反映不能直接加总的多因素所构成的复杂经济现象总体变动的相对数。

4.1.2 统计指数的作用

　　①可以分析复杂经济现象总体的变动方向和程度。
　　②可以分析复杂经济现象总体变动中各个构成要素的变动以及它们的变动对总体变动的影响程度。
　　③可以测定各组平均水平的变动和各组在总量中所占比重的变动以及它们对总平均水平变动的影响程度。
　　④可以分析复杂经济现象总体在长时间内的发展变化趋势。

4.1.3　统计指数的分类

(1) 按其反映的对象范围不同, 分为个体指数和总指数

个体指数是反映个别现象或单个事物动态对比的相对数, 例如反映一种商品价格变动的价格个体指数。总指数是说明多种事物综合动态对比的相对数, 例如反映多种商品价格总变动的价格总指数, 反映多种商品销售量变动的数量总指数等。

(2) 按其反映的现象性质特征不同, 分为数量指标指数和质量指标指数

数量指标指数反映研究现象总体总规模的变动程度, 如工业产品产量指数、商品销售量指数等。质量指标指数说明生产经营所取得的效益状态, 说明生产工作质量的提高程度, 如产品成本指数、商品价格指数、劳动生产率指数等。

(3) 按对比的基期不同, 分为定基指数与环比指数

定基指数是指在数列中都以某一固定时期的水平作为对比基准的指数; 环比指数是指在数列中随着时间的推移, 每期的指数都以前一期的水平作为对比基准的指数。

(4) 按所反映的时态不同, 分为动态指数与静态指数

指数本来的涵义都是动态指数, 由于实际应用中的发展, 指数还包括静态指数。所谓静态指数是指两个经济量在同一时间内不同空间上的对比, 或者实际数与计划数的对比。

(5) 按编制任务不同, 分为时间指数、地区指数和计划完成指标指数

在统计指数中, 计算和分析两个时期数量上的动态是应用最为广泛的。指数也用以进行不同地区和不同单位现象数量的综合对比, 指数还可以在实际指标与计划指标对比中, 对计划任务的完成程度进行检查。

4.2　综合指数

4.2.1　综合指数编制的特点

统计指数中总指数的计算形式有两种, 即综合指数和平均数指数。下面说明综合指数的编制方法。

　　计算总指数的任务,在于综合测定由于不同度量单位的许多产品或商品所组成的复杂现象总体的动态。因此,综合指数的编制首先要解决不同度量单位的问题,使不能直接加总的不同使用价值的各种产品或商品的总体改变为能够进行对比分析的两个时期的现象的总量。进行这种改变是为了能够进行对比分析两个时期的现象的总量,并且是可能的。大家知道,各种产品或商品都是社会生产和劳动的产物,都具有一定的价格,每一个产品都含有一定的成本和消耗一定的劳动量。借助这些因素与产品或商品物量因素相乘,就能把各种产品或商品由使用价值形态变成价值量或劳动量形态,使不同度量单位的现象改变为可以加总的总体。由此可见,综合指数的一个计算特点,就是从现象的联系分析中,来确定与所要研究的现象相联系的因素,从而加入这个因素,使各种产品或商品的不同使用价值量改变为价值量或劳动量。如在分析各种产品产量总动态中,可把各种产品产量分别乘以出厂价格、单位成本或单位产品劳动消耗量来计算生产总值、总成本和劳动总消耗量。在分析各种产品的单位成本、价格和单位产品劳动消耗量的总变动中,要把它们分别乘以相应的产量,求得生产总值、总成本和劳动总消耗量。这样,就可以从两个时期的成本、生产总值或劳动总消耗量的对比中进行分析。

　　这里,还没有解决上面所提出的分析各种产品产量或单位成本、单位产品劳动消耗量的综合动态的任务。因为,生产总值的变动,包括了产量与出厂价格两个因素的变化,总成本的变动,包括了单位成本与产量两个因素的变化,而劳动总消耗量的变动,也包括了单位产品劳动消耗量与产量两个因素的变化。综合指数的另一个计算特点是,对复杂现象总体所包括的两个因素,把其中的一个因素(同度量因素,也称权数)加以固定,来确定另一个因素(指数化指标)的变动。这就是说,两个时期采用同一时期的价格、单位成本或单位产品劳动消耗量作为同度量因素来计算生产总值、总成本或劳动总消耗量,并进行对比以测定各种产品的产量动态;两个时期采用同一时期的产量作为同度量因素,来计算生产总值、总成本、劳动总消耗量,并进行对比以反映各种产品价格、单位成本和单位产品劳动消耗量的综合变动。这样,分析各种产品产量或单位成本等指标动态的目的也就达到了。

　　下面通过具体例子来说明综合指数的编制方法。假定某企业生产 3 种产品,它们的产量、单位成本以及总成本资料如表 4.1 所示。

表4.1　某企业3种产品的产量、单位成本及总成本资料表

产品	计量单位	产量		单位成本/元		总成本/万元		
		基期 q_0	报告期 q_1	基期 Z_0	报告期 Z_1	基期 $q_0 Z_0$	报告期 $q_1 Z_1$	按基期成本计算的报告期总成本 $q_1 Z_0$
		(1)	(2)	(3)	(4)	(5) = (1)×(3)	(6) = (2)×(4)	(7) = (2)×(3)
甲	件	500	600	3 500	3 200	175	192	210
乙	件	500	500	1 800	1 760	90	88	90
丙	吨	1 500	2 000	200	200	30	40	40
合计	—	—	—	—	—	295	320	340

如上所述,为了综合反映该企业3种产品成本水平的变化情况,只能从产品总成本的变动中进行分析,同时,要将其中的产量因素固定下来。现在把它固定在报告期规模上,就是说,假定生产同样的报告期产品的情况下,来计算基期和报告期产品总成本的变化,以反映成本水平的降低程度。计算产品成本的综合指数公式如下:

$$\text{产品成本综合指数} = \frac{\sum q_1 Z_1}{\sum q_1 Z_0}$$

照上式,用表4.1的资料计算,则:

$$\text{产品成本综合指数} = \frac{320 \ \text{万元}}{340 \ \text{万元}} = 0.941 \ \text{或} \ 94.1\%$$

这表明,该企业报告期所生产的3种产品成本水平比基期降低了5.9%。

成本综合指数的分子指标 $\sum q_1 Z_1$ 是报告期该企业生产3种产品实际支付的总成本,分母指标 $\sum q_1 Z_0$ 表示报告期生产3种产品按基期成本计算所要支付的总成本。这些指标都有明确的经济内容。所以,它们之间的对比关系,能够准确地表明产品成本的降低程度;同时,它们之间的绝对差额,还表明了由于单位成本降低所取得的实际节约效果。

由于单位成本降低所取得的节约额计算如下(负数表示节约额):

$$\sum q_1 Z_1 - \sum q_1 Z_0 = (320 - 340) \ \text{万元} = -20 \ \text{万元}$$

这说明该企业报告期生产3种产品由于单位成本的降低,实际节约了总成

101

本 20 万元。

依据表 6.1 的资料计算产量综合指数,就要以单位产品成本为同度量因素。现在把它固定在基期上,即假定成本水平不变的情况下,来计算基期和报告总成本的变化,以反映产量的综合变动情况。用公式表示如下:

$$\text{产品产量综合指数} = \frac{\sum q_1 Z_0}{\sum q_0 Z_0}$$

上式的分子指标 $\sum q_1 Z_0$ 表示该企业报告期生产 3 种产品按基期成本计算所要支付的总成本;分母指标 $\sum q_0 Z_0$ 为基期实际总成本。因此,这个指数反映了两个时期在相同成本水平基础上的产量增长程度。绝对差额表示由于产量增加,而增加支付的总成本。

按照表 4.1 的资料,计算产量综合指数为:

$$\text{产品产量综合指数} = \frac{340 \text{ 万元}}{259 \text{ 万元}} = 1.153 \text{ 或 } 115.3\%$$

绝对差额计算如下:

$$\sum q_1 Z_0 - \sum q_0 Z_0 = (340 - 259) \text{ 万元} = +45 \text{ 万元}$$

以上计算说明该企业报告期生产 3 种产品比基期增长了 15.3%,从而使总成本增加支付了 45 万元。

4.2.2 同度量因素所属时期的选择

从以上计算过程中可以看到。综合指数的编制是从两个时期现象总量指标的对比中进行分析的。对现象总体所包括的两个变动因素,要把其中的一个因素固定下来,以测定另一个因素的变动情况。这个被固定因素究竟要固定在哪个时期上,即同度量因素所属时期的选择,是一个重要问题。应该根据指数的经济内容来决定。一般方法是,质量指标综合指数的编制,应把作为同度量因素的数量指标固定在报告期上,而在编制数量指标综合指数时,应该采用基期的质量指标作为同度量因素。

关于编制综合指数中的同度量因素所属时期的确定问题,进一步加以说明如下。

仍以成本指数为例,来说明质量指标指数的同度量因素的所属时期问题,上面所举例子,用报告期产量作为同度量因素来编制成本指数,这种计算式的分子、分母指标都有实际经济内容,不仅能够准确地反映产品成本的降低程度,而且,可以分析由于成本降低所取得的实际节约效果。

如果改用基期产量作为计算成本核算指数的同度量因素,那么,成本综合指数公式将表现如下。它的计算结果和上面用报告期产量为同度量因素的成本指数的计算结果不同。

$$\frac{产品成本}{综合指数} = \frac{\sum q_0 Z_1}{\sum q_0 Z_0}$$

$$= \frac{(500 \times 3\,200 + 500 \times 1\,760 + 1\,500 \times 200)\,万元}{(500 \times 3\,500 + 500 \times 1\,800 + 1\,500 \times 200)\,万元}$$

$$= \frac{278\,万元}{295\,万元} = 0.942\ 或\ 94.2\%$$

由于成本降低节约额:

$$\sum q_0 Z_1 - \sum q_0 Z_0 = (278 - 295)\,万元 = -17\,万元$$

容易看出,产品成本综合指数公式的分母指标 $\sum q_0 Z_0$ 是基期实际总成本,

分子指标 $\sum q_0 Z_1$ 为基期生产产品的产量按报告期成本水平计算的总成本。两者的差额,只是说明由于报告期成本的降低可使过去时期生产产品节约了多少总成本,这显然是没有现实意义的。因此,编制成本综合指数,一般不采用基期产量为同度量因素,其他质量指标指数,如劳动生产率指数、收获率指数、物价指数等,也适用这个道理,要把作为同度量因素的数量指标固定在报告规模上。再以产量指数为例,来说明数量指标指数的同度量因素所属时期的选择问题。上面所计算的产量指数,是用基期单位成本作为同度量因素,如果改用报告期单位成本为同度量因素来编制产量指数,其计算式如下,它们之间的计算结果也是不同的。

$$\frac{产品产量}{综合指数} = \frac{\sum q_1 Z_1}{\sum q_0 Z_1}$$

$$= \frac{(600 \times 3\,200 + 500 \times 1\,760 + 2\,000 \times 200)\,万元}{(500 \times 3\,200 + 500 \times 1\,760 + 1\,500 \times 200)\,万元}$$

$$= \frac{320\,万元}{278\,万元} = 1.151\ 或\ 115.1\%$$

由于产量增加的影响绝对额:

$$\sum q_1 Z_1 - \sum q_0 Z_1 = (320 - 178)\,万元 = 42\,万元$$

既然产量指数的两种计算所用的同度量因素时期不同,计算结果互异,那么

应该怎样加以选择运用呢？在实际应用上，一般要采用基期质量指标作为同度量因素来编制度量指数。这主要是考虑到指数体系是反映现象因素之间的客观联系，成本综合指数既要把作为同度量因素的产量因素固定在报告期规模上。这样，产量综合指数就必须把作为同度量因素的单位成本固定在固定的基期水平上，这意味着在原有成本水平的基础上来测定产量的综合变动，也是比较恰当的。因此，根据这个道理来编制数量指标指数，一般把作为同度量因素的质量指标固定在基期水平上。

应该强调指出，上面以经济内容为依据，确定综合指数中的同度量因素所属时期，具有一般应用意义，但不是固定不变的原则，也不能机械地加以应用。编制综合指数，还要注意研究现象的不同情况以及分析任务的不同要求，来具体确定同度量因素所属时期。下面仍以成本问题的研究指出的两个问题来说明。

4.3 平均数指数

4.3.1 平均数指数的特点和种类

平均数指数是个体指数的平均数。它是从个体指数出发来编制总指数的，先算出个体指数，然后进行加权平均计算以测定现象总的变动程度。

平均数指数的特点是先个体对比，后加权平均。

平均数指数是个体指数的加权平均数，常用的基本形式有两种，即加权算术平均数指数和加权调和平均数指数。

1）加权算术平均数指数

①计算个体指数，即 $K_q = \dfrac{q_1}{q_0}$；

②取得基期物值 $q_0 p_0$ 的资料；

③以个体指数为变量，基期物值为权数，以加权算术平均形式求得总指数，即：

$$\overline{K}_q = \frac{\sum q_1 p_0}{\sum q_0 p_0} = \frac{\sum \dfrac{q_1}{q_0} \times q_0 p_0}{\sum q_0 p_0} = \frac{\sum K q_0 p_0}{\sum q_0 p_0}$$

现有资料如表4.2所示。

表4.2 产量算术平均数指数计算表

| 产品 | 计量单位 | 产量 | | | 基期生产总值/万元 q_0p_0 (4) | Kq_0p_0/万元 (5) = (3) × (4) |
		基期 q_0 (1)	计算期 q_1 (2)	个体指数/% K (3) = (2)/(1)		
Ⅰ	件	4 500	5 000	111.11	315	350
Ⅱ	件	5 000	5 200	104.00	175	182
Ⅲ	吨	9 600	12 000	125.00	48	60
合计	—	—	—	—	538	592

产品算术平均数指数为：

$$\overline{K}_q = \frac{\sum Kq_0p_0}{\sum q_0p_0} = \frac{592\ 万元}{538\ 万元} = 1.100\ 4\ 或\ 110.04\%$$

计算结果表明3种产品产量计算期比基期综合提高了10.04%。

2) 加权调和平均数指数

① 计算个体指数,即 $K_p = \dfrac{p_1}{p_0}$；

② 取得报告期物价 q_1p_1 的资料；

③ 以个体指数的倒数为变量,报告期物值为权数,以加权调和平均形式求得总指数,即：

$$\overline{K}_p = \frac{\sum q_1p_1}{\sum q_1p_0} = \frac{\sum q_1p_1}{\sum \dfrac{p_0}{p_1} \times q_1p_1} = \frac{\sum q_1p_1}{\sum \dfrac{1}{K}q_1p_1}$$

现列举资料如表4.3所示。

表4.3 成本调和平均数指数计算表

| 产品 (甲) | 单位成本 | | | 计算期总成本/万元 q_1p_1 (4) | 计算期总成本除以个体指数 $\dfrac{q_1p_1}{K}$ (5) = (4)/(3) |
	基期 /(元·件$^{-1}$) p_0 (1)	计算期 /(元·件$^{-1}$) p_1 (2)	个体指数/% K (3) = (2)/(1)		
Ⅰ	10.0	10.5	105	4 200	4 000
Ⅱ	5.0	4.5	90	3 600	4 000
合计	—	—	—	7 800	8 000

产品成本调和平均数指数为：

$$\overline{K}_p = \frac{\sum q_1 p_1}{\sum \frac{1}{K} q_1 p_1} = \frac{7\ 800\ 万元}{8\ 000\ 万元} = 0.975\ 或\ 97.5\%$$

以上计算结果表明计算期两种产品成本比基期综合下降了 2.5%。

4.3.2　平均数指数与综合指数的关系

平均数指数与综合指数既有区别又有联系。

(1)联系

二者的联系在于：在一定的权数下两类指数间有变形关系。所以，平均数指数是综合指数的一种变形形式。

(2)区别

二者的区别在于：①综合指数主要运用于全面资料编制；而平均数指数可用于全面资料编制，也可用于非全面资料编制。②综合指数一般采用实际资料作为权数来编制；而平均数指数可用实际资料作权数，也可用理论资料进行加权。

4.3.3　平均数指数的应用

1)我国商品零售物价指数的编制

我国零售物价指数的编制自解放初期开始就已经采用这类平均数指数形式。实践证明，它是能够正确反映零售物价动态的。其计算公式如下：

$$固定加权算术平均数物价指数 = \frac{\sum KW}{\sum W}$$

式中　W——零售额比重权数。

由于这种零售物价指数，分为小类指数、大类指数和总指数逐级进行编制，因此，也分级确定比重权数，各级权数之和都等于 100。这种权数，在实际资料的基础上，考虑计算年市场上零售构成的变化，加以具体确定，每年确定一次，年内各月、各季的权数不变。所以这种指数也叫做固定加权的算术平均数指数。

下面以我国城市零售物价总指数为例(见表 4.4)。

表 4.4 固定权数零售物价表

类 别	类指数/% K	固定权数/% W	KW/%
食品	105	55	57.75
衣着	107	25	26.75
日用品	104	10	10.40
文化娱乐用品	102	3	3.06
书报杂志	115	2	2.03
药及医疗用品	104	2	2.08
燃料	100	3	3
总指数	—	100	105.34

$$\text{固定权数零售物价平均指数} = \frac{\sum KW}{\sum W} = \frac{105.34\%}{100\%} = 105.34\%$$

根据以上计算,零售商品物价总指数为 105.34%,物价平均上涨了 5.34%。分子、分母之差不能说明物价上涨引起的绝对效果,这与综合指数不同。所以,从形式到内容与综合指数的变形大不相同,它是一种独立的总指数。

目前,西方国家所编制的工业生产指数,多用固定权数的加权平均指数。

2)国外工业品生产指数、消费者价格指数的编制

①工业品生产指数的计算公式如下:

$$K_q = \frac{\sum \frac{q_1}{q_0} q_0 p_0}{\sum q_0 p_0} = \sum \frac{q_1}{q_0} \frac{q_0 p_0}{\sum q_0 p_0}$$

式中 $\frac{q_1}{q_0}$ ——某一具体代表性产品的个体指数;

$q_0 p_0$ ——相应的某一类产品的基期增加值。

②消费者价格指数的计算公式如下:

$$K_p = \frac{\sum \frac{p_1}{p_0} q_0 p_0}{\sum q_0 p_0}$$

式中 $\frac{p_1}{p_0}$ ——居民生活消费中选定的有代表性的产品和服务的个体价格指数;

$q_0 p_0$ ——家庭生活消费分类构成的权数。

4.4 指数体系与因素分析

4.4.1 因素影响分析概述

1) 因素影响分析的意义

在统计中,社会经济现象与过程之间的联系是通过相应指标的联系表现出来的。社会经济指标的联系形式各种各样,体现原因指标与结果指标之间的因果联系是其中一种重要的形式。因素影响分析就是指从数量方面研究社会经济现象动态变动中各种因素动态变动发生作用的影响程度。具体地说,统计进行社会经济现象的因素分析主要是解决如下两个方面的问题。

(1)研究社会经济现象总体总量指标的变动受各种因素变动的影响程度

例如工业产品产量的变动决定于职工人数和劳动生产率两个因素的变动,因此,要分析劳动生产率的升降和职工人数变动对工业增产的影响程度;又如商品销售额的变动取决于销售量和销售价格的变动,因此要分析物价的升降和销售量的增减对商品流转规模的影响程度。

(2)研究社会经济现象总体平均指标变动受各种因素变动的影响程度

各种因素是指总体中各组标志值的平均水平和总体中各组单位数的结构。例如,工人平均工资的变动不仅取决于各组工人工资水平的变动,而且受到工资水平不同的各组工人数比重变化的影响。因此,在分析平均工资变动时,要分析有多少程度取决于各组工人工资的平均水平变动,又有多少程度受各组工人数比重变化的影响。又如,工业部门产品平均成本的变动不仅取决于生产同种产品的各企业产品成本的变动,而且随着成本水平不同的各企业比重变化而变动,这样,也要分析各企业产品成本的平均变动和结构变化在成本总平均变动中所引起的影响程度。

统计分析中,因素分析主要用来研究经济现象发展的动态,同时也可能分析计划完成情况和现象在地区、单位之间的对比关系。

2) 因素影响分析的基本要求

从数量方面进行社会经济现象的因素分析,首先要遵循的基本要求是:从现象和过程所存在的固有联系中,找出指标之间的数量关系,并表达为一定的经济

方程式,以结果指标为原因指标的函数,借以分析现象发展中各种因素的变动关系,例如:

$$总产值 = 劳动量 \times 劳动生产率$$
$$总成本 = 生产量 \times 单位产品成本$$
$$利税总额 = 销售量 \times 销售价格 \times 利税率$$

上述这些指标按指数形式表现时,乘积关系仍然成立,如总产值指数 = 劳动量指数 × 劳动生产率指数等。只有形成相互关系的指数体系,才能进行因素分析。

应该看到,进行因素分析必须借助于经济分析,在肯定存在某种联系的前提下来确定其联系形式。但是,形成现象的各种因素中,有内部因素,也有外部因素;有主要原因,也有次要原因,它们之间的作用是大不相同的。因此,统计进行现象分析的另一个重要要求就是区分各个因素的不同地位和作用,抓住其中的主要方面加以具体分析。例如产量的增长取决于劳动量的增加和劳动生产率的提高,劳动量的增加是有一定限度的,而在科学技术不断进步的条件下,劳动生产率的提高是不受限制的。只有抓住劳动生产率因素,分析其变动程度,研究其形成原因,才能对生产做出正确的评价。

3) 因素影响分析与指数法

因素影响分析的内容包括相对数分析和绝对数分析。前者就是上面说过的把互相联系的指数组成乘积关系的体系,从相对数方面指出现象总体总量指标或平均指标的变动是由哪些因素变动作用的结果,又称指数分析;后者是由各个指数的分子指标与分母指标之差所形成的绝对值上的因果关系,即原因指标指数中分子与分母之差等于结果指标指数中分子与分母之差。因素分析的这两项内容的实现,一般借助于指数法中以经济内容为根据的指数方法,既可以使互为因果关系的指数的乘积关系成立,维持指数体系,又可以通过指数的分子与分母的差额明确体现经济效果的内容。大家知道,不以经济内容为根据的综合指数和按非全面资料编制的各种平均数指数并不承担因素分析的任务。从某种意义上说,因素分析是以指数法为依据,对指数理论研究的延续或深入。

下面将阐述总量指标和平均指标变动的因素分析。包括:简单现象总体和复杂现象总体条件下总量指标变动的因素分析,简单现象在分组条件下平均指标变动的因素分析,复杂现象总体中平均指标的结构分析以及多因素分析,这些因素分析都与以经济内容为根据的综合指数编制原理有关。

4.4.2 总量指标变动的因素影响分析

1)简单现象总量指标变动分析

简单现象总体的总量指标是两个或两个以上原因指标乘积的函数,可以计算个体指数的现象一般是简单现象,现以实例来说明简单现象总体总量指标变动的因素分析方法。现以 T_0 和 T_1 表示基期和报告期的职工人数,q_0 和 q_1 表示基期和报告期劳动生产率。职工人数指数,劳动生产率指数和总产值指数的关系可以表示如下:

$$\frac{T_1 q_0}{T_0 q_0} \times \frac{T_1 q_1}{T_1 q_0} = \frac{T_1 q_1}{T_0 q_0}$$

作为同度量因素的职工人数和劳动生产率分别被固定在报告期和基期上,以上指数体系可以简化为如下指数体系进行计算:

$$\frac{T_1}{T_0} \times \frac{q_1}{q_0} = \frac{T_1 q_1}{T_0 q_0}$$

但在绝对值分析时,为了分析职工人数和劳动生产率因素变动对总产值的变动影响,仍应该用原来算式的分子分母指标计算差额,关系如下:

$$(T_1 q_0 - T_0 q_0) + (T_1 q_1 - T_1 q_0) = T_1 q_1 - T_0 q_0$$

下面就某企业总产值、职工人数和劳动生产率的假定资料进行计算,见表4.5。

该企业总产值的变动为:

$$\frac{\text{总产值}}{\text{指数}} = \frac{T_1 q_1}{T_0 q_0} = \frac{1\,515\ \text{万元}}{1\,200\ \text{万元}} = 1.262\,5\ \text{或}\ 126.25\%$$

总产值增加额为:$T_1 q_1 - T_0 q_0 = (1\,515 - 1\,200)\,\text{万元} = 315\,\text{万元}$

表4.5 某企业总产值、职工人数和劳动生产率的资料表

	基期	报告期	指数/%	影响绝对值/万元
总产值/万元	1 200	1 515	126.25	+315
职工人数/人	1 000	1 010	101.00	+12
劳动生产率/万元·人⁻¹	1.2	1.5	125.00	+303

其中,职工人数的变动为:

$$\text{职工人数指数} = \frac{T_1}{T_0} = \frac{1\,010\ \text{人}}{1\,000\ \text{人}} = 1.01\ \text{或}\ 101\%$$

由于职工人数增加而增加的总产值为：

$$T_1 q_0 - T_0 q_0 = (1\ 010 \times 1.2 - 1\ 200\ )万元$$
$$= 12\ 万元$$

劳动生产率的变动为：

$$\frac{劳动生产率}{指\quad 数} = \frac{q_1}{q_0} = \frac{1.5\ 万元/人}{1.2\ 万元/人} = 1.25\ 或\ 125\%$$

由于劳动生产率提高而增加的总产值：

$$T_1 q_1 - T_1 q_0 = (1\ 515 - 1\ 010 \times 1.2)万元$$
$$= 303\ 万元$$

以上各个因素之间的联系关系为：

$$101\% \times 125\% = 126.25\%$$
$$(12 + 303)万元 = 315\ 万元$$

这说明了，该企业在稍微增加职工人数的条件下，努力发掘企业内部潜力，迅速提高劳动生产率，促使生产有较大幅度的增长。报告期较基期总产值增加315万元，增长的速度达26.25%，其中劳动生产率增长速度为25%。由于劳动生产率提高而增加总产值为303万元，在这个分析基础上，还要具体分析形成劳动生产率提高的原因，总结经验，发扬成绩，并发现可能存在的问题，加以解决，促进企业生产的进一步发展。

简单现象总体总量指标变动的因素分析还可以通过总量指标增长指数体系做进一步分析。上面例子中总产值增长数体系如下：

$$\frac{T_1 q_1 - T_0 q_0}{T_0 q_0} = \frac{T_1 q_0 - T_0 q_0}{T_0 q_0} + \frac{q_1 T_1 - q_0 T_1}{q_0 T_0}$$
$$126.25\% - 100\% = (101\% - 100\%) + (126.25\% - 101\%)$$
$$26.25\% = 1\% + 25.25\%$$

这说明，总产值增长26.25%中，有25.25%依靠劳动生产率提高取得，或者说，总产值的增长依靠劳动生产率提高而来的占96% $\left(\dfrac{25.25\%}{26.25\%}\right)$。

2）复杂现象总量指标变动分析

在复杂现象总体的条件下，总量指标是原因指标乘积的总和。进行总量指标变动的因素分析，就是要利用综合指数编制指数体系，来分析各个因素之间的变动关系。假定某商业企业出售3种商品，它们的销售额、销售量和价格资料如表4.6所示。

111

表4.6

产品	计量单位	销售量		每千克价格/元		销售额/万元		
		基期 q_0	报告期 q_1	基期 p_0	报告期 p_1	基期 $q_0 p_0$	报告期 $q_1 p_1$	按基期价格计算的报告期销售额 $q_1 p_0$
		(1)	(2)	(3)	(4)	(5)=(1)×(3)	(6)=(2)×(4)	(7)=(2)×(3)
甲	万千克	400	500	0.20	0.18	80	90	100
乙	万千克	120	125	0.40	0.40	48	50	50
丙	万千克	80	80	0.50	0.45	40	36	40
合计	—	—	—	—	—	168	176	190

用表4.6的资料可以计算该商业企业报告期商品销售额增长了4.76%,增加额为8万元。具体计算如下:

$$销售额指数 = \frac{\sum q_1 p_1}{\sum q_0 p_0} = \frac{176}{168} = 1.047\ 6 \text{ 或 } 104.76\%$$

增加额为: $\sum q_1 p_1 - \sum q_0 p_0 = (176 - 168)\text{万元} = 8\text{万元}$

很显然,销售额的变动是受两个因素影响的。其一是由于销售量变动而引起销售额的变动,另一方面是由于商品价格变动而引起销售额的变动。这两种因素可以按相同的方向发生作用,也可以按相反的方向发生作用,但它们影响销售额变动的意义却有不同,所以要进一步分析销售量和价格变动对于销售额变动的影响程度。下面分别就编制销售量指数和价格指数来进行分析。

用基期价格为同度量因素的销售量指数为:

$$\frac{销售量}{指数} = \frac{\sum q_1 p_0}{\sum q_0 p_0} = \frac{190 \text{ 万元}}{168 \text{ 万元}} = 1.131 \text{ 或 } 113.1\%$$

由于销售量增长而增加的销售额为:

$$\sum q_1 p_0 - \sum q_0 p_0 = (190 - 168)\text{万元} = 22\text{万元}$$

用报告期销售量为同度量因素的价格指数为:

$$价格指数 = \frac{\sum q_1 p_1}{\sum q_1 p_0} = \frac{176\ 万元}{190\ 万元} = 0.926\ 3\ 或\ 92.63\%$$

由于价格下降而减少的销售额为：

$$\sum q_1 p_1 - \sum q_1 p_0 = (176 - 190)\ 万元 = -14\ 万元$$

把以上分析联系起来可以看出，商品销售量指数和价格指数的乘积等于销售额指数，它们之间形成了指数体系，反映着这些因素变动的联系关系。这些因素变动的联系关系用公式表示如下：

$$\frac{\sum q_1 p_0}{\sum q_0 p_0} \times \frac{\sum q_1 p_1}{\sum q_1 p_0} = \frac{\sum q_1 p_1}{\sum q_0 p_0}$$

即：113.10% ×92.63% = 104.76%

商品销售量和价格因素变动影响销售额变动绝对额的关系为：

$$\left(\sum q_1 p_0 - \sum q_0 p_0 \right) + \left(\sum q_1 p_1 - \sum q_1 p_0 \right)$$
$$= \sum q_1 p_1 - \sum q_0 p_0$$
$$= 22\ 万元 + (-14)\ 万元 = 8\ 万元$$

以上计算表明，该企业报告期比基期销售额增加 4.69%，这是由于销售量增长了 13.1% 和价格下降了 7.37% 所共同造成的。同时，由于销售量增长使销售额增加了 22 万元，而价格下降使销售额减少了 14 万元，两个因素共同作用的结果，使销售额增加了 8 万元。

复杂现象总体总量指标变动的因素同样可以通过总量指标增长指数体系做进一步分析，这里不再重述了。

3）总量指标变动的多因素分析

以上说明的是社会经济现象总量指标变动的两因素分析。在具体任务要求下，总量指标指数体系还可以由更多的指数组成，以分析多因素变动的影响作用。例如，以上分析职工人数和全员劳动生产率两个因素变动对总产值的变动影响，而全员劳动生产率的变动又取决于工人数占职工人数的比重和工人劳动生产率两个因素的变动。这样，总产值的动态就可以分解为职工人数、工人数占职工人数比重和工人劳动生产率 3 个因素进行变动影响分析。

多因素现象的变动分析所包括的因素较多，分析过程比较复杂。进行多因素分析应注意以下两个问题：

第一，在多因素现象的变动分析中，为了测定某一因素的变动影响，要把其他两个或两个以上因素固定不变。这里仍然利用综合指数编制以经济内容为依据的要求,来确定固定因素所属时期,即在测定数量指标因素的变动影响时,应以基期质量指标为固定因素,而在测定质量指标因素的变动影响时,应以报告期数量指标为固定因素。同时,由于所包含的因素较多,还要考虑各因素的合理排列顺序,来确定固定因素。

第二,对多因素的排列顺序,要具体分析现象总体的经济内容,依据现象因素的联系关系,加以具体确定,例如,对工业企业原材料支出额的因素分析,依据各个因素之间的联系,要按产量、单位产品原材料消耗量、单位原材料购进价格顺序排列。这从下面分解中看得非常清楚,只有这样排列,才能保持它们之间彼此适应和相互结合。

$$
\text{原材料支出额} = \text{产量} \times \overbrace{\underbrace{\frac{\text{原材料消耗量}}{\text{产量}}}_{\text{单位产品原材料消耗额}} \times \frac{\text{原材料消耗额}}{\text{原材料消耗量}}}^{\text{原材料消耗量}}
$$

根据以上两点要求,合理地排列现象多因素的先后顺序,具体地确定各个因素分析中的固定因素及其所属时期,这样,就可以逐步计算出各个因素变动对现象总体变动的影响作用。

以工业企业原材料支出额的 3 个因素分析为例。设 q 表示产量,m 表示单位产品原材料消耗量,p 表示单位原材料购进价格,qmp 即为原材料支出总额。分析多因素变动影响作用的指数体系如下:

复杂现象总体的分析指数体系:

$$
\frac{\sum q_1 m_0 p_0}{\sum q_0 m_0 p_0} \times \frac{\sum q_1 m_1 p_1}{\sum q_1 m_0 p_1} \times \frac{\sum q_1 m_1 p_1}{\sum q_1 m_1 p_0} = \frac{\sum q_1 m_1 p_1}{\sum q_0 m_0 p_0}
$$

简单现象总体的分析指数体系:

$$
\frac{q_1 m_0 p_0}{q_0 m_0 p_0} \times \frac{q_1 m_1 p_1}{q_1 m_0 p_1} \times \frac{q_1 m_1 p_1}{q_1 m_1 p_0} = \frac{q_1 m_1 p_1}{q_0 m_0 p_0}
$$

以上两种指数体系中的各个指数的分子、分母指标的差额,都说明各个因素变动对企业原材料支出总额变动影响的绝对效果。

现在根据表 4.7 中的假定资料对某企业生产某种产品的某种主要材料的支出总额进行 3 个因素的分解分析。

表 4.7 某企业某种材料的支出总额分解表

	计划	实际	计划完成/%	影响绝对值/万元
材料支出总额/万元	400	540	135	+140
产品产量/万件	10	12	120	+80
单位产品材料消耗量/(千克·件⁻¹)	10	9	90	−42
单位材料购进价格/(元·千克⁻¹)	4	5	125	+103

对企业某种材料支出额的计划完成情况计算如下:

$$\text{材料支出额指数} = \frac{q_1 m_1 p_1}{q_0 m_0 p_0} = \frac{540\ 万元}{400\ 万元} = 1.35\ 或\ 135\%$$

其中 3 个因素的计划执行情况,用简化了的算式计算如下:

$$\text{产量指数} = \frac{q_1}{q_0} = \frac{12\ 万件}{10\ 万件} = 1.2\ 或\ 120\%$$

$$\text{单位产品材料消耗量指数} = \frac{m_1}{m_0} = \frac{9\ 千克/件}{10\ 千克/件} = 0.9\ 或\ 90\%$$

$$\text{单位材料购进价格指数} = \frac{p_1}{p_0} = \frac{5\ 元/千克}{4\ 元/千克} = 1.25\ 或\ 125\%$$

以上 3 个因素分析所组成的指数体系为:

$$\frac{q_1}{q_0} \times \frac{m_1}{m_0} \times \frac{p_1}{p_0} = \frac{q_1 m_1 p_1}{q_0 m_0 p_0}$$

各因素变动对材料支出总额的变动影响关系如下:

$$120\% \times 90\% \times 125\% = 135\%$$

就绝对额的变动情况进行分析:企业某种材料实际支出额与计划支出总额的差额为:

$$q_1 m_1 p_1 - q_0 m_0 p_0 = (540 - 400)\ 万元 = 140\ 万元$$

各个因素变动对企业材料支出总额变动的影响绝对额分析如下:

由于产品产量增加,影响材料费用支出的增加额为:

$$q_1 m_0 p_0 - q_0 m_0 p_0 = (12 \times 10 \times 4 - 400)\ 万元$$
$$= (480 - 400) = 80\ 万元$$

由于单位产品材料消耗量节约,影响费用支出的减少额为:

$$q_1 m_1 p_0 - q_1 m_0 p_0 = (12 \times 9 \times 4 - 480)\ 万元$$

$$= (432 - 480) \text{万元} = -48 \text{万元}$$

由于单位材料购进价格的提高,影响费用支出增加额为:

$$q_1 m_1 p_1 - q_1 m_1 p_0 = (540 - 432) \text{万元} = 108 \text{万元}$$

以上 3 个因素绝对值变动分析之间的联系关系为:

$$(q_1 m_0 p_0 - q_0 m_0 p_0) + (q_1 m_1 p_0 - q_1 m_0 p_0) + (q_1 m_1 p_1 - q_1 m_1 p_0) = q_1 m_1 p_1 - q_0 m_0 p_0$$

各个因素变动对材料支出总额的变动影响关系如下:

$$[80 + (-48) + 108] \text{万元} = 140 \text{万元}$$

现在检验一下,以上分解为 3 个因素变动影响的绝对值分析,如果加以合并计算,结果是怎样的呢?

把产品产量和单位产品材料消耗量两个因素加以合并,等于材料消耗量指标,这一指标变动对材料费用支出额的变动影响为:

$$q_1 m_1 p_0 - q_0 m_0 p_0 = [(12 \times 9) \times 4 - 400] \text{万元} = (432 - 400) \text{万元} = 32 \text{万元}$$

它与两个因素分别分析的结果相同,即:

$$(80 - 48) \text{万元} = 32 \text{万元}$$

把单位产品材料消耗量和单位材料购进价格两个因素加以合并,等于单位产品材料消耗额指标,这一指标变动对材料费用支出额的变动影响为:

$$q_1 m_1 p_1 - q_1 m_0 p_0 = [540 - 12 \times (10 \times 4)] \text{万元} = (540 - 480) \text{万元} = 60 \text{万元}$$

这与两个因素分别分析的结果也是一致的,即:

$$[(-48) + 108] \text{万元} = 60 \text{万元}$$

这说明依据现象联系关系,合理安排因素顺序,确定指数分析的固定因素来进行多因素的变动分析,它们的合并与分解,结论都是一致的。这样分析是能够适用实际经济分析任务要求的。

应该说明,对现象多因素变动分析的应用,必须审慎从事,要密切依据分析任务的要求,从现象的客观联系出发来分解因素,分析因素的变动影响关系。同时,在多因素的变动分析中也要结合实际调查,掌握主要因素的变动情况和原因,加以具体分析。

4.4.3　平均指标变动的因素影响分析

1)平均指标指数及其性质

上面说过,在分组条件下,平均指标变动往往取决于两个因素变动的影响,一个因素是各组平均指标变动的影响,另一个因素是各组单位数在总体中比重变动的影响。在着手进行因素分析之前必须讨论分析所需要的 3 种平均指标指数。这 3 种平均指标指数是可变构成指数、固定构成指数和结构变动影响指数。下面以企业平均工资水平的变动分析为例,来说明这种指数的编制方法,并讨论其性质特征。

在总平均工资指数中,两个时期总平均工资的计算,是分别以各个时期工人数为权数对各组工资水平进行平均计算的。所以两个时期总平均工资的变动,不仅反映了各组工资水平的变动,而且受工人数结构变动的影响。这种包括结构变动影响的总平均工资指数,称为平均工资的可变构成指数,简称可变指数。

设以 x 表示各组平均工资, f 表示各组工人数,平均工资的可变指数用公式表达如下:

$$\text{平均工资的}\atop\text{可变构成指数} = \frac{\sum x_1 f_1}{\sum f_1} : \frac{\sum x_0 f_0}{\sum f_0}$$

假定某企业有两类工人组,两个时期工资总额、工人数以及平均工资统计资料如表4.8所示。

表4.8　某企业的工资总额、工人数及平均工资统计资料

工人类别	工人数/人		平均工资/元·人$^{-1}$		工资额/元		
	基期 f_0	报告期 f_1	基期 x_0	报告期 x_1	基期 $x_0 f_0$	报告期 $x_1 f_1$	按基期平均工资计算的报告期工资额 $x_0 f_1$
	(1)	(2)	(3)	(4)	(5)=(1)×(3)	(6)=(2)×(4)	(7)=(2)×(3)
技术工	300	400	140	150	42 000	60 000	56 000
辅助工	200	600	80	90	16 000	54 000	48 000
合计	500	1 000	116	114	58 000	114 000	104 000

表4.8中,基期和报告期的平均工资是按下式计算的:

$$\text{基期平均}\atop\text{工资} = \frac{\sum x_0 f_0}{\sum f_0} = \frac{58\,000\ \text{元}}{500\ \text{人}} = 116\ \text{元/人}$$

$$\text{报告期平}\atop\text{均工资} = \frac{\sum x_1 f_1}{\sum f_1} = \frac{114\,000\ \text{元}}{1\,000\ \text{人}} = 114\ \text{元/人}$$

两个时期企业总平均工资的变动,即:

$$\text{平均工资的可} \atop \text{变构成指数} = \frac{114 \text{ 元／人}}{116 \text{ 元／人}} = 0.982\,8 \text{ 或 } 98.28\%$$

那么,这该怎样分析企业总平均工资变动中的结构变动影响关系呢? 依据指数分析法的原理,为了消除结构因素的变动影响,反映各组工资水平的变动程度,要把工人数结构加以固定,而且固定在报告期上。这种工人数结构固定的总平均工资指数,称为平均工资的固定构成指数,简称固定指数,公式如下:

$$\text{平均工资的固} \atop \text{定构成指数} = \frac{\sum x_1 f_1}{\sum f_1} : \frac{\sum x_0 f_1}{\sum f_1}$$

这个指数的分子指标是报告期企业实际平均工资,分母指标是假定各组工资水平保持不变的情况下的报告期企业平均工资。它们之间的差别只是由于两个时期各组工人工资水平变动所引起的。

根据表 4.8 资料计算平均工资的固定指数,要先计算出各组工资水平不变情况下的假定报告期企业平均工资:

$$\text{假定报告期} \atop \text{平均工资} = \frac{\sum x_0 f_1}{\sum f_1} = \frac{104\,000 \text{ 元}}{1\,000 \text{ 人}} = 104 \text{ 元／人}$$

两个时期各组工人工资水平的变动,即

$$\text{平均工资的} \atop \text{固定构成指数} = \frac{114 \text{ 元／人}}{104 \text{ 元／人}} = 1.096\,2 \text{ 或 } 109.62\%$$

为了分析工人数结构变动对企业总平均工资的变动影响程度,要计算结构变动影响的指数。在这个指数中,必须把各组工人工资水平因素固定起来,并把它固定在基期水平上。公式如下:

$$\text{假定报告期} \atop \text{平均工资} = \frac{\sum x_0 f_1}{\sum f_1} : \frac{\sum x_0 f_0}{\sum f_0}$$

这个指数的分子指标是假定各组工人工资水平保持不变情况下的报告期企业平均工资,分母指标是基期企业实际平均工资。这样,它们的对比关系,可以表明两个时期中各组工人数构成变化对企业平均工资变动的影响。

仍照上例计算,可以求得结构变动影响程度为:

$$\text{平均工资的结构} \atop \text{变动影响指数} = \frac{104 \text{ 元／人}}{116 \text{ 元／人}} = 0.896\,6 \text{ 或 } 89.66\%$$

这里,有必要对可变指数与固定指数的性质,做进一步的说明。从上例中,我们会发现这样的现象,两类工人工资水平都高了,技术工工人提高 7.1%,辅助工工人提高 12.5%,而综合反映两类工人工资变动的总平均工资指数却下降了1.72%。什么原因造成这种矛盾现象呢？这就是由于总平均工资变动中存在着工人数结构变动的影响。从这里,可以看出可变构成指数,由于存在结构因素的变动影响,它的数值可以超出所综合的各个组指数的范围,在各组构成发生剧烈变化的时候,还会得出相反的结论。如果把上面计算的平均工资指数加以剖析,则：

$$\text{平均工资的可变构成指数} = \frac{\sum x_1 f_1}{\sum f_1} : \frac{\sum x_0 f_0}{\sum f_0}$$

$$= \frac{\sum f_1 x_1}{\sum f_0 x_0} : \frac{\sum f_1}{\sum f_0}$$

可见,它等于工资总额指数和工人总数指数的对比,它的变动,决定于工资总额和工人总数变动的方向和大小,而不受各组工资指数变动范围的约束。

固定构成指数就不同,它是各个组指数的算术平均数,因而,它的数值必然要处在各个组指数的变动范围之内,仍以上面所举平均工资的固定指数公式为例,加以变换：

$$\text{平均工资的固定构成指数} = \frac{\sum x_1 f_1}{\sum f_1} : \frac{\sum x_0 f_1}{\sum f_1} = \frac{\sum x_1 f_1}{\sum x_0 f_1} = \frac{\sum \left(\frac{x_1}{x_0}\right) x_0 f_1}{\sum x_0 f_1}$$

说明固定构成的平均工资指数,等于按基期工资水平计算的报告期工资总额为权数的各组工资指数的平均数,它的数值限定在各组工资指数的变动范围之内。

那么,结构变动影响指数的表现又有哪些特点呢？应该看到,这种指数不是单纯反映数量指标结构的变动,而是反映结构变动对平均指标影响的指数,它的表现决定于如下两方面：

(1) 决定于各组数量指标比重变化的大小

如上例,各组工人数占工人总数比重在两个时期中发生了变化,各组工人数如按同一比例变化,即比重没有变动时,不会影响平均指数的变动。把上例稍加更改,将报告期技术工人数目原有的400人改为900人,即两类工人数都增长了两倍,它们之间的构成在两个期保持一样,这样所计算的结构变动影响指数将等于1,说明对总平均工资变动没有发生影响(见表4.9)。

119

表4.9 某企业的工资总额、工人数及平均工资统计资料

工人类别	工人数				基期平均工资 /(元·人$^{-1}$) x_0	工资额/元	
	基期		报告期			基期 $f_0 x_0$	按基期工资计算的报告期工资总额 $f_1 x_0$
	人数/人 f_0	比重/% $\dfrac{f_0}{\sum f_0}$	人数/人 f_1	比重/% $\dfrac{f_1}{\sum f_1}$			
技术工	300	60	900	60	140	42 000	126 000
辅助工	200	40	600	40	80	16 000	48 000
合计	500	100	1 500	100	—	58 000	174 000

计算如下：

$$
\begin{aligned}
\text{平均工资的结构} \\
\text{变动影响指数}
\end{aligned}
= \frac{\sum x_0 f_1}{\sum f_1} : \frac{\sum x_0 f_0}{\sum f_0} = \frac{174\,000\ \text{元}}{1\,500\ \text{人}} : \frac{58\,000\ \text{元}}{500\ \text{人}}
$$

$$
= \frac{116\ \text{元/人}}{116\ \text{元/人}} = 1.0\ \text{或}\ 100\%
$$

可见，只有数量指标比重发生变化，才会影响总平均指标变动，比重变化愈大，影响作用也就愈大。

(2)决定于各组基期平均指标差别的大小。

分组的目标，在于划分平均指标高低水平的不同各组，以分析各组结构变化对平均指标的变动影响。如果各组平均指标水平一样，即使结构发生剧烈变化，也不会引起总平均指标的变动。把上列中的技术工基期平均工资由原有140元改为80元与辅助工工人基期平均工资一样，这样所计算的结构变动影响指数也等于1，即不影响总平均工资的变动（见表4.10）。

表4.10 某企业的工资总额、工人数及平均工资统计资料

工人类别	工人数及其比重				基期平均工资 /(元·人$^{-1}$) x_0	工资额/元	
	基期		报告期			基期 $f_0 x_0$	按基期工资计算的报告期工资总额 $f_1 x_0$
	人数/人 f_0	比重/% $\dfrac{f_0}{\sum f_0}$	人数/人 f_1	比重/% $\dfrac{f_1}{\sum f_1}$			
技术工	300	60	400	40	80	24 000	32 000
辅助工	200	40	600	60	80	16 000	48 000
合计	500	100	1 000	100	—	40 000	80 000

计算如下：

$$\text{平均工资的结构} \atop \text{变动影响指数} = \frac{\sum x_0 f_1}{\sum f_1} : \frac{\sum x_0 f_0}{\sum f_0} = \frac{80\ 000\ \text{元}}{1\ 000\ \text{人}} : \frac{40\ 000\ \text{元}}{500\ \text{人}}$$

$$= \frac{80\ \text{元/人}}{80\ \text{元/人}} = 1.0\ \text{或}\ 100\%$$

这说明了，在各组基期平均指标存在差别的条件下，结构变动才会产生作用，存在差别愈大，结构变动影响也就愈大。

综上所述，结构变动影响指数的表现是以各组质量指标水平的差别为前提，两期数量指标构成变化发生影响作用。当基期平均水平较高组数量指标比重提高时，指数的表现大于1，反之，基期平均水平较低组数量指标比重提高时，指数的表现小于1。它的大小程度即以各组平均水平的差别程度与两期数量指标结构变化的大小来决定。

2) 平均指标变动分析方法

当计算了平均指标可变指数、固定指数和结构变动影响指数之后，就可以根据它们之间的密切联系关系组成体系，进行分析。

应该看到，平均指标变动的因素分析，实质上是现象结构的变化分析，因为分析所使用的指数无不涉及结构问题。可变指数是包含了结构变动因素的平均指标指数，固定指数是排除了结构变动影响的平均指标指数，而结构变动影响指数是纯粹反映构成变动影响的平均指标指数。

必须强调，这种平均指标变动的因素分析，必须与科学分组法密切结合，只有依据分析任务的要求，正确地选择分组标志对现象总体进行分组，分析结构变动的影响才有其现实应用意义。

下面就以前面的例子进行具体分析。指数体系为：

$$\frac{\sum x_1 f_1}{\sum f_1} : \frac{\sum x_0 f_0}{\sum f_0} = \left(\frac{\sum x_0 f_1}{\sum f_1} : \frac{\sum x_0 f_0}{\sum f_0} \right) \times \left(\frac{\sum x_1 f_1}{\sum f_1} : \frac{\sum x_0 f_1}{\sum f_1} \right)$$

把企业平均工资变动的3种指数数值代入，为：

$$98.28\% = 89.66\% \times 109.62\%$$

这说明该企业报告期比基期工人总平均工资下降1.72%，是各组工人工资水平变动引起了总平均工资上升9.62%和各组工人数比重变动引起了总平均工资下降10.34%的共同结果。

121

指数体系中各个指数分子分母差额的涵义为：$\dfrac{\sum x_1 f_1}{\sum f_1} - \dfrac{\sum x_0 f_0}{\sum f_0}$，表示现象

总体总平均指标增减的绝对值；$\dfrac{\sum x_1 f_1}{\sum f_1} - \dfrac{\sum x_0 f_1}{\sum f_1}$，表示现象总体各组平均指数

变动引起总平均指标增减的绝对值；$\dfrac{\sum x_0 f_1}{\sum f_1} - \dfrac{\sum x_0 f_0}{\sum f_0}$，表示现象总体各组单位

数结构的变动引起总平均指标增减的绝对值。

总平均指标变动的绝对值形成如下的关系：

$$\frac{\sum x_1 f_1}{\sum f_1} - \frac{\sum x_0 f_0}{\sum f_0} = \left(\frac{\sum x_0 f_1}{\sum f_1} - \frac{\sum x_0 f_0}{\sum f_0} \right) + \left(\frac{\sum x_1 f_1}{\sum f_1} - \frac{\sum x_0 f_1}{\sum f_1} \right)$$

把企业平均工资变动的三种绝对值代入，为：

$$-2\,\text{元} = (-12)\,\text{元} + 10\,\text{元}$$

这说明该企业各组工人工资增长使企业总平均工资增加 10 元，但由于各组工人结构变动使企业总平均工资减少了 12 元，所以企业总平均工资还是下降了 2 元。

平均指标变动往往是总量指标变动的一个重要因素，例如，人们不仅关心平均工资变动，还关心它对工资总额的影响，因此，分析平均指标变动的绝对值，还要进一步分析由于平均指标变动引起总量指标变动的绝对值。这种分析，要把两个时期平均指标的差额，乘上报告期的总体单位数（$\sum f_1$）加以确定。仍以上面的例子，分析计算如下：

由于总平均工资变动所引起的工资总额变动的计算式为：

$$\left(\frac{\sum x_1 f_1}{\sum f_1} - \frac{\sum x_0 f_0}{\sum f_0} \right) \times \sum f_1 = \sum x_1 f_1 - \bar{x}_0 \sum f_1$$

按上式的左边计算为：

$$[(114 - 116) \times 1\,000]\,\text{元} = -2\,000\,\text{元}$$

按右边计算为：

$$[114\,000 - (116 \times 1\,000)]\,\text{元} = -2\,000\,\text{元}$$

都说明了由于总平均工资的降低，使企业工资总额少付了 2 000 元。

其中由于各组工人工资水平的变动影响绝对额的计算式为：

$$\left(\frac{\sum x_1 f_1}{\sum f_1} - \frac{\sum x_0 f_1}{\sum f_1} \right) \times \sum f_1 = \sum x_1 f_1 - \sum x_0 f_1$$

按上式的左边计算为：

$$[(114 - 104) \times 1\,000]元 = 10\,000\,元$$

按右边计算为：

$$(114\,000 - 104\,000)元 = 10\,000\,元$$

说明各组工人工资水平提高，使企业工资总额多支付了 10 000 元。

由于各组工人数结构的变动影响绝对额的计算式为：

$$\left(\frac{\sum f_1 x_0}{\sum f_1} - \frac{\sum f_0 x_0}{\sum f_1} \right) \times \sum f_1 = \sum f_1 x_0 - \bar{x}_0 \sum f_1$$

按上式的左边计算为：

$$[(104 - 116) \times 1\,000]元 = -12\,000\,元$$

按右边计算为：

$$[104\,000 - (116 \times 1\,000)]元 = -12\,000\,元$$

都说明工人数结构变动影响工资总额少支付了 12 000 元。

以上企业平均工资变动及其两个因素变动影响的绝对值之间的关系为：

$$\sum f_1 x_1 - \bar{x}_0 \sum f_1 = \left(\sum f_1 x_1 - \sum f_1 x_0 \right) + \left(\sum f_1 x_0 - \bar{x}_0 \sum f_1 \right)$$

即 $-2\,000\,元 = 10\,000\,元 + (-12\,000\,元)$

4.5 指数数列及其应用

指数数列是一系列总指数按照时间顺序加以排列，用以分析复杂现象总体数量上变动的趋势与规律的数列。

4.5.1 指数数列的种类

在指数数列中，由于采用基期的不同，分为定基指数数列和环比指数数列。

在指数数列中，由于各个时期指数采用同度量因素所属时期的变动，又分为可变权数数列和不变权数数列。

下面写出数量指标指数数列和质量指标指数数列的算式：

1）用基期质量指标为同度量因素的数量指标指数数列

①环比指数：

$$\frac{\sum q_1 p_0}{\sum q_0 p_0}, \frac{\sum q_2 p_1}{\sum q_1 p_1}, \frac{\sum q_3 p_2}{\sum q_2 p_2}, \cdots, \frac{\sum q_n p_{n-1}}{\sum q_{n-1} p_{n-1}}$$

②定基指数：

$$\frac{\sum q_1 p_0}{\sum q_0 p_0}, \frac{\sum q_2 p_0}{\sum q_0 p_0}, \frac{\sum q_3 p_0}{\sum q_0 p_0}, \cdots, \frac{\sum q_n p_0}{\sum q_0 p_0}$$

2）用计算期数量指标为同度量因素的质量指标指数数列

①环比指数：

$$\frac{\sum q_1 p_1}{\sum q_1 p_0}, \frac{\sum q_2 p_2}{\sum q_2 p_1}, \frac{\sum q_3 p_3}{\sum q_3 p_2}, \cdots, \frac{\sum q_n p_n}{\sum q_n p_{n-1}}$$

②定基指数：

$$\frac{\sum q_1 p_1}{\sum q_1 p_0}, \frac{\sum q_2 p_2}{\sum q_2 p_0}, \frac{\sum q_3 p_3}{\sum q_3 p_0}, \cdots, \frac{\sum q_n p_n}{\sum q_n p_0}$$

124

由此可见，除数量指标定基指数数列运用不变权数外，其他 3 个数列均运用可变权数。

4.5.2　特殊运用的不变权数

在实际工作中，要用不变价格为同度量因素编制产量指数。这种不变价格是根据某一时期全国平均价格来确定的，在一段较长时期内固定不变，可以说是一种特殊运用的不变权数。

下面是用不变价格（p_n）为同度量因素的产量指标指数数列：

①环比指数：

$$\frac{\sum q_1 p_n}{\sum q_0 p_n}, \frac{\sum q_2 p_n}{\sum q_1 p_n}, \frac{\sum q_3 p_n}{\sum q_2 p_n}, \frac{\sum q_4 p_n}{\sum q_3 p_n}, \cdots$$

②定基指数：

$$\frac{\sum q_1 p_n}{\sum q_0 p_n}, \frac{\sum q_2 p_n}{\sum q_0 p_n}, \frac{\sum q_3 p_n}{\sum q_0 p_n}, \frac{\sum q_4 p_n}{\sum q_0 p_n}, \cdots$$

$$\Rightarrow \frac{\sum q_1 p_n}{\sum q_0 p_n} \times \frac{\sum q_2 p_n}{\sum q_1 p_n} \times \frac{\sum q_3 p_n}{\sum q_2 p_n} \times \frac{\sum q_4 p_n}{\sum q_3 p_n} = \frac{\sum q_4 p_n}{\sum q_0 p_n}$$

数量指标定基指数数列用不变权数来编制,可以观察较长时期数量指标的增长变动情况。不变价格使用一段时期之后,随着经济情况的改变要做必要的改变,另外采用新的不变价格。但是按不同时期不变价格计算的产值不能直接进行动态对比,必须采用价值换算系数来消除价格变动的影响。

例　某工厂 1988 年总产值按 1980 年不变价格计算为 954 万元,1978 年总产值按 1970 年不变价格计算为 500 万元,要求计算 1988 年总产值比 1978 年总产值增长了多少?

分析计算步骤如下:

①计算换算系数:

$$换算系数 = \frac{交替年按新的不变价格计算的总产值}{交替年按旧的不变价格计算的总产值}$$

交替年是指开始采用新的不变价格的第一年。假定交替年(1981 年)总产值按 1980 年不变价格计算为 795 万元,按 1970 年不变价格计算为 750 万元,则有价格换算系数:

$$\frac{\sum q_{81} p_{80}}{\sum q_{81} p_{70}} = \frac{795}{750} = 1.06 \text{ 或 } 106\%$$

②利用换算系数换算:把按 1970 年不变价格计算的 1978 年总产值换算成按 1980 年不变价格计划的总产值:

$$\sum q_{78} p_{70} \frac{\sum q_{81} p_{80}}{\sum q_{81} p_{70}} = \sum q_{78} p_{80}$$

即　　　　　　　　500 万元 × 1.06 = 530 万元

③1988 年总产值与换算后的 1978 年总产值对比:

$$\frac{\sum q_{88} p_{80}}{\sum q_{78} p_{80}} = \frac{954 \text{ 万元}}{530 \text{ 万元}} = 180\%$$

这个指数的经济意义是:与 1978 年比较,1988 年总产品总量增长了 80%。由于产量增长,使 1988 年总产值比 1978 年增长了 80%。

上面的 3 个计算步骤可合并成下面的算式:

$$\frac{\sum q_{88}p_{80}}{\sum q_{78}p_{70} \times \dfrac{\sum q_{81}p_{80}}{\sum q_{81}p_{70}}} = \frac{954 \text{ 万元}}{500 \text{ 万元} \times 106\%} = 180\%$$

两者计算结果完全一致。

本章小结：

1. 指数是分析社会经济现象复杂总体在数量和质量方面变化的常用统计方法之一，用来说明复杂经济现象总体的变动。

2. 综合指数是计算总指数的基本公式。它具有两个计算特点：从现象的联系中来确定与所要研究现象相联系的因素，从而加入这个因素，使各种产品或商品的不同使用价值改为价值量或劳动量；对复杂现象总体所包括的两个因素，把其中的一个因素加以固定，来确定另一个因素的变动。

3. 平均指数是计算总指数的另一种形式，适合于数据资料不全时。它与综合指数在计算内容上相同，计算结果也相等。实际应用时，数量总指数常采用基期价值总量指标加权的算术平均数指数公式；质量总指数常采用报告期价值总量指标加权的调和平均指数公式。综合指数与平均指数之间有变形关系。

4. 社会经济现象之间都是有联系的，这种联系可以通过指数体系进行描述。如果某种经济指标等于其他有关指标的连乘积，那么这些指标之间就组成指数体系。有了指数体系，就可以进行因素分析，还可以对未知指数进行推算。

5. 指数数列是一系列总指数按照时间顺序加以排列，用以分析复杂现象总体数量变动的趋势与规律的数列。按照采用基期的不同可分为：定基指数数列和环比指数数列；按照指数采用同度量因素所属时期的不同可分为：可变权数数列和不变权数数列。

关键词：

统计指数、综合指数、平均指数、加权算术平均指数、加权调和平均指数、因素分析、平均指标指数、指数数列、环比指数、定基指数、换算系数。

练习题

一、名词解释

统计指数	同度量因素
个体指数	总指数
平均数指数	指数体系
定基指数	环比指数
可变构成指数	固定构成指数
结构变动指数	指数数列
不变权数数列	换算系数

二、简答

1. 什么叫简单现象总体？什么叫复杂现象总体？统计指数研究哪一种总体？

2. 编制总指数的两种方法——综合指数和平均指数，它们之间是怎样区分的？

3. 因素分析包括哪两个方面内容？

4. 编制指数数列的意义是什么？为什么有的现象指数数列的权数是可变的？有的又是不变的？

5. 为什么零售物价总指数的编制采用固定加权的算术平均数指数？怎样评价这种方法？

6. 为什么对可变指数、固定指数和结构变动影响指数的绝对值分析，都要乘上与其相联系的报告期数量指标？

7. 有人认为，编制综合指数时，把现象总体中的一个因素固定来测定另一个因素的变动影响程度是有假定性的，这个说法对吗？你对于假定性的看法如何？

8. 在长时期工业产量指数数列中，包括用不同时期不变价格计算的产量资料，即存在不变价格的变动影响时，要怎样进行调整换算？

9. 应从哪几方面来说明统计指数的作用？

10. 平均指标变动的因素分析应编制哪几种平均指标指数？如何分析？

三、业务题

1. 假定有以下资料：

商 品	基 期		报 告 期	
	价格/元	销售量	价格/元	销售量
甲/kg	3.20	50 000	4.80	60 000
乙/件	2.00	40 000	2.40	38 000
丙/套	6.00	30 000	5.70	33 000

根据表中资料计算下列各项内容:

(1)各种商品的价格和销售量个体指数。

(2)3 种商品的销售额总指数和商品销售额增(减)的绝对金额。

(3)3 种商品的销售额总指数和由于销售量变动对销售额绝对金额的影响。

(4)3 种商品的价格总指数和由于价格变动对销售额绝对金额的影响。

2. 某厂 3 种产品的产量、成本资料如下:

产品名称	基期成本/千元	报告期产量与基期产量比较增减百分比/%
甲/千个	360	+20
乙/千台	720	-5
丙/千片	120	4

根据表中资料计算:

(1)3 种产品的产量总指数。

(2)由于产量变动对生产费用总额绝对金额的影响。

3. 某厂两种产品的成本及产量资料如下:

产品	计量单位	单位产品成本/元			2001 年产量	
		2000 年	2001 年		计划	实际
			计划	实际		
甲	件	600	550	564	12 600	12 600
乙	百米	70	68	64	35 000	45 000

根据表中资料,从以下几方面分析该厂 2001 年成本降低计划的执行情况及 2001 年计划产量较之 2000 年成本的降低情况。

(1)以 2001 年计划产量为同度量因素,计算成本指数,反映该厂两种产品 2001 年计划规定成本较 2000 年的降低程度为多少?节约金额应为多少?而实际执行的结果,2001 年实际成本较 2000 年的降低程度为多少?节约金额为多少?对比结果怎样?

(2)以2001年实际产量为同度量因素,计算成本指数,分析该厂两种产品2001年成本较2000年的降低情况,降低程度为多少? 节约金额为多少元?

(3)通过以上分析,你对于该厂的降低产品成本工作如何评价? 你对于这些指数方法的应用,又有怎样的看法?

4.某地区2000—2001年两类商品的收购价格类指数和收购额资料见下表:

商品种类	收购总额/万元		收购价格类指数/%
	2000 年	2001 年	
甲	140	138.6	105
乙	60	78.6	98

试编制这两类商品收购价格总指数。

5.试根据以下关于某企业3种产品产值和产量动态的资料,计算3种产品的产量指数。

产品	实际产值/万元		2001 年比 2000 年产量增加/%
	2000 年	2001 年	
甲	200	240	25
乙	450	458	10
丙	350	480	40

6.报告期社会商品零售额为2 570亿元,比基期增长9.4%,剔除零售物价上升的因素,社会商品零售额实际增长7.3%。

要求根据以上资料,计算下列各项内容:

(1)报告期与基期比较,零售物价上升了多少?

(2)计算分析报告期比基期商品零售额增长的数量和原因。

7.根据指数之间的关系回答下列问题:

(1)某机械厂2001年产量比2000年增加15%,生产费用增加12.5%,该厂2001年单位产品成本的变动情况如何?

(2)价格变动后,同样多的货币可购基期商品量的85%,则价格指数应为多少?

(3)报告期粮食播种面积增加3%,粮食总产量增长7.6%,粮食作物单位面积产量的变动如何?

(4)某纺织厂职工2001年的平均收入比2000年提高5.4%,职工人数减少0.5%,该厂2001年工资总额的变动如何?

8. 试根据下表资料,计算某市副食品物价指数、食品类物价指数和全部零售商品物价指数:

类别和项目	权数	组指数或类指数
一、食品类	61	
（一）粮食	25	
1. 细粮	98	100.0
2. 粗粮	2	100.0
（二）副食品	48	
1. 食用植物油及油料	6	106.1
2. 食盐	2	100.0
3. 鲜菜	17	120.5
4. 干菜	4	105.7
5. 肉、禽、蛋	38	124.6
6. 水产品	21	140.2
7. 调味品	5	98.6
8. 食糖	7	100.0
（三）烟酒茶	13	106.8
（四）其他食品	14	108.1
二、衣着类	21	101.7
三、日用品类	10	102.0
四、文化娱乐用品类	3	98.0
五、医药类	3	105.3
六、燃料类	2	100.0

9. 某工厂以 1980 年不变价格计算的总产值:1995 年为 200 万元,1991 年为 340 万元;以 1990 年不变价格计算的总产值:1991 年为 289 万元,2001 年为 316.2 万元。试以 1985 年为基期,计算产量定基指数,分析该厂生产发展情况。

10. 某企业 2000 年和 2001 年的总产值和职工人数资料如下:

年 份	总产值/万元	职工人数/人	
		总人数	生产工人数
2000	900	800	640
2001	300	840	714

试分析该企业 2001 年比 2000 年总产值增长中受职工人数、生产工人占职工人数比重及工人劳动生产率 3 个因素的相对影响程度和影响绝对值。

11. 某管理局所属 3 个工厂生产同种产品,它们的单位产品成本和产量资料如下:

工厂	产量/万件		每件成本/(元·件⁻¹)	
	2001 年	2000 年	2001 年	2000 年
甲	10	15	2.5	2.4
乙	10	10	2.4	2.4
丙	10	25	2.2	2.0

(1)根据上表资料,分别计算 3 个工厂生产这种品的 2001 年和 2000 年总平均成本,进一步计算平均成本指数,并分析由于平均成本下降所节约的总成本金额。

(2)在平均成本的总变动中,分析各工厂成本水平变动以及各工厂产量结构变动的影响程度和影响绝对值。

第 5 章   抽样分析方法

5.1   抽样法的概念、特点和作用

5.1.1   抽样法的概念

抽样法是在抽样调查的基础上,利用样本的实际资料计算样本指标并据以推算总体相应数量特征的一种统计分析方法。

5.1.2   抽样法的特点

抽样法有如下特点:

(1)抽样法是由部分推断总体的一种认识方法

抽样调查是一种非全面调查,但调查的目的不在于了解部分单位的情况,它只是作为推断总体的一种手段。这大大提高了统计分析的认识能力,为信息采集和开发开辟了一条崭新的途径。

(2)抽样法是建立在随机抽样的基础上的

随机原则是在抽样过程中,样本单位的抽取不受任何主观因素及其他因素的影响,从而保证总体中的每个单位都有一定的被抽中的可能性。

(3)抽样推断运用概率估计的方法

因为样本数据和总体参数之间并不存在严格对应的自变量和因变量的关系。需要研究的问题是用样本指标值来代表相应总体指标值时的可靠程度究竟

有多大,这就是概率估计所要解决的问题。

(4)概率论的数学定理主要是大数定律和中心极限定理

大数定律说明在观察数量充分多时,现象数量方面的偶然差异将相互抵消。中心极限定理是关于抽样平均数的分布以正态分布为极限分布的定理。

(5)抽样推断的误差可以事先计算并加以控制

5.1.3 抽样法的作用

抽样法是一种科学的方法,在统计实际工作中,应当进一步大力推广。一般来说,抽样法常常在下列情况下采用。

(1)无法进行全面调查

在不可能进行全面调查的情况下,可以采用抽样调查。这里包括两种情况:①是对于单位数特别多或无限多的总体。如产品连续性生产过程中的废品率调查,江河中某些污染情况调查等;②是对于一些以破坏或损伤使用价值为手段的检验调查方法,如电灯泡、茶叶、烟草、火柴等产品质量状况调查等。对这些产品进行质量检验,就只能采取抽样调查的方法。

(2)不必要进行全面调查

在不必要进行全面调查的情况下,可以采用抽样调查。如职工、农民的家庭调查、居民购买力调查、城乡个体和集体企业情况的调查、民意测验调查等。如果进行全面调查,要消耗很大的人力、物力,结果得不偿失。

(3)其他情况

有时,由于时间和经费上的限制,或是由于对调查误差的要求不高,可以主动地选择抽样调查方法。如某项调查采用全面调查或抽样调查都可以满足要求。为了提高调查的经济效益和时间效益,可以选择抽样调查方法。

(4)为满足紧急需要

为了满足紧急需要,在来不及进行全面调查时,可以采用抽样调查。例如,在农作物基本成熟尚未收割之际,为了编制计划,检查计划,组织生产,需要事先掌握农产品产量数字,如果进行全面调查,需时较长,不能满足要求。因此,只能采用抽样调查。

(5)在一次全面调查之后

在一次全面调查之后,需要组织抽样调查与全面调查的结果进行对比分析,或作为全面调查中某些数据修正的参考。如在人口普查之后,可组织1‰的人口抽样复查,对人口普查资料进行核查。

133

5.2 总体与样本

5.2.1 全及总体与样本总体

在抽样调查中,面临着两种总体,即全及总体和样本总体。前者是所要研究的对象;后者则是所要观察的对象。这两种总体既有联系又有区别。

1)全及总体

全及总体是指所要认识的研究对象的全体,它是由研究范围内具有某种共同性质的全体单位所组成的集合体。根据总体单位的特点,它可以分为无限总体和有限总体。无限总体只能抽样调查来研究,有限总体的单位数很大时,才有必要进行抽样调查。通常用 N 来表示有限总体的单位数。

2)样本总体

样本总体是指从全及总体中随机抽取出来的代表全及总体的那部分构成的集合体。样本总体又称子样,它的单位数总是有限的,通常用 n 来表示。样本单位数达到或超过 30 个时称为大样本,而在 30 个以下时称为小样本。

对于一个问题,全及总体是唯一确定的,而样本总体却不是唯一的。

5.2.2 全及指标与样本指标

根据总体各单位的标志值或标志属性计算的,反映总体数量特征的综合指标称为全及指标。

对于总体中的数量标志,常用的全及指标有总体平均数 $\bar{X}$ 和全及总体方差 σ^2,则有:

$$\bar{X} = \frac{\sum X}{N} = \frac{\sum XF}{\sum F}$$

$$\sigma^2 = \frac{\sum (X - \bar{X})^2}{N} = \frac{\sum (X - \bar{X})^2 F}{\sum F}$$

对于总体中的品质标志,由于各单位标志不能用数量表示,因此常以成数 P

来表示总体中具有某种性质的单位数在总体全部单位数中所占的比重。以 Q 表示总体中不具有某种性质的单位数在总体中所占的比重。

设总体 N 个单位中,有 N_1 个单位具有某种性质, N_0 个单位不具有某种性质, $N_1 + N_0 = N$。则有:

$$P = \frac{N_1}{N}$$

$$Q = \frac{N_0}{N} = \frac{N - N_1}{N} = 1 - P$$

若品质标志表现只有是非两种,则可以把"是"的标志表示为1,而"非"的标志表现为0,则有:

$$\overline{X}_P = \frac{0 \times N_0 + 1 \times N_1}{N} = \frac{N_1}{N} = P$$

$$\sigma_P^2 = \frac{(0 - P)^2 N_0 + (1 + P)^2 N_1}{N}$$

$$= \frac{P^2 N_0 + Q^2 N_1}{N}$$

$$= P^2 \frac{N_0}{N} + Q^2 \frac{N_1}{N}$$

$$= P^2 Q + Q^2 P$$

$$= PQ(P + Q)$$

$$= P(1 - P)$$

根据样本各单位标志值或标志属性计算的综合指标称为样指标,与常用的总体指标相对应,有样本平均数 $\bar{x}$ 和样本方差 σ^2、样本成数 p 等。即:

$$\bar{x} = \frac{\sum x}{n} = \frac{\sum xf}{\sum f}$$

$$\sigma^2 = \frac{\sum (x - \bar{x})^2}{n} = \frac{\sum (x - \bar{x})^2 f}{\sum f}$$

$$\bar{x}_p = p$$
$$\sigma_p^2 = p(1 - p)$$

5.2.3 抽样方法

抽样方法有重复抽样和不重复抽样两种。

135

1）重复抽样

重复抽样又称回置抽样。它是从总体 N 个单位中随机抽取一个单位,把它看做一次试验,连续进行 n 次试验构成一个样本。每次抽出一个单位把结果登记下来又放回,重新参加下一次的抽选,因此重置抽样的样本是由 n 次相互独立的连续试验所组成的。每次试验是在完全相同的条件下进行的,每个单位中选或不中选的机会在各次都完全一样。

2）不重复抽样

不重复抽样又称不回置抽样。它是从总体 N 个单位中抽取一个容量为 n 的样本,每次从总体中抽取一个,连续进行 n 次抽选,构成一个样本。但每次抽选的那一个单位就不再放回参加下一次的抽选。因此,每抽一次,总体的单位就少一个,因而每个单位的中选机会在各次是不相同的。

5.2.4 样本容量和样本个数

1）样本容量

样本容量是一个样本总体所包含的单位数。一个样本应该包括多少观察单位,应根据具体的研究情况而定。样本容量的大小不但和抽样的效果有关,而且也和推断的方法有关。社会经济统计的抽样调查多属于大样本调查,而科学实验的抽样观察则多属于小样本调查。

2）样本个数

样本个数又称样本可能数目,是指从一个全及总体中可能抽取的样本个数。一个总体可能抽取多少样本与样本容量的大小有关,也和抽样的方法有关。在样本容量已经确定之后,样本的可能个数便完全决定于抽样方法。

例 总体中有 A,B,C,D 4 个单位,现在确定样本容量为 2 个,可能有多少样本个数呢?

在重复抽样条件下,第一次可以从 A,B,C,D 中任取一个,共有 4 种抽法,第二次同样可以从 A,B,C,D 中任取一个,也有 4 种抽法,以此类推,得出所有可能的样本:

$$A\begin{cases}A\\B\\C\\D\end{cases} \qquad B\begin{cases}A\\B\\C\\D\end{cases} \qquad C\begin{cases}A\\B\\C\\D\end{cases} \qquad D\begin{cases}A\\B\\C\\D\end{cases}$$

所以全部样本的可能个数共有 16 个。

一般地说,用重复抽样的方法,从总体 N 个单位中,抽取样本容量为 n 的可能样本个数为 N^n 个。

在不重复抽样的条件下,第一次可以从 A,B,C,D 中任取一个,共有 4 种抽法,第二次就只能从其余的 3 个抽取一个,共有 3 种抽法,所有可能的样本可以排列如下:

$$A\begin{cases}B\\C\\D\end{cases} \quad B\begin{cases}A\\C\\D\end{cases} \quad C\begin{cases}A\\B\\D\end{cases} \quad D\begin{cases}A\\B\\C\end{cases}$$

所以全部样本的可能个数共有 12 个。

一般地说,用不重复抽样的方法,从总体 N 个单位中,抽取样本容量为 n 的可能样本个数为 $N(N-1)(N-2)\cdots(N-n+1)$ 个。

由此可见,在相同的样本容量度要求下,重复抽样的样本个数总是大于不重复抽样的样本个数。

5.3 抽样误差

137

5.3.1 抽样误差概念

抽样调查的目的是用样本指标推断总体指标,不论抽样调查方式如何科学,如何组织严密,部分与总体总有差异。具体地说,抽样误差就是样本平均数与全及平均数间的差数 $(\bar{x}-\bar{X})$,样本成数与全及成数间的差数 $(p-P)$,抽样误差是不可避免的。

必须指出,误差的来源可以有多种,抽样误差不同于调查误差。调查误差是所有统计调查都可能发生的,而抽样误差是由抽样的随机原因所引起的,是抽样调查所特有的。

抽样误差不是固定不变的数,它是随着样本不同而变化的,所以它也是随机变量。

影响抽样误差大小的因素有如下 4 种:

①总体各单位标志值的差异程度。差异程度愈大则抽样误差也愈大,反之则小。

②样本的单位数。在其他条件相同的条件下,样本的单位数愈多,则抽样误差愈小。

③抽样方法。抽样方法不同,抽样误差也不同,一般来说重复抽样的误差比不重复抽样的误差要大些。

④抽样调查的组织形式。不同的抽样组织形式就有不同的抽样误差,而且同一组织形式的合理程度不同也有不同的抽样效果。

在影响抽样误差的以上因素中,抽样单位数的多少和总体各单位标志值的差异程度是影响误差的主要因素。

5.3.2 抽样平均误差

从理论上讲,抽样平均误差是反映抽样误差一般水平的指标。

抽样误差是抽样平均数(或成数)与全及平均数(或成数)之间的差数。抽样平均数(或成数)通过抽样调查可以得到,而全及平均数(或成数)往往是不可能得到的未知数。所以,实际上无法利用抽样平均数的差计算抽样误差。用数理统计方法推理计算,可以得到抽样平均误差代替理论上的抽样误差。它是依据多次抽样取得的抽样平均数(或成数)所接近的正态分布的原理计算出来的标准差,以说明抽样平均数(或成数)与全及平均数(或成数)之间的平均离差。这个说明平均离差的标准差的指标就是抽样平均数(或成数)的平均误差指标,即抽样平均误差。计算公式如表5.1所示。

表5.1 抽样平均误差公式

选择方法	平均数 $\mu_{\bar{x}}$	成数 μ_p
重复抽样	$\sqrt{\dfrac{\sigma^2}{n}}$	$\sqrt{\dfrac{p(1-p)}{n}}$
不重复抽样	$\sqrt{\dfrac{\sigma^2}{n}\left(\dfrac{N-n}{N-1}\right)}$	$\sqrt{\dfrac{p(1-p)}{n}\left(\dfrac{N-n}{N-1}\right)}$

表中 $\mu_{\bar{x}}$——平均数的抽样平均误差;

μ_p——成数的抽样平均误差;

σ^2——全及总体方差;

$p(1-p)$——成数方差。

从以上计算公式看出,不重复抽样比重复抽样多一个附加因式 $\frac{N-n}{N-1}$,可近似写成 $\left(1-\frac{n}{N}\right)$,这是个永远小于 1 的正数。若全及总体数目相当大,而抽样总体相当小时,附加因式接近于 1,这时,重复抽样与不重复抽样两个公式计算结果极其接近。但是,不重复抽样平均误差总是小于重复抽样误差。所以,在实际工作中常采用不重复抽样方式,而在计算抽样平均误差时往往采用重复抽样公式。

计算抽样误差时要使用总体方差 σ^2 或总体标准差 σ 的资料,而这个资料往往是没有的,为此有以下几种解决方法。

①用估计的资料。例如,在农作物产量抽样调查中用农作物预计产量的资料计算出总体方差。

②用过去调查所得的资料。可以用全面调查的资料,也可以用抽样调查的资料。如果有几个不同的总体方差的资料,则应该用数值较大的。

③用样本方差代替总体方差。概率论的研究从理论上做了证明,样本方差可以相当接近于总体方差,这是实际工作中经常使用的一种方法,但它只能在调查之后才能计算。

如果既没有过去的资料,又需要在调查之前就估计出抽样误差,可以在大规模调查之前,组织一次小规模的试验性调查。

从表 5.1 的公式中可以看出:在计算重复抽样的平均误差时:①抽样平均数的标准差即抽样平均误差比总体标准差小得多,仅为总体标准差的 $\frac{1}{\sqrt{n}}$。②可以通过调整样本单位数 n 来控制抽样平均误差。若将样本单位数扩大为原来的 4 倍,则平均误差缩小一半,而抽样平均误差允许扩大一倍,则样本单位数只需要原来的 1/4。

5.3.3　抽样极限误差

抽样误差指的是抽样指标与全及指标之间的真实误差,它还可以是所有可能出现的样本指标与全及指标的平均离差。实际上,全及指标和所有可能出现的样本指标是无法知道的。用一次抽样调查取得的抽样指标完全准确无误地推算全及指标的可能性是极小的。只能将两者的误差控制在一定的范围内,在这个范围内的数字都算是有效的,这种可允许的误差范围称为抽样极限误差。一

般用 $\Delta_{\bar{x}}$ 和 Δ_p 表示。由于全及指标是未知的,抽样指标是依靠实测而得,因而抽样误差的实际意义是希望全及平均数 $\bar{X}$ 落在抽样平均数 $\bar{x} \pm \Delta_{\bar{x}}$ 的范围内,全及成数 P 落在抽样成数 $p \pm \Delta_p$ 的范围内,这是对全及平均数和全及成数所做的范围估计。

$$\bar{x} - \Delta_{\bar{x}} \leqslant \bar{X} \leqslant \bar{x} + \Delta_{\bar{x}}$$
$$\bar{p} - \Delta_p \leqslant P \leqslant p + \Delta_p$$

[例1] 要估计某批优良水稻品种种子的平均千粒重,现在随机从该种子抽取 0.5 kg,计数共 12 500 粒,折合平均每千粒重 $\bar{x} = 40$ g,如果确定极限误差范围为 8 g,这就要求该批种子的平均千粒重落在 40 ± 8 g,即在 32 g 到 48 g 之间。

[例2] 要估计某农作物幼苗的成活率,从播种这一品种的秧苗地块中随机抽取秧苗 1 000 株,其中死苗 80 株,则秧苗成活率 $P = 1 - \dfrac{80}{1\ 000} = 92\%$,如果确定极限误差范围为 5%,这就要求该农作物成活率 P 落在 92% ± 5%,即在 87% ~ 97%。

基于理论上的要求,抽样极限误差通常需要以抽样平均误差 $\mu_{\bar{x}}$ 或 μ_p 为标准单位来测量,把极限误差 $\Delta_{\bar{x}}$ 或 Δ_p 相应除以 $\mu_{\bar{x}}$ 或 μ_p,表示误差范围为抽样平均误差的若干倍,用 t 表示,t 称为概率度。即允许误差在 Δ 范围内的可能程度。

$$t = \frac{\Delta_{\bar{x}}}{\mu_{\bar{x}}} \text{或} \Delta_{\bar{x}} = t\mu_{\bar{x}}$$
$$t = \frac{\Delta_p}{\mu_p} \text{或} \Delta_{\bar{p}} = t\mu_p$$

例如上面例1,已知种子平均每千粒重量的抽样平均误差 $\mu_{\bar{x}} = 4$ g,那么常用概率度 $t = \dfrac{\Delta_{\bar{x}}}{\mu_{\bar{x}}} = \dfrac{8}{4} = 2$ 来表示误差可能范围,即以 $2\mu_{\bar{x}}$ 来规定误差范围的大小。这时就要求该批种子的平均千粒重落在 $40 \pm 2\mu_{\bar{x}}$ g 之间。

又如例2,已知幼苗成活率的抽样平均误差为 3%,就以概率度 $t = \dfrac{\Delta_p}{\mu_p} = \dfrac{5\%}{3\%}$ = 1.67 表示误差可能范围,即以 $1.67\mu_p$ 来规定相对的误差范围的大小,这时就要求该农作物成活率 P 落在 92% ± $1.67\mu_p$ 之间。

以上公式的实际意义是当 μ 一定时,若 t 数越大,那么用抽样指标来代替全及指标所做的判断可靠程度也越高。抽样误差范围 Δ 和概率、概率度之间存在下列的数量关系,如表 5.2 所示。

表 5.2　概率分布表

T	$\Delta t\mu$	概率 $F(t)$
1	1μ	68.27%
2	2μ	95.45%
3	3μ	99.73%

5.4　抽样估计

抽样估计是利用实际调查计算的样本指标值来估计相应的总体指标的数值。

5.4.1　点估计

它是以样本指标的实际值直接作为相应总体参数的估计值。做这样的考虑主要是基于:虽然对所研究的总体指标的具体指标值不知道,但是它的指标结构形式是清楚的。例如要研究某县的粮食产量水平,虽然实际的平均产量的数值是未知的,但平均产量指标是由总体各单位变量值代数和除以单位数求得的,这个指标的结构形式是已知的,那么根据已知的指标结构形式计算样本指标值,便可以作为相应总体指标的估计值。

设 $\hat{\overline{X}}$ 表示总体平均数 $\overline{X}$ 的估计量,$\hat{P}$ 表示总体成数 P 的估计量,则有:

$$\overline{x} = \hat{\overline{X}}$$

$$p = \hat{P}$$

式中,$\overline{x} = \dfrac{\sum x}{n}$,$\overline{X} = \dfrac{\sum X}{N}$ 有相同的结构形式;$p = \dfrac{n_1}{n}$,$P = \dfrac{N_1}{N}$ 也有相同的结构形式。

5.4.2　区间估计

区间估计与点估计方法不同,它不是直接简单地推断,而是根据样本指标和抽样误差推断总体指标的可能范围,并且能说明估计的把握程度。区间估计是抽样估计的主要方法。

总体参数的区间估计根据所给定的条件不同,有两种估计方法。一种是根据已经给定的抽样误差范围求概率保证程度,另一种方法是根据给定的置信度要求来推算抽样极限误差的可能范围。

[例1] 某城市进行居民消费调查,随机抽取 400 户居民,调查得年平均每户耐用品消费支出为 850 元,标准差为 200 元,要求耐用消费品的允许误差 $\Delta_{\bar{x}} = 19.6$ 元,试估计该城市居民年平均每户耐用消费品支出。

①根据抽样资料已求得样本每户平均开支 $\bar{x} = 850$ 元,样本标准差 $\sigma = 200$ 元:

则

$$\mu_{\bar{x}} = \frac{\sigma}{\sqrt{n}} = \frac{200 \text{ 元}}{\sqrt{400}} = 10 \text{ 元}$$

②根据给定的 Δ_x,求得:

$$t = \frac{\Delta_{\bar{x}}}{\mu_{\bar{x}}} = \frac{19.6 \text{ 元}}{10 \text{ 元}} = 1.96$$

查表得:

$$F(t) = 95\%$$

③根据以上计算得出该市居民每户年平均耐用消费品支出的上下限为:

$$下限 = \bar{x} - \Delta_{\bar{x}} = (850 - 19.6) 元 = 830.4 元$$
$$上限 = \bar{x} - \Delta_{\bar{x}} = (850 + 19.6) 元 = 869.6 元$$

我们有 95% 的概率保证程度,估计该市居民家庭年平均每户耐用消费品支出在 830.4 ~ 869.6 元。

[例2] 根据[例1]资料,若要求以 95% 的概率保证程度估计该城市居民户年平均每户耐用消费品支出。

①根据抽样资料已求得:

$$\mu_{\bar{x}} = \frac{\sigma}{\sqrt{n}} = \frac{200 \text{ 元}}{\sqrt{400}} = 10 \text{ 元}$$

②根据给定的概率置信度 $F(t) = 0.95$,查表得:

$$t = 1.96$$

③计算 $\Delta_{\bar{x}} = t\mu_{\bar{x}} = 1.96 \times 10$ 元 $= 19.6$ 元,则该市居民每户年平均耐用消费品支出的上下限为:

$$下限 = \bar{x} - \Delta_{\bar{x}} = (850 - 19.6) 元 = 830.4 元$$
$$上限 = \bar{x} + \Delta_{\bar{x}} = (850 + 19.6) 元 = 869.6 元$$

同样,我们有95%的概率保证程度,估计该市居民户家庭年平均每户耐用消费品支出在830.4~869.6元。

5.5 抽样组织设计

5.5.1 抽样组织设计的基本原则

抽样推断是根据事先规定的要求而设计的抽样调查组织,并以所获得的这一部分实际资料为基础,进行推理做出结论。因此,如何科学地设计抽样调查组织就显得至关重要。

在抽样设计中,首先,要保证随机原则的实现。随机取样是抽样推断的前提,失去这个前提,推断的理论和方法以也就失去存在的意义。

其次,要考虑样本容量和结构问题。样本的容量取决于对抽样推断准确性、可靠性的要求,而后者又因所研究问题的性质和抽样结果的用途而不同,很难给出一个绝对的标准。对相同的样本容量,还有容量的结构问题,若样本容量的结构不同,所产生的效果也不同。例如同样是要求抽取500亩播种面积,可以先抽5个村,然后每个村抽100亩,也可以先抽10个村,然后每村抽取50亩等。

再次,关于抽样的组织形式。要认识到不同的抽样组织形式,会有不同的抽样误差,因而就有不同的效果。一种科学的组织形式往往有可能以更少的样本单位数,取得更好的抽样效果。

5.5.2 抽样组织形式

下面介绍几种常用的抽样组织形式。

1)简单随机抽样(纯随机抽样)

简单随机抽样是按随机原则直接从总体 N 个单位中抽取 n 个单位作为样本,保证每个单位在抽选中都有相等的中选机会。简单随机抽样是抽样中最基本也是最简单的抽样组织形式,它适用于均匀总体,即具有某种特征的单位均匀地分布于总体的各个部分。

采用这种组织形式时,可用编号抽签的方法,给全及总体各个单位编号,并做成号签,把号签掺合起来,形成明确的抽样框。所谓抽样框就是可以选择作为样本的许多单位或个体所组成的总体。从中任意抽取所需要的单位数,然后按照抽中的号码,查对调查单位加以登记。以上各节所讨论的抽样方法都是就简单随机抽样而言的,这样就可以确定抽选的必要单位数目。

在重复抽样下,样本平均数的抽样极限误差公式为:

$$\Delta_{\bar{x}} = t\mu_{\bar{x}} = \frac{t\sigma}{\sqrt{n}}$$

则必要的样本单位数为:

$$n = \frac{t^2\sigma^2}{\Delta_{\bar{x}}^2}$$

在不重复抽样下,样本平均数的抽样极限误差公式为:

$$\Delta_{\bar{x}} = t\mu_{\bar{x}} = \sqrt{\frac{t^2\sigma^2}{n}(1 - \frac{n}{N})}$$

则必要的样本单位数为:

$$n = \frac{Nt^2\sigma^2}{N\Delta_{\bar{x}}^2 + t^2\sigma^2}$$

同理,重复抽样和不重复抽样的成数样本单位数分别为:

$$n = \frac{t^2 p(1-p)}{\Delta_p^2}$$

$$n = \frac{Nt^2 p(1-p)}{N\Delta_p^2 + t^2 p(1-p)}$$

从上式可以看出,必要的样本单位数受允许的极限误差的制约,极限误差要求愈小则样本单位数就要愈多。所以在抽样组织中对抽样误差可能允许的范围要十分慎重地考虑。

对一个总体进行多指标抽样调查时,所要求的样本单位数可能不同,应该采用其中较多的单位数,以保证两个指标的误差不超过预定的要求。

例 对某型号电池进行电流强度检验。根据以往正常生产的经验,电流强度的标准差 $\sigma = 0.4$ 安培,而合格率为 90%,现在用重复抽样的方式,要求在 95.45% 的概率保证下,抽样平均电流程度的极限误差不超过 0.08 安培,抽样合格率的极限误差不超过 5%。问必要的抽样单位数应该为多少?

根据公式,在重复抽样条件下:

抽样平均数的单位数为:

$$n = \frac{t^2\sigma^2}{\Delta_{\bar{x}}^2} = \frac{2^2 \times 0.4^2}{0.08^2} \text{个} = 100 \text{个}$$

抽样成数的单位数为：

$$n = \frac{t^2 p(1-p)}{\Delta_p^2} = \frac{2^2 \times 0.9 \times 0.1}{0.05} \text{ 个} = 144 \text{ 个}$$

题中对某型号电池进行平均电流强度和电池合格率两指标抽样调查，抽样单位数应该确定其中比较多的单位数，即抽取 144 个单位加以检验，以满足共同的要求。

简单随机抽样在理论上是最符合随机原则的，它的抽样误差容易得到理论上的论证，因此可以作为发展其他抽样组织形式的基础，同时也是衡量其他抽样方式抽样效果的比较标准。

但是，简单随机抽样在实践中受到许多限制，例如当总体很大时，对每个单位加以编号就有很大困难。特别是有些现象根本无法进行简单随机抽样，如对正在连续不断的大量生产的工业产品进行质量抽查时，就不可能采用简单随机抽样的方式。

2) 类型抽样（分类抽样）

类型抽样是将总体中所有的单位按照某个标志分成若干类（或者叫组），然后在各类中随机抽取样本单位。这种抽样方法实际上是将分组法和随机抽样相结合而产生的方法。

分类之后，样本单位在各类之间有两种分配方法：

（1）等比例分类抽样

即样本单位在各类之间的分配与总体单位在各类之间的分配比例相同，实际工作中常常采用这种方法。

（2）不等比例分类抽样

即样本单位数在各类之间的分配与总体单位数在各类之间的分配不同的比例。如有的组方差大，有的组方差小，则方差大的可以多抽些。

类型抽样误差计算和简单随机抽样误差的计算方法只有一个区别，就是用平均组内方差代替总体方差。

推断平均数的误差公式为：

$$\Delta_{\bar{x}} = t \cdot \sqrt{\frac{\overline{\sigma^2}}{n}}$$

式中　$\overline{\sigma^2} = \frac{\sum \sigma^2 N_i}{N}$（表示平均组内方差）

推断成数的误差公式为：

$$\Delta_p = t \cdot \sqrt{\frac{\overline{p(1-p)}}{n}}$$

式中 $\overline{p(1-p)} = \dfrac{\sum p_i(1-p_i)N_i}{N}$（表示成数的平均组内方差）

例 某乡共有农户 4 000 户，分粮食作物与经济作物区，现在用类型比例抽样方法分别抽 10%农户，调查农户收入情况，并计算平均每户收入及其标准差，如表 5.3 所示：

表 5.3　农户收入情况调查表

	农户总数/户 N	样本户数/户 n	抽样平均每户收入/元 $\overline{x}$	抽样标准差/元 σ
粮食作物区	2 500	250	360	52
经济作物区	1 500	150	540	75
合　计	4 000	400	—	—

全乡抽样平均每户收入为：

$$\overline{x} = \frac{\sum x n_i}{\sum n_i} = \frac{360 \times 250 + 540 \times 150}{400} \text{元} = 427.5 \text{元}$$

$$\overline{\sigma^2} = \frac{\sum \sigma_i^2 n_i}{\sum n_i} = \frac{52^2 \times 250 + 75^2 \times 150}{400} = 3\ 799.375$$

在重复抽样条件下的样本平均误差为：

$$\mu_{\overline{x}} = \sqrt{\frac{\overline{\sigma^2}}{n}} = \sqrt{\frac{3\ 799.375}{400}} \text{元} = 3.08 \text{元}$$

在不重复抽样条件下的样本平均误差为：

$$\mu_{\overline{x}} = \sqrt{\frac{\sigma_i}{n}\left(1 - \frac{n}{N}\right)} = \sqrt{\frac{3\ 799.375}{400}\left(1 - \frac{400}{4\ 000}\right)} \text{元} = 2.92 \text{元}$$

类型抽样是一个比较理想的抽样组织方式。由于进行了分类，影响抽样误差的只是各个组内的方差，而各个组内的方差是比较小的，抽样误差也比较小。所以类型抽样一般较简单随机抽样更为精确。特别是当总体各单位标志值大小悬殊时，由于划分类型，保证样本在各种类型当中都有比较均匀的分布，故类型抽样较之简单随机抽样可以获得更为可靠的结果。

3）等距抽样（机械抽样）

它是事先将全及总体各单位按某一标志顺序排列，然后依固定间隔来抽选调查单位的一种抽样设计。由于排队时所根据的标志不同,故有两种等距抽样方法。

(1)无关标志排队法

在将总体单位进行排队的时候,采用与调查项目没有关系的标志排队。这是实际工作中常用的一种方法。如产品质量检验,即每隔一定的时间间隔或产量间隔抽取一件产品进行检验,一直抽到预定的样本单位数为止。

无关标志等距抽样的排队顺序的标志与人们研究的目的没有联系,那么它的抽样误差十分接近简单随机抽样的误差。为简单起见,可以采用简单随机抽样误差公式来近似地反映。即:

$$\mu_{\bar{x}} = \frac{\sigma}{\sqrt{n}}$$

$$或 \quad \mu_{\bar{x}} = \sqrt{\frac{\sigma^2}{n}\left(1 - \frac{n}{N}\right)}$$

(2)有关标志排队法

按照与调查项目的数量有关系的标志排队,即把全及总体按有关标志排队,然后按相等的间距进行抽选样本。这种方法可以看做一种情况特殊的分类抽样。不同的是分类更细致,组数更多,而在每个组之内只抽选一个样本单位。因此,一般认为可以用类型抽样的误差公式来计算抽样误差。即:

$$\mu_{\bar{x}} = \sqrt{\frac{\overline{\sigma_i^2}}{n}}$$

$$或 \quad \mu_{\bar{x}} = \sqrt{\frac{\overline{\sigma_i^2}}{n}\left(1 - \frac{n}{N}\right)}$$

4)整群抽样

整群抽样是将总体各单位划分成若干群,然后以群为单位从其中随机抽取一些群,对中选群的所有单位进行全面调查的抽样组织方式。例如要抽查家庭副业发展情况,不是直接抽居民户,而是以村为单位,抽选若干村,然后对这些村的全体居民户进行调查。

整群抽样一般都是按不重复抽样方法进行的,所以抽样平均误差为:

$$\mu_{\bar{x}} = \sqrt{\frac{\sigma^2}{n}\left(\frac{R-r}{R-1}\right)}$$

式中　R——全及总体中划分的群数;

　　　r——被抽选的群数;

147

σ^2——组间方差。

例 某工厂大量连续生产,为了掌握某月份某种产品的一级品比率,确定抽出 5% 的产品,即在全月连续生产的 720 小时中,按每隔 20 小时抽取 1 小时的全部产品进行检查。根据抽样资料计算结果,一级品率为 85%,各群间的方差为 6%,则整群抽样的误差计算如下:

$R = 720$ 小时,$r = 720 \times 5\% = 36$ 小时,为了保证所抽取的 36 小时能在 720 小时中均匀分配,故每隔 20 小时($720 \div 36 = 20$)抽取 1 小时,则:

$$\mu_p = \sqrt{\frac{\sigma_p^2}{r}\left(\frac{R-r}{R-1}\right)} = \sqrt{\frac{0.06}{36}\left(\frac{720-36}{720-1}\right)} = 0.039\ 8\ \text{或}\ 3.98\%$$

整群抽样和其他抽样方式比较,组织工作比较方便,但是在抽样单位数目相同的条件下,抽样误差较大,代表程度较低,因为抽选单位比较集中,极大地影响了全及总体各单位分布的均匀性。所以在统计实践中,采用整群抽样时,一般都要比其他抽样方式抽选更多的单位,以便降低抽样误差,提高抽样结果的准确程度。

本章小结:

1. 抽样调查是收集原始资料的最基本方法,是社会经济现象研究中应用最广泛、作用最重要的调查方法。

2. 全及总体、全及指标、样本总体、样本指标、抽样方法、抽样误差、抽样极限误差、抽样平均误差和抽样估计是抽样调查中的几个基本概念。

3. 抽样法是建立在随机抽样的基础上,根据中心极限定理和大数定律,运用概率估计的方法,由部分推断总体的一种认识方法。抽样推断的误差是可以事先计算并加以控制的。

4. 抽样调查的目的是用样本指标推断总体指标,但是由于受到总体各单位标志值的差异、样本的单位数、抽样方法、抽样调查的组织形式的影响,部分与总体总有差异。

5. 抽样平均误差是反映抽样误差一般水平的指标,是样本平均数与全及平均数之间的差数。但是实际操作中,全及指标和所有可能出现的样本指标数是无法得到的,只能将两者的误差控制在一定的范围内,在这个范围内的数字都算是有效的,即抽样极限误差。

6. 抽样估计是利用实际调查计算的样本指标值来估计相应的总体指标的数值。它包括点估计和区间估计。

7. 抽样组织设计中遵守的基本原则:首先,保证随机原则的实现;其次,考虑样本容量和结构问题;再次是关于抽样的组织形式。抽样的组织形式包括:简单随机抽样、类型抽样、等距抽样和整群抽样。

关键词:

抽样法、重复抽样、不重复抽样、全及总体、全及指标、样本总体、样本指标、抽样方法、抽样误差、抽样极限误差、抽样平均误差和抽样估计、样本容量、样本个数。

练 习 题

一、名词解释

全及总体	样本总体
全及指标	样本指标
随机原则	样本容量
样本个数	重复抽样
不重复抽样	抽样误差
抽样平均误差	抽样极限误差
概率度	区间估计
简单随机抽样	类型抽样
等距抽样	整群抽样

二、简答

1. 在抽样调查中,为什么必须遵循随机原则?

2. 抽样误差受哪些因素影响?

3. 在缺少总体方差资料的情况下,怎样计算抽样误差?

4. 抽样误差和一般登记误差有何区别?

5. 重复抽样和不重复抽样有何区别? 为什么不重复抽样的抽样误差必然小于重复抽样的抽样误差?

6. 为什么说全及指标是唯一确定的量,而抽样指标则是一个随机变量?

7. 抽样误差、抽样误差范围和概率保证程度三者之间的关系如何?

8. 抽样推断的意义是什么? 为什么说抽样推断是统计理论研究的一个广阔的领域?

9. 类型抽样中的分组和整体抽样中的分群有什么不同意义和不同要求?

10. 试比较等距抽样中按无关标志和按有关标志排队的优缺点?

11. 什么是点估计和区间估计? 它们各有什么特点? 什么是区间估计的把

握程度？

12. 抽样调查方法适用于哪些情况？它与其他统计调查方法有什么不同？

13. 简单随机抽样、类型抽样、等距抽样、整群抽样各适用于什么条件？各有什么优点？

三、业务题

1. 某纱厂在某时期生产了 10 万个单位的纱，按随机抽样方式，抽取 2 000 个单位检查，合格品率为 95%，废品率为 5%，试计算抽样平均误差。

2. 在随机重复抽样中，若抽样单位数增加了 1 倍或 3 倍时，平均数的抽样平均误差是如何变化的？若抽样单位数减少 50% 或 75% 时，抽样平均误差又如何变化？它的变化有何规律？

3. 假定抽样单位数为 400，抽样平均数为 300 和 30，相应的变异系数为 50% 和 20%，试以 0.954 5 的概率来确定二者的极限误差和相对极限误差，并加以比较说明。

4. 500 个抽样产品中，有 95% 的一级品。试测定抽样平均误差，并用 0.954 5 的概率估计全部产品一级品率的范围。

5. 全及成数估计大约 30%，成数抽样误差不超过 5%，在 99.73% 的概率保证下，试问重复抽样必要单位数为多少？如果抽样误差减少 40%，抽样单位数是多少？

6. 假定总体为 5 000 单位，被研究的标志方差不小于 400，极限抽样误差不超过 3。当概率为 0.997 3 时，试问需要有多少不重复抽样单位？

7. 某林地上有云杉 1 000 棵，随机抽取 100 棵，分组整理得到如下分配数列。

胸径/cm	棵数/棵
10 ~ 14	3
14 ~ 18	7
18 ~ 22	18
22 ~ 26	23
26 ~ 30	21
30 ~ 34	18
34 ~ 38	6
38 ~ 42	4

试以 95.4% 的可靠性估计这 1 000 棵云杉的平均胸径。

8. 假定根据类型抽样求得下表数字,要求用0.954 5的概率估计全及平均数范围。

区 域	抽取单位	标志平均数	标准差
甲	600	32	20
乙	300	36	30

9. 为某产品进行抽检做准备,先进行10批的试行调查,所得结果如下:

批 号	1	2	3	4	5	6	7	8	9	10
每批的标志平均值/cm³	50	54	58	80	72	66	60	54	78	64

如果全及总体由3 000批组成,每批包含同量产品,为使抽样误差不超过3 cm³,保证概率为0.954 5,试问用不重复抽样方法必须抽取多少批才能做出全面的判断?

10. 采用简单随机重复抽样的方法,在2 000件产品中抽查200件,其中合格品190件,要求:

(1)计算合格品率及其抽样平均误差;

(2)以95.45%概率保证程度对合格品率和合格品数量进行区间估计;

(3)如果极限误差为2.31%,则其概率保证程度是多少?

第 6 章 假设检验

6.1 假设检验

6.1.1 假设检验的概念

统计推断的另一类重要问题是假设检验问题。它的基本任务就是事先对总体样本参数或总体分布形式做出一个假设,然后利用样本信息来判断原假设是否合理,从而决定是否接受原假设。即在总体的分布函数完全未知或只知其形式、但不知其参数的情况下,为了推断总体的某些未知特性,提出某些关于总体的假设。

假设检验包括参数假设检验和非参数假设检验。当总体的分布形式已知,对总体的未知参数进行的假设检验,称为参数假设检验;当总体的分布形式所知甚少,对未知分布函数的形式及其他特征进行的假设检验,称为非参数假设检验。

在假设检验中,首先对总体参数做一个尝试性的假设,该尝试性的假设为原假设(零假设),记作 H_0。然后,定义另一个与原假设的内容完全相反的假设,记做 H_1,称为备择假设。假设检验的过程就是根据样本数据对这两个对立的假设 H_0 和 H_1 进行检验。

假设检验与对犯罪的审判很相似。在犯罪审判中,假定被告人是清白的,用原假设来表示。与原假设对立的是备择假设——它认为被告人是有罪的。因此,对于一项犯罪审判,其假设可写做:

H_0：被告是清白的

H_1：被告是有罪的

为了对这两种对立的假设或者说法进行检验,我们进行一项犯罪审判。在审判中,所获得的证据和证词提供了样本信息。如果样本信息与认为被告是清白的这一假设不符,则认为被告是清白的原假设将被拒绝,这时应根据其备择假设采取行动,即认为被告是有罪的。

6.1.2　假设检验中的小概率原理

在假设检验中,不论假设是怎么样的,进行检验的基本思想是概率性质的反证法。为了检验原假设,首先假定原假设为真。在原假设为真的前提下,如果导致违反逻辑或违背人们常识和经验的不合理现象出现,则表明"原假设为真"的假定不正确,也就不能接受原假设。若没有导致不合理的现象出现,那就认为"原假设为真"的假定正确,也就是说要接受原假设。

假设检验中的"反证法思想"不同于纯数学中的反证法,后者是假设某一条件下导致逻辑上的矛盾从而否定原来的假设条件;然而假设检验中的"不合理现象"是指小概率事件在一次试验中发生。它是基于人们在实践中广泛采用的小概率事件原理,即设事件 A 的概率 $P(A) = \varepsilon$，ε 是一个充分小的数,则称 A 为小概率事件。该原理认为"小概率事件在一次试验中几乎是不可能发生的。"例如:飞机失事是小概率事件,所以人们深信在一次外出旅行途中几乎不会遇到问题,因而人们总是安然的乘坐飞机。反之,若你买到的商品是一件次品,你一定会认为这种商品的次品率很高。我们进行推断的依据就是小概率原理。对于小概率事件,概率要小到什么程度没有绝对的标准,在通常情况下,将概率不超过0.005 的事件当做"小概率事件",有些场合,概率不超过 0.01 或者 0.001。

6.1.3　原假设和备择假设的建立

在一些应用中,如何建立原假设和备择假设并不是显而易见的。必须谨慎地构造适当的假设,从而使得假设检验的结论能够提供研究或者决策者所需要的信息。在假设检验的过程中,建立原假设和备择假设通常有 3 种情形。

1)检验研究中的假设

考虑某种汽车模型,其目前汽油的平均效率为每升 24 千米。某一个产品研究小组专门设计了一种新型的汽化器来提高每升汽油的效率。为了对该种新型汽化器进行评估,制造一批这种汽化器并安装在汽车上,在驾驶中对所研究的问题进行检验。产品研究小组正在寻找证据证明这种新型的汽化器可以提高每升汽油的效率。在这种情况下,作为一个普遍适用的原则,在研究中应该将该新型汽化器的平均效率超过了每升24千米的假设,即 $\mu > 24$ 作为备择假设。因此,在这一研究中原假设和备择假设为:

$$H_0 : \mu \leqslant 24$$
$$H_1 : \mu > 24$$

如果样本结果表明不能拒绝 H_0,则研究者不能得出该新型汽化器更优的结论,也许应该进行更深的研究和检验。然而,如果样本结果表明可以拒绝 H_0,则可能推断 $H_1 : \mu > 24$ 是真的。有统计数据支持研究者认为该种新型汽化器提高了每升汽油的平均效率,此种新型汽化器可以投入生产。

在这些研究中,拒绝 H_0 将得出支持研究的结论并采取行动。于是,在建立原假设和备择假设时,研究中所用的假设将被表达为备择假设。

2)检验某项声明的有效性

某种饮料的制造商声明,其容量为2升的产品中内容物的含量平均至少为67.6克,以此为例来说明在检验一项说明的有效性时如何假设。选取2升容量的产品样本,通过度量其内容物的含量来检验该制造商的说明是否有效。在这种类型的假设检验中,除非样本能够提供其他证据,通常假设制造商的说明是真的。在软饮料的例子中采用此种方法,建立原假设和备择假设如下:

$$H_0 : \mu \geqslant 67.6$$
$$H_1 : \mu < 67.6$$

如果样本结果表明不能拒绝 H_0,则不能对制造商的说明提出异议。如果样本结果表明可以拒绝 H_0,则可以推断 $H_1 : \mu < 67.6$ 是真的,由统计证据表明制造商的声明是不正确的,该种软饮料的内容物平均含量少于67.6克。应考虑对该制造商采取适当的措施。

在涉及对某项声明的有效性进行检验的情形下,通常将认为声明为真的假设作为原假设。将统计证据说明原假设是不正确的假设确定为备择假设。当拒绝 H_0 时,应考虑采取措施纠正该项说明。

3)决策中的假设检验

在检验研究中的假设或某项声明的有效性时,如果拒绝 H_0 则必须采取措施。然而,许多例子中,不论对 H_0 是否拒绝均应采取相应的措施。面对两种分别与原假设及对立假设相联系的措施,决策者必须在二者之间做出选择,这时上述情况便发生了。例如,根据刚刚收到的一批货物中的部件所组成的样本,质量控制员必须决定是接受这批货物,还是因该批货物不合格而退给供应商。假定该部件的规格要求每个部件的长度的均值为 2 cm,如果部件的平均长度不等于 2 cm 的标准,则在装配操作中会导致质量问题。在这种情况下,建立如下原假设与备择假设。

$$H_0 : \mu = 2$$
$$H_1 : \mu \neq 2$$

如果样本结果表明不能拒绝 H_0,毫无疑问该质量控制员将认为这批货物达到了规格要求,应接受该批货物。然而,如果样本结果表明应该拒绝 H_0,则认为这些部件未能达到规格要求。在这种情形下,质量控制员有足够的证据将该批货物退还给供应商。在这种类型的情况下,不论是否拒绝 H_0 都必须采取某种措施。

总之,令 μ_0 代表原假设和备择假设中所考虑的指定数值,关于总体均值 μ 的值的假设检验必定采取如下 3 种形式之一:

① $H_0 : \mu \leqslant \mu_0 ; H_1 : \mu > \mu_0 ;$

② $H_0 : \mu \geqslant \mu_0 ; H_1 : \mu < \mu_0 ;$

③ $H_0 : \mu = \mu_0 ; H_1 : \mu \neq \mu_0 。$

许多情况下,关于 H_0 和 H_1 的选择并非显而易见,必须通过判断来选择。正像以上所给出的形式那样,表达式中的等号部分(不论是 ≥,≤ 还是 =)总是出现在原假设中。在选择 H_0 和 H_1 的适当形式时,记住将检验试图建立的结果设为备择假设,因此询问使用者是否正在寻找支持 $\mu > \mu_0 , \mu < \mu_0$ 或 $\mu \neq \mu_0$ 的证据对确定 H_1 很有帮助。

6.1.4 假设检验中的两类错误

由于总体的真实情况往往是未知的,根据样本推断总体,可能有两类错误:①原假设 H_0 本来是正确的,但是我们拒绝了 H_0,这类错误成为弃真错误,也称第一类错误;②原假设 H_0 本来不正确,我们却接受了 H_0,这类错误成为取伪错误,也称第二类错误。假设检验的各种可能结果如表6.1所示。习惯上,犯第一类错误的概率记为 α,犯第二类错误的概率记为 β。即:

$$P\{ \text{拒绝} H_0 \mid H_0 \text{ 为真} \} = \alpha$$
$$P\{ \text{接受} H_0 \mid H_0 \text{ 为假} \} = \beta$$

表 6.1 假设检验的各种可能结果

	接受 H_0	拒绝 H_0
H_0 为真	正确	第一类错误
H_0 为假	第二类错误	正确

一个好的检验应该在样本容量 n 一定的情况下,使犯这两类错误的概率 α 和 β 都尽可能小,但 α 不能定得过低,否则会使 β 大为增加。在实际问题中,一般总是控制犯第一类错误的概率 α,使 H_0 成立时犯第一类错误的概率不超过 α。在这种原则下的统计假设检验问题称为显著性检验,将犯第一类错误的概率 α 称为假设检验的显著性水平。

6.2 一个正态总体参数的假设检验

在对总体均值进行假设检验时,要考虑总体是否服从正态分布,总体方差是否已知以及样本容量的大小,以便确定检验统计量。一个正态总体参数的假设检验可分为以下几种情况。

6.2.1 总体方差已知的均值检验

某食品企业要对其出厂的奶粉进行重量检验,每瓶的标签上标明其重量是 500 克。以双侧检验为例,在总体服从正态分布,总体方差 δ^2 为已知,对总体均值 μ 进行假设检验的一般步骤是:

1)确定原假设和备择假设

首先假定该厂产品的重量是合格的。如果奶粉总体中每瓶的平均重量为 500 克,那么其产品是合格的;如果奶粉总体中每瓶的平均重量远远大于或者小于 500 克,那么其产品的重量是不合格的。得到如下形式的原假设和对立假设:

$$H_0 : \mu = 500$$

$$H_1 : \mu \neq 500$$

如果样本数据表明不能拒绝 H_0,则统计证据不支持做出认为该批奶粉不合格的结论;但是如果样本数据表明能拒绝 H_0,则可以得出备择假设为真的结论,这种情况下,可以做出产品重量不足的结论。

2）选取检验统计量

假定选取 50 瓶奶粉组成一个随机样本。如果这 50 瓶奶粉的重量的样本均值不等于 500 克,则样本结果对原假设 $H_0: \mu = 500$ 质疑。那么,当样本均值 $\bar{x}$ 比 500 克多多少或者少多少的时候,才能冒着犯第二类错误的危险拒绝该批产品是合格的呢?

假定最初的原假设 $H_0: \mu = 500$ 是真的。由中心极限定理知道,只要是大样本容量($n \geqslant 30$),则 $\bar{x}$ 的抽样分布就近似地服从正态分布,即样本均值 $\bar{x} \sim N(\mu_0, \frac{\delta^2}{n})$。

$Z = \frac{\bar{x} - 500}{\delta_{\bar{x}}}$ 的值说明了 $\bar{x}$ 与 $\mu = 500$ 之间相差多少个标准差。对于总体均值的假设检验,以 Z 作为检验统计量来确定 $\bar{x}$ 与 $\mu = 500$ 之间的距离是否足够远,进而判断是否拒绝原假设。$Z = -1$ 说明 $\bar{x}$ 在 $\mu = 500$ 的上下侧各 0.5 个标准差(正态分布是对称的),$Z = -2$ 说明 $\bar{x}$ 在 $\mu = 500$ 的上下两侧各一个标准差,以此类推。当原假设为真时,Z 的值小于 -3 几乎是不可能发生的。问题的关键是:当检验统计量的 Z 值为多小时,才有足够的证据来拒绝原假设。

3）选定显著性水平 α,查表求临界值 $Z_{\frac{\alpha}{2}}$。

$\bar{x}$ 在以 $\mu = 500$ 为中心上下两侧 1.645 个标准差的概率为 0.05。因此,当检验统计量 $Z = \frac{\bar{x} - 500}{\delta_{\bar{x}}} < -1.645$ 时,如果拒绝原假设,则发生第一类错误的概率为 0.05。如果该厂将水平 0.05 作为可以接受的第一类错误的概率,则当检验统计量表明样本均值在 $\mu = 500$ 上下两侧 1.645 个标准差时,将拒绝原假设。于是,当 $Z < -1.645$ 时,将拒绝 H_0。

在假设检验的方法中,要求事先指定第一类错误的最大允许概率值,并称这一最大概率值为该检验的显著性水平,以 α 表示,代表当原假设为真时,发生第一类错误的概率。管理者必须事先制订这一显著性水平。如果发生第一类错误的成本很高,则可以适当选择较大的值为显著性水平。

4）计算 $Z = \frac{\bar{x} - \mu_0}{\delta / \sqrt{n}}$

假定该厂的负责人选择第一类错误的最大概率为 0.05。因此,该假设检验中显著性水平 $\alpha = 0.05$。当原假设 $\mu = 500$ 为真时,$\bar{x}$ 在均值 500 上下两侧并与 $\bar{x}$

距离大于 1.96 个标准差的概率为 0.05,因此,可以建立如下拒绝规则。

如果 $|Z| = \dfrac{\bar{x} - \mu_0}{\delta/\sqrt{n}} \geq 1.96$,则拒绝 H_0 ;

如果 $|Z| = \dfrac{\bar{x} - \mu_0}{\delta/\sqrt{n}} < 1.96$,则接受 H_0 。

5)做出决策

若 $|Z| \geq Z_{\frac{\alpha}{2}}$,拒绝 H_0 ;

若 $|Z| < Z_{\frac{\alpha}{2}}$,接受 H_0 。

[例 1] 某车间用一台包装机包装葡萄糖,包得的袋装糖重是一个随机变量,它服从正态分布。当机器正常时,其均值是 570 克,标准差是 8 克。某日开工后为检验包装机工作是否正常,随机抽取了 10 包,求得其平均重量是 575 克,试问:能否认为平均重量无显著变化?($\alpha = 0.05$)

解 依题意知是双侧检验

$$H_0 : \mu = 570$$
$$H_1 : \mu \neq 570$$

构造检验统计量 $Z = \dfrac{\bar{x} - \mu_0}{\delta/\sqrt{n}}$

由样本观测值,得:

$$|Z| = \left| \dfrac{575 - 570}{\dfrac{8}{\sqrt{10}}} \right| = 2.055 \qquad \alpha = 0.05 \text{,查表得} Z_{\frac{\alpha}{2}} = 1.96$$

由于 $|Z| = 2.055 > 1.96$,所以拒绝 H_0,不认为该包装机工作正常。

若是单侧检验,在同样的小概率标准下,除临界值有变化外,其他步骤与双侧检验相同。其检验规则为:

当假设 $\begin{cases} H_0 : \mu \leq \mu_0 \\ H_1 : \mu > \mu_0 \end{cases}$

若 $Z = \dfrac{\bar{x} - \mu_0}{\delta/\sqrt{n}} \geq Z_\alpha$ 时,拒绝 H_0 ;

若 $Z = \dfrac{\bar{x} - \mu_0}{\delta/\sqrt{n}} < Z_\alpha$ 时,接受 H_0 。

当假设 $\begin{cases} H_0 : \mu \geq \mu_0 \\ H_1 : \mu < \mu_0 \end{cases}$

若 $Z = \dfrac{\bar{x} - \mu_0}{\delta/\sqrt{n}} \leqslant -Z_\alpha$ 时，拒绝 H_0；

若 $Z = \dfrac{\bar{x} - \mu_0}{\delta/\sqrt{n}} > -Z_\alpha$ 时，接受 H_0。

6.2.2 总体方差未知的均值检验

当总体服从正态分布，但是总体方差 δ^2 未知的时候，则要用总体方差的无偏估计量——样本方差 s^2 来替代 δ^2，检验统计量及其分布为：

$$t = \frac{\bar{x} - \mu_0}{s/\sqrt{n}} \sim t(n-1)$$

利用服从 t 分布的统计量去检验总体均值的方法称 t 检验法。具体的步骤同方差已知的情况一样。下面举例来说明。

[例2] 某种元件的寿命 X（以小时计）服从正态分布 $N(\mu, \delta^2)$，μ, δ^2 均未知。现测得 16 支元件的寿命如下（单位：小时）：

| 159 | 280 | 101 | 212 | 224 | 379 | 179 | 264 |
| 222 | 362 | 168 | 250 | 149 | 260 | 485 | 170 |

问是否有理由认为元件的平均寿命大于 225 小时？

解 按题意需检验

$$H_0: \mu \leqslant \mu_0 = 225$$

$$H_1: \mu > \mu_0 = 225$$

取 $\alpha = 0.05$，由表知此检验问题的拒绝域为：

$$t = \frac{\bar{x} - \mu_0}{s/\sqrt{n}} \geqslant t_0(n-1)$$

现在 $n = 16$，$t_{0.05}(15) = 1.753\,1$。又算得 $\bar{x} = 241.5$，$s = 98.735\,9$，即有：

$$t = \frac{\bar{x} - \mu_0}{s/\sqrt{n}} = 0.668\,5 < 1.753\,1$$

t 没有落在拒绝域内，因此接受 H_0，即认为该元件寿命不大于 225 小时。

6.2.3 总体比例的假设检验

总体比例的假设检验是检验总体单位中含有某种特征的单位数占的比例是

否为某一假设值 p_0。由中心极限定理可知,服从二项分布的样本比例在大样本的情况下近似服从正态分布。对总体比例的检验通常是在大样本的条件下进行的,采用 Z 检验法进行检验。总体比例的假设检验问题也考虑以下 3 种类型:

①$H_0 : \mu \leqslant \mu_0 ; H_1 : \mu > \mu_0$;

②$H_0 : \mu \geqslant \mu_0 ; H_1 : \mu < \mu_0$;

③$H_0 : \mu = \mu_0 ; H_1 : \mu \neq \mu_0$。

选择检验统计量为:

$$Z = \frac{p - p_0}{\sqrt{\frac{1}{n} p_0 (1 - p_0)}}$$

[例 3] 某公司经理希望估计一下新培育的一批种子的发芽率。生产科长认为大约发芽率为 80%,而统计工作人员通过试种 150 粒种子,了解到有 70% 的种子发芽。经理希望在 $\alpha = 0.05$ 的情况下检验"新培育的种子发芽率为 80%",这个假设是否成立?

解 这是一个总体比例的假设检验问题。据题意:

①设:
$$H_0 : P = P_0;$$
$$H_1 : P \neq P_0$$

②确定检验统计量:

$$Z = \frac{p - p_0}{\sqrt{\frac{1}{n} p_0 (1 - p_0)}} \sim N(0, 1)$$

③对给定的显著性水平 $\alpha = 0.05$,查表得:

$$Z_{\frac{\alpha}{2}} = 1.96$$

④计算 Z 的值:

$$Z = \frac{p - p_0}{\sqrt{\frac{1}{n} p_0 (1 - p_0)}} = -3.058$$

$|Z| < Z_{\frac{\alpha}{2}} = 1.96$,所以拒绝 H_0,由此判定:种子的发芽率不足 80%。

6.3　两个正态总体参数的假设检验

以上介绍了一个正态总体参数的检验问题,但是多数情况下,人们经常需要比较两个正态总体的参数,包括两个总体均值的差和两个总体比例之差的假设检验,看两个样本是否有显著的差异。本节来详细地介绍这两种方法。

6.3.1　两个总体均值之差的假设检验

两个总体均值之差的假设检验包括两种情况,即在样本方差已知与未知的条件下进行的假设检验。设二正态总体 $N(\mu_1,\delta_1^2)$ 和 $N(\mu_2,\delta_2^2)$ 为两组相互独立样本,其均值分别为 $\bar{x}_1,\bar{x}_2$,样本方差分别为 s_1^2,s_2^2,样本容量分别为 n_1,n_2。同样的,在对两个总体均值之差 $\mu_1-\mu_2$ 的假设检验选择检验统计量时,要考虑总体的分布形式、总体方差是否已知及样本容量的大小。

1) 两个正态总体,δ_1^2,δ_2^2 已知

对于两个正态总体均值之差,常见的假设检验问题有 3 种:

① $H_0:\mu_1=\mu_2$;$H_1:\mu_1\neq\mu_2$;

② $H_0:\mu_1\leqslant\mu_2$;$H_1:\mu_1>\mu_2$;

③ $H_0:\mu_1\geqslant\mu_2$;$H_1:\mu_1<\mu_2$。

当方差已知时,可以构造统计量

$$Z=\frac{(\bar{x}_1-\bar{x}_2)-(\mu_1-\mu_2)}{\sqrt{\dfrac{\delta_1^2}{n_1}+\dfrac{\delta_2^2}{n_2}}}\sim N(0,1)$$

当 $\mu_1=\mu_2$ 时

$$Z=\frac{(\bar{x}_1-\bar{x}_2)}{\sqrt{\dfrac{\delta_1^2}{n_1}+\dfrac{\delta_2^2}{n_2}}}\sim N(0,1)$$

给定显著性水平 α,对以上 3 个问题的检验规则分别为:

(1) 若 $|Z|\geqslant Z_{\frac{\alpha}{2}}$,拒绝 H_0;$|Z|<Z_{\frac{\alpha}{2}}$,接受 H_0;

(2) 若 $Z\geqslant Z_\alpha$,拒绝 H_0;$Z<Z_\alpha$,接受 H_0;

(3) 若 $Z\leqslant Z_\alpha$,拒绝 H_0;$Z>Z_\alpha$,接受 H_0。

[例4] 某工厂新上两条牛奶包装生产线,为检验两条包装生产线是否一致,从产品中抽取50盒进行检验,测得甲生产线的样本平均重量为509千克,乙生产线的平均重量为491千克。若已知两条生产线均服从正态分布,且 $\delta_1^2 = 123, \delta_2^2 = 77$,问能否判定两条包装生产线在平均重量上存在显著差异?

解 因为两总体为正态总体,且方差已知,所以用Z检验法:

设: $H_0 : \mu_1 \leqslant \mu_2$

$H_1 : \mu_1 > \mu_2$

对于 $\alpha = 0.05$,查表得 $Z_{\frac{\alpha}{2}} = 1.96$,

$$Z = \frac{(\bar{x}_1 - \bar{x}_2)}{\sqrt{\dfrac{\delta_1^2}{n_1} + \dfrac{\delta_2^2}{n_2}}} = \frac{128\ 2 - 120\ 8}{\sqrt{\dfrac{80^2}{50} + \dfrac{94^2}{50}}} = 9$$

由此可以看出, $|Z| \geqslant Z_{\frac{\alpha}{2}}$,拒绝 H_0 。可以认为两条包装生产线的平均重量有显著差异。由于 $\bar{x}_1 > \bar{x}_2$,因此甲包装生产线的平均重量大于乙。

2) 两个正态总体, δ_1^2 , δ_2^2 未知(但 $\delta_1^2 = \delta_2^2$)

当两个正态总体, δ_1^2 , δ_2^2 未知时(但 $\delta_1^2 = \delta_2^2$),均值之差 $\mu_1 - \mu_2$ 常见的假设检验问题,与 δ_1^2 , δ_2^2 已知时的情形一样,依然分3个问题,但是所用的统计量为:

$$t = \frac{(\bar{x}_1 - \bar{x}_2) - (\mu_1 - \mu_2)}{s_w \sqrt{\dfrac{1}{n_1} + \dfrac{1}{n_2}}} \sim t(n_1 + n_2 - 2)$$

其中 $$s_w = \sqrt{\frac{(n_1 - 1)s_1^2 + (n_2 - 1)s_2^2}{n_1 + n_2 - 2}}$$

若 $\mu_1 = \mu_2$,则:

$$t = \frac{(\bar{x}_1 - \bar{x}_2)}{s_w \sqrt{\dfrac{1}{n_1} + \dfrac{1}{n_2}}} \sim t(n_1 + n_2 - 2)$$

给定显著性水平 α ,则检验规则分别为:

①若 $|t| \geqslant t_{\frac{\alpha}{2}}(n_1 + n_2 - 2)$,拒绝 H_0 , $|t| < t_{\frac{\alpha}{2}}(n_1 + n_2 - 2)$,接受 H_0 ;

②若 $t \geqslant t_{\frac{\alpha}{2}}(n_1 + n_2 - 2)$,拒绝 H_0 , $t < t_{\frac{\alpha}{2}}(n_1 + n_2 - 2)$,接受 H_0 ;

③若 $t \leqslant - t_{\frac{\alpha}{2}}(n_1 + n_2 - 2)$,拒绝 H_0 , $t > - t_{\frac{\alpha}{2}}(n_1 + n_2 - 2)$,接受 H_0 。

[例5] 在平炉上进行一项试验,以确定改变操作的建议是否增加钢的得率。实验是在同一平炉上进行的。每炼一炉钢时除操作方法外,其他条件都尽可能做到相同。先用标准方法炼一炉,然后用建议的新方法炼一炉,以后交替进

行,各炼了 10 炉,其得率分别为:

①标准方法:78.1 72.4 76.2 74.4 78.4 76.0 75.5 76.7 77.3 74.3

②新方法:79.1 81.0 77.3 79.1 80.0 79.1 79.1 77.3 80.2 82.1

设这两个样本相互独立,且分别来自正态总体 $N(\mu_1, \delta^2)$ 和 $N(\mu_2, \delta^2)$,μ_1,μ_2,δ^2 均未知。问建议的新方法能否提高得率?(取 $\alpha = 0.05$)

解 需要检验假设:

$$H_0 : \mu_1 - \mu_2 \geq 0$$
$$H_1 : \mu_1 - \mu_2 < 0$$

分别求出标准方法和新方法下的样本均值和样本方差如下:

$n_1 = 10, \bar{x} = 76.23, s_1^2 = 3.325$

$n_2 = 10, \bar{y} = 79.43, s_2^2 = 2.225$

又,$s_w = 2.775, t_{0.05}(18) = 1.7341$

故拒绝域为:$t \leq -1.7341$

因为,$t = -4.295 < -1.7341$

所以,拒绝 H_0,即认为建议的新操作方法较原来的方法为优。

3)两个非正态总体

当两个非正态总体且为大样本时,其两个样本均值近似服从正态分布。因此,可构造 Z 统计量检验两个均值之差。如果 δ_1^2, δ_2^2 未知,可用 s_1^2, s_2^2 代替。

6.3.2 两个总体比例之差的假设检验

两个总体比例之差的假设检验也考虑下面 3 种类型:

①$H_0 : P_1 = P_2 ; H_1 : P_1 \neq P_2$;

②$H_0 : P_1 \leq P_2 ; H_1 : P_1 > P_2$;

③$H_0 : P_1 \geq P_2 ; H_1 : P_1 < P_2$。

可以证明:两个样本比例之差 $(p_1 - p_2)$ 近似地服从均值为 $(P_1 - P_2)$,方差为 $\dfrac{P_1(1 - P_1)}{n_1} + \dfrac{P_2(1 - P_2)}{n_2}$ 的正态分布,以 Z 作为检验统计量:

$$Z = \frac{(p_1 - p_2) - (P_1 - P_2)}{\sqrt{\dfrac{P_1(1 - P_1)}{n_1} + \dfrac{P_2(1 - P_2)}{n_2}}}$$

当 $P_1 = P_2$ 时,统计量 Z 近似地服从 $N(0,1)$。当 n_1P_1,$n_1(1-P_1)$,n_2P_2,$n_2(1-P_2)$ 都大于 5 时,两个样本比例之差的抽样分布近似为正态分布。

在上式中,P_1 和 P_2 是未知的,必须给出其估计值,当 $P_1 = P_2$ 时,P_1 和 P_2 的良好的估计值由综合两样本的信息给出。即:

$$\bar{p} = \frac{n_1p_1 + n_2p_2}{n_1 + n_2}$$

于是构造检验统计量为:

$$Z = \frac{p_1 - p_2}{\sqrt{\dfrac{\bar{p}(1-\bar{p})}{n_1} + \dfrac{\bar{p}(1-\bar{p})}{n_2}}}$$

[例6] 甲地区出生的 1 000 个婴儿的一个随机样本中男孩的比例为 54%,而乙地区的 2 000 个婴儿中男孩的比例为 48%,问两地区的出生婴儿中男孩的比例是否明显不同?

解 已知: $n_1 = 1\,000$,$p_1 = 0.54$;

$n_2 = 2\,000$,$p_2 = 0.48$;

则: $\bar{p} = \dfrac{n_1p_1 + n_2p_2}{n_1 + n_2} = 0.50$

假设两样本来自有类似的关于婴儿中男孩比例的总体。即:

$$H_0 : P_1 = P_2$$
$$H_1 : P_1 \neq P_2$$

选取检验统计量:

$$Z = \frac{p_1 - p_2}{\sqrt{\dfrac{\bar{p}(1-\bar{p})}{n_1} + \dfrac{\bar{p}(1-\bar{p})}{n_2}}}$$
$$= 0.98$$

查表得,$Z_{\frac{\alpha}{2}} = 1.96$

由于 $Z = 0.98 < 1.96$,所以,接受 H_0。即不认为两地区男孩的出生比例有显著不同。

6.4 假设检验与区间估计的关系及 P 值的应用

6.4.1 假设检验与区间估计的关系

区间估计与假设检验之间有明显的联系,它们是统计推断的两大重要内容。区间估计是根据样本资料估计总体参数真值所在的区间,是一种双侧置信区间;而假设检验是根据样本资料检验判断总体参数的预先假设是否成立,它不仅有双侧检验,还有单侧检验。区间估计通常以较大的置信度 $1-\alpha$ 估计总体参数的置信区间;而假设检验立足于小概率。但是,两者都是建立在概率论与数理统计的基础上,以抽样分布为理论依据,根据样本信息对总体参数进行推断并且其结果都有一定的可信度。在推断总体参数的某一实际问题中,假设检验和区间估计可以相互转换。

下面介绍如何对总体均值进行置信区间的估计。在大样本的情形下,取置信系数为 $1-\alpha$,当 δ 已知时总体均值的置信区间估计为:

$$\left[\bar{x} - Z_{\frac{\alpha}{2}}\frac{\delta}{\sqrt{n}}, \bar{x} + Z_{\frac{\alpha}{2}}\frac{\delta}{\sqrt{n}}\right]$$

δ 未知的情形下总体均值的置信区间计为:

$$\left[\bar{x} - Z_{\frac{\alpha}{2}}\frac{s}{\sqrt{n}}, \bar{x} + Z_{\frac{\alpha}{2}}\frac{s}{\sqrt{n}}\right]$$

进行假设检验时,首先要求对总体参数的值做出假设。对于样本均值的情形,双边假设检验的情形为:

$H_0 : \mu_1 = \mu_0$

$H_1 : \mu_1 \neq \mu_0$

式中 μ_0 为总体均值的假设值。利用拒绝规则,当看到样本均值 $\bar{x}$ 落到 μ_0 附近 $Z_{\frac{\alpha}{2}}$ 和 $-Z_{\frac{\alpha}{2}}$ 倍标准差内时,不能拒绝 H_0。从而,双边假设检验中,对于显著性水平 α,当 δ 已知时,样本均值 $\bar{x}$ 的拒绝域为:

$$\left[\mu_0 - Z_{\frac{\alpha}{2}}\frac{\delta}{\sqrt{n}}, \mu_0 + Z_{\frac{\alpha}{2}}\frac{\delta}{\sqrt{n}}\right]$$

δ 未知时,样本均值 $\bar{x}$ 的拒绝域为:

$$\left[\mu_0 - Z_{\frac{\alpha}{2}}\frac{s}{\sqrt{n}}, \mu + Z_{\frac{\alpha}{2}}\frac{s}{\sqrt{n}}\right]$$

[例 7] 质检局从某超市的食品中,随机的抽取 10 袋奶粉,测得其平均每袋重量为 790 克,标准差为 16 克,要求以 95% 的把握程度,估计总体均值的置信区间并判断总体均值是否达到 800 克?

解 置信区间的计算:

已知 $\bar{x} = 790$ 克,$s = 16$,$\alpha = 0.05$,

查表得:$t_{\frac{\alpha}{2}}(n-1) = t_{0.025}(9) = 2.2622$

因此,这批食品平均每袋重量的置信区间为:

$$\left[\bar{x} - t_{\frac{\alpha}{2}}(n-1)\frac{s}{\sqrt{n}}, \bar{x} + t_{\frac{\alpha}{2}}(n-1)\frac{s}{\sqrt{n}}\right]$$

即 $[777.61, 802.39]$

进行假设检验:

假设: $H_0 : \mu_1 = \mu_0$;

$H_1 : \mu_1 \neq \mu_0$

检验统计量:

$$t = \frac{\bar{x} - \mu_0}{\frac{s}{\sqrt{n}}} = \frac{790 - 800}{\frac{16}{\sqrt{10}}} = -1.976$$

$|t| < t_{\frac{\alpha}{2}}(n-1) = 2.2622$,因此接受 H_0。

通过计算可以看出,在置信度为 95% 的条件下,总体均值的置信区间为 $[777.61, 802.39]$,假设检验中的 800 克也在这个范围内,所以接受原假设。

6.4.2 P 值的应用

前面介绍的假设检验的最大弊端在于选择 α 时的武断性,当对给定的样本算出一个检验统计量(如 t 统计量时)的值时,另外的一种方法就是直接查阅适当的统计表,看看得到一个大到和从样本得到的检验统计量那样大或者更大的数值的确切概率。这个概率值就是 P 值,即概率值,也叫精确显著性水平。

P 值和显著性水平 α 是一种怎样的关系呢? 如果把 α 固定在一个检验统计量的 P 值上,这两个值就没有任何的矛盾。换句话说,与其人为地把 α 固定在某一水平上,不如直接选取检验统计量的 P 值。

进行假设检验的步骤:

①提出原假设、备择假设；

②确定合适的检验统计量；

③规定显著性水平 α；

④根据样本资料算出检验统计量，在求出 P 值；

⑤将 p 值与 α 值比较后做出判断，当 $\alpha > P$ 时，则在显著性水平 α 上拒绝原假设；当 $\alpha < p$ 时，则在显著性水平上接受原假设。

[例8] 某厂声称其生产的灯泡的寿命超过规定标准 1 200 小时，现随机的抽取 100 件，测得其平均寿命为 1 265 小时，标准差为 300 小时，问该厂生产的灯泡的寿命是否显著高于规定标准？样本均值不低于 1 265 小时的概率多大？

解 根据题意：

已知 $\bar{x} = 1\ 265$ 小时，$s = 300$，$n = 100$，

假设： $H_0 : \mu \leq 1\ 200$ （$\mu_0 = 1\ 200$）

$H_0 : \mu > 1\ 200$

检验统计量：$Z = 2.17$

$\alpha = 0.05$，$Z_\alpha = 1.645$，$Z > Z_\alpha$，因此拒绝 H_0。

假设总体均值为 1 200 小时，样本均值不低于 1 265 小时的概率为：

$$P(\bar{p} \geq 1\ 265) = P(Z \geq 2.17) = 0.015$$

即样本均值不低于 1 265 小时的概率为 1.5%，这一概率小于显著性水平 $\alpha = 0.05$，P 值就是这个概率值，这个概率值有时大于显著性水平，有时小于显著性水平。P 值越小，否定原假设的证据越有利。

应用 P 值，不仅可以进行检验决策，还可以显示样本值在一定范围内的概率。但是，有时候计算出来的 P 值很小，一般的概率分布表中无法查到其确切数值，然而，此时的 P 值往往很小，一般不会影响假设检验的结论。

本章小结：

1. 假设检验的基本任务就是事先对总体参数或总体分布形式做出一个假设，然后利用样本信息来判断原假设是否合理，从而决定是否接受原假设。

2. 原假设和备择假设是关于总体的两个对立的解释。要么原假设为真，要么备择假设为真。

3. 如果在原假设为真的条件下拒绝原假设，那么就犯了第一类错误，即弃真错误；如果在原假设为假的条件下接受了原假设，那么就犯了第二类错误，即纳假错误。

4. 区间估计与假设检验之间有明显的联系,它们是统计推断的两大重要内容。

5. P 值是一个概率值,它是用于确定是否拒绝 H_0 的另一种方法。如果假定原假设为真,则 P 值是所获得的样本结果与实测结果不同的概率值。

关键词:

假设检验   原假设   备择假设   正态总体参数   总体方差   样本观测值
区间估计   单边检验   双边检验   小概率原理   临界值

练习题

一、名词解释

假设检验	第一类错误
第二类错误	小概率原理
原假设	备择假设
区间估计	P 值
临界值	单边检验
双边检验	总体比率的检验

二、简答

1. 怎样理解假设检验中的小概率原理?

2. 假设检验有哪些步骤?

3. 什么是假设检验中的显著性水平?

4. 什么是假设检验中的 P 值?

5. 假设检验与区间估计有什么关系?

6. 单侧检验与双侧检验的主要区别是什么?

三、业务题

1. 由于时间和成本对产量变动的影响很大,所以在一种新的方法正式投入使用之前,制造负责人必须确信其所推荐的制造方法能降低成本。目前生产中所用的操作方法的成本均值为每小时 220 元人民币。对某种新方法,测量其一段样本生产期的成本。完成下列问题。

(1)在该项研究中,建立合适的原假设和备择假设。

(2)当不能拒绝 H_0 时,试对所做的结论进行评述。

(3)当可以拒绝 H_0 时,试对所做的结论进行评述。

2. 容量为 3 升的橙汁容器上的标签表明该橙汁的脂肪含量的均值不超过 1 克,在对标签上的说明进行假设检验时回答下列问题:

(1)建立原假设和备择假设。

(2)这种情况下,发生第一类错误的概率是多少? 发生这类错误将导致什么后果?

(3)这种情况下,发生第二类错误的概率是多少? 发生这类错误将导致什么后果?

3. 考虑下列假设检验:

$H_0: \mu \leq 15$

$H_1: \mu > 15$

一个样本有 40 项组成,样本均值为 16.5,样本标准差为 7。

(1)$\alpha = 0.02$ 时,Z 的临界值是多少? 拒绝规则是什么?

(2)计算检验统计量 Z 值。

(3)P 值是多少?

(4)能够得出什么结论?

4. 医生要测试两种减肥药的效果,随机抽取了 100 名要求减肥的人,随机地划分成两组,每组 50 人,第一组使用减肥药 A,第二组使用减肥药 B,经过相同时间的服药测试,第一组平均减少 5.2 千克,标准差为 2;第二组平均减少 4.7 千克,标准差为 2.3 。以 $\alpha = 0.05$ 说明两种减肥药是否存在差别?

5. 一项调查结果声称某市老年人口(年龄 65 岁以上)比重为 14.7%。该市老年人口研究会随机抽取 400 名居民,发现有 57 人的年龄在 65 岁以上,试问:调查结果是否支持该市老年人口比重为 14.7% 的说法?

第 7 章 相关分析方法

7.1 相关分析概述

7.1.1 相关的概念

　　现象之间的数量关系,存在着两种不同的类型。一种是函数关系,另一种是相关关系。函数关系指的是变量之间存在的相互依存关系,它们之间的关系值是固定的,当自变量取一个值时,因变量就是一个完全确定的值和它相对应,其数学表达式为 $y = f(x)$。

　　相关关系指的是变量之间确定存在着的数量上的相互关系,当一个现象发生数量变化时,另一现象也相应地发生数量变化,但其关系值是不固定的。在一定范围内变动着,往往同时出现几个不同的数值,从数量上分析现象之间相关关系的理论和方法就称为相关分析法。

7.1.2 相关的种类

　　现象之间的相关关系可以按不同的标志加以区分:

(1)按相关的程度分为完全相关、不完全相关和不相关

　　两种依存关系的标志,其中一个标志的数量变化由另一个标志的数量变化所确定,则称这两种标志间的关系为完全相关,在这种情况下相关关系即成为函数关系。例如圆的面积决定于它的半径,即 $S = \pi r^2$。两个标志彼此互不影响,其数量变化各自独立,称为不相关。例如,棉花纤维的强度与工人出勤率分属于不同总体的现象,一般认为是不相关的。介乎完全相关和不相关之间称为不完全相关。

(2)按相关的方向分为正相关和负相关

两个相关现象之间,当一个现象的数量由小变大,另一个现象的数量也按相同方向变化,这种相关称为正相关。例如,工人的工资随着物价的上涨而增加,家庭的消费支出随着工资收入的增加而增加等。当一个现象的数量由小变大,而另一个现象的数量相反地由大变小的,这种相关称为负相关。例如,商品流转的规模愈大,流动费用水平愈低等。

(3)按相关的形式分为线性相关和非线性相关

对两个具有相关关系的现象进行调查,获得一系列成对的数据。一种现象的一个数值和另一现象相应的数值,在平面直角坐标系中确定为一个点。如果这些点的分布情况大致散布在一条直线的周围,则这两种现象构成线性相关形式。如果现象相关点的分布并不表现为直线的关系,而是近似于某种曲线方程的关系,则这种关系称为非线性相关。如图7.1、图7.2所示。

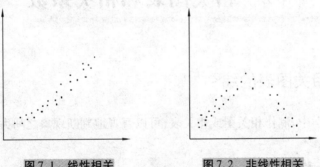

图7.1　线性相关　　　　图7.2　非线性相关

(4)按影响因素的多少分为单相关和复相关

两个现象变量之间的相关关系称为单相关。3个或3个以上现象变量之间的相关关系称为复相关。实际工作中,如果存在多个自变量对一个因变量的关系,可以抓住其中最主要的因素,研究其相关关系以及将复相关变为单相关。

7.1.3　相关分析的意义与内容

1)相关分析的意义

当对社会经济现象进行深入的研究与分析时,不难发现任何事物或现象都不是孤立的。例如,在家庭的收入和消费支出之间,人的身高和体重之间,施肥量和稻谷的收获量之间,广告费支出和销售量之间等,无不存在着一定的关系。统计研究必须探求其彼此之间的这种关系究竟是什么性质的关系,并且还要了解这种关系的密切程度如何? 如果关系是密切的,那么,一旦这种关系的方程式确立,给出某个变量的数值,就可以推断出另一变量的数值。这对于加强企业管理和进行经济预测等都具有重要意义。

2)相关分析的主要内容

对现象之间变量关系的分析研究,目的在于探讨相互关系的密切程度及其变化的规律性,以便做出判断,进行必要的预测和控制。相关分析的内容包括:

(1)确定现象之间有无关系存在,以及相关关系呈现的形态;

(2)确定相关关系的密切程度,其主要方法是绘制相关图和计算相关系数;

(3)确定相关关系的数学表达式;

(4)确定因变量估计值误差的程度。

7.2　相关图表和相关系数

7.2.1　相关图表的编制

在统计学中,制作相关图或相关表,可以直观地判断现象之间大致上呈现何种关系形式。

1)相关表的编制

根据资料是否分组,相关表有简单相关表和分组相关表之分:

(1)简单相关表

它是资料未经分组的相关表,是把因素标志值按照从小到大的顺序一一对应而平行排列起来的统计表。如表7.1 所示。

表7.1　简单相关表

X	X_1	X_2	X_3	…	X_n
Y	Y_1	Y_2	Y_3	…	Y_n

(2)分组相关表

它是在简单相关表的基础上,将原始数据进行分组而制成的表。由于相关表中有两个变量,因此,分组相关表可以分为单变量分组和双变量分组两种。

①单变量分组相关表。自变量分组并计算次数,而对应的因变量不分组,只计算其平均值。如表7.2所示。

表7.2 单变量分组相关表

x	f	$\bar{y}$
x_1	f_1	$\bar{y}_1$
x_2	f_2	$\bar{y}_2$
$\vdots$	$\vdots$	$\vdots$
x_n	f_n	$\bar{y}_n$

②双变量分组相关表。这是自变量和因变量都进行分组而制成的相关表。这种表的形状如同棋盘,故又称棋盘式表。

双变量分组相关表可以设置两个合计栏,分别表明各个变量分组的次数分布状况。制作双变量分组相关表,尚需注意将自变量置于横行,其变量值从小到大自左至右排列,因变量置于纵栏,其变量值从大到小自上而下排列。其目的是为了制作相关图的方便,使相关表和相关图一致起来,能够直观地看出变量之间相关的性质。如表7.3所示。

表7.3 双变量分组相关表

y	x					合计
	x_1	x_2	x_3	...	x_n	
y_1						
y_2						
y_3						
$\vdots$						
y_n						
合计						

2)相关图的编制

相关图又称散布图或散点图。它是利用直角坐标第一象限,将自变量 x 置于横轴上,因变量 y 置于纵轴上,而将两变量相对应的变量值用坐标点形式描绘出来,用以表明相关点分布状况的图形。

7.2.2 相关系数的计算

相关表和相关图只能大体上反映标志之间的相关关系,还应该进一步用统计分析指标来表明相关的密切程度。

相关系数是在线性相关条件下用来说明两个变量之间相关密切程度的统计分析指标。相关系数是按积差法计算的。其基公式如下:

$$r = \frac{\sigma_{xy}^2}{\sigma_x \sigma_y}$$

式中 $\sigma_{xy}^2 = \dfrac{\sum (x - \bar{x})(y - \bar{y})}{n}$,称为协方差;

$\sigma_x = \sqrt{\dfrac{\sum (x - \bar{x})^2}{n}}$,是 x 的标准差;

$\sigma_y = \sqrt{\dfrac{\sum (y - \bar{y})^2}{n}}$,是 y 的标准差。

所以 $r = \dfrac{\sum (x - \bar{x})(y - \bar{y})}{n \sigma_x \sigma_y}$

$$= \frac{\sum (x - \bar{x})(y - \bar{y})}{\sqrt{\sum (x - \bar{x})^2 \sum (y - \bar{y})^2}}$$

利用相关系数的基本公式计算相当繁琐。下面可以利用代数排演的方法得到相关系数的简化式,即:

$$r = \frac{n \sum xy - \sum x \sum y}{\sqrt{\left[n \sum x^2 - \left(\sum x \right)^2 \right]\left[n \sum y^2 - \left(\sum y \right)^2 \right]}}$$

例   以 8 个企业的月产量与生产费用资料说明其具体计算方法。如表 7.4 所示。

$$r = \frac{n \sum xy - \sum x \sum y}{\sqrt{\left[n \sum x^2 - \left(\sum x \right)^2 \right]\left[n \sum y^2 - \left(\sum y \right)^2 \right]}}$$

$$= \frac{8 \times 4\,544.6 - 36.4 \times 880}{\sqrt{(8 \times 207.54 - 36.4^2)(8 \times 104\,214 - 880^2)}}$$

$$= 0.97$$

计算结果表明,企业生产费用与月产量之间为正相关关系,而且 r 值接近1,表明两者之间为高度相关。

一般情况下,相关系数的绝对值介于 $0 \sim 1$ 之间。在0.3以下表明为微弱相关,$0.3 \sim 0.5$ 为低度相关,$0.5 \sim 0.8$ 为显著相关,0.8以上为高度相关。

表7.4 产量与费用相关表

企业编号	月产量/t x	生产费用/万元 y	x_2	y_2	xy
1	1.2	62	1.44	3 844	74.4
2	2.0	86	4.00	7 396	172
3	3.1	80	9.61	6 400	248
4	3.8	100	14.44	12 100	418
5	5.0	115	25.00	13 225	575
6	6.1	132	37.21	17 424	805
7	7.2	135	51.84	18 225	972
8	8.0	160	64	25 600	1 280
合计	36.4	880	207.54	104 214	4 544.6

按积差法计算的相关系数,在相关分析和经济预测中都有很重要的用途。在许多场合,相关系数的计算是和回归方程联系在一起的,用于分析回归方程的有效程度,但在另外许多场合,相关系数的计算具有独立的意义,因为有时对某些现象的分析并不需要从一个变量去估计另一个变量的变动,而只在于了解两个变量之间线性关系的密切程度,这时只需要计算相关系数。

不可否认,相关分析的主要内容之一就是确定一个数学表达式以反映因变量与自变量之间的关系,这样的数学表达式就是建立回归方程进行解析。

7.3　简单线性回归模型

7.3.1　回归分析的意义

就一般意义而言,相关分析包括回归和相关两方面内容。但就具体方法而言,回归分析和相关分析具有明显差别。相关系数能确定两个变量之间相关方向和相关的密切程度,但不能指出两变量相互关系的具体形式,也无法从一个变量的变化来推测另一个变量的变化情况。回归分析就是对具有相关关系的两个或两个以上变量之间数量变化的一般关系进行测定,确定一个相应的数学表达式,以便从已知量来推测未知量,为估算预测提供一个重要的方法。

根据回归分析方法得出的数学表达式称为回归方程,它可能是直线方程,也可能是曲线方程。用一条回归直线来表明两个相关变量之间一般数量关系的方程式称为简单线性回归。本章重点介绍这种方法。

7.3.2　简单线性回归方程

简单线性方程式的一般化形式是 $y = a + bx$。若在散布图中划出一条模拟的回归直线,以表明两变量 x 与 y 的关系,在统计上称之为估计回归线。配合回归线相应的方程式称为回归方程——简单线性回归方程: $y_c = a + bx$。

式中, y_c 表示 y 的估计值,借以区别于实际现实得到的 y 值; a 代表直线的起点值,在数学上称为截距; b 代表自变量增加一个单位时因变量的平均增加值,数学上称为斜率,又称回归系数。 a, b 都是待定参数。

若观测值为 y,估计值为 y_c, y 与 y_c 间存在一定的离差,则用最小二乘法就是:

$$\sum (y - y_c)^2 = \text{Min} = Q = \sum (y - a - bx)^2$$

要使 Q 值达到最小,其必要条件就是它对 a 和 b 的一阶偏导数等于零。

$$\frac{\partial Q}{\partial a} = \sum (y - a - bx) = 0$$

$$\frac{\partial Q}{\partial b} = \sum x(y - a - bx) = 0$$

由此可以整理写成以下标准方程式:

$$\begin{cases} na + b \sum x = \sum y \\ a \sum x + b \sum x^2 = \sum xy \end{cases}$$

并可解得：

$$\begin{cases} b = \dfrac{n \sum xy - \sum x \sum y}{n \sum x^2 - (\sum x)^2} = \dfrac{\overline{xy} - \bar{x} \cdot \bar{y}}{\overline{x^2} - (\bar{x})^2} \\ a = \bar{y} - b\bar{x} \end{cases}$$

必须强调的是，配合回归直线之前，两个变量间必须存在着显著的相关关系，即 $r > 0.5$。

从直线回归方程 $y_c = a + bx$ 中，可以利用回归系数 b 间接求得相关系数 r。其关系式为：

$$r = b \cdot \frac{\sigma_x}{\sigma_y}$$

现举例如下（见表7.5）：

表 7.5　某县玉米良种所占比重与产量相关表

良种比重 x/%	平均产量 y/(千克·公顷$^{-1}$)	xy	x^2
40	3 500	140 000	1 600
43	3 800	163 400	1 849
47	4 000	188 000	2 209
50	3 900	195 000	2 500
55	4 000	220 000	3 025
67	4 400	250 800	3 249
60	4 300	258 000	3 600
66	4 600	303 600	4 356
70	4 500	315 000	4 900
72	4 800	345 600	5 184

由表7.5可知，$\sum x = 560$，$\sum y = 41\,800$，$\sum xy = 2\,379\,400$，$\sum x^2 = 32\,472$，$n = 10$ 为项数，将以上数字代入标准方程式：

$$\begin{cases} 41\,800 = 10a + 560b \\ 2\,379\,400 = 560a + 32\,472b \end{cases}$$

解方程求 b 值。

$$b = \frac{n \sum xy - \sum x \sum y}{n \sum x^2 - (\sum x^2)}$$

$$= \frac{10 \times 2\ 379\ 400 - 560 \times 41\ 800}{10 \times 32\ 472 - 560^2}$$

$$= \frac{38\ 600}{1\ 112} = 34.71$$

$$a = \bar{y} - b\bar{x}$$

$$= \frac{41\ 800}{10} - 34.71 \times \frac{560}{10}$$

$$= 2\ 236.24$$

将 a, b 的值代入直线回归方程式中,则:

$$y_c = a + bx = 2\ 236.24 + 34.71x$$

在本例中,$b = 34.71$ 千克的意义是:当良种所占比重提高一个单位即 1% 时,玉米每公顷产量平均增加 34.71 千克。

178

7.3.3　估计标准误差

回归方程的代表性如何,一般是通过估计标准误差指标的计算来加以检验。估计标准误差是用来说明回归方程代表性大小的统计分析指标,其计算原理与标准差基本上相同,计算公式为:

$$S_{yx} = \sqrt{\frac{\sum (y - y_c)^2}{n}}$$

式中　S_{yx}——估计标准误差;

　　　　y——因变量实际值;

　　　　y_c——因变量估计值。

若估计标准误 S_{yx} 大,即实际值与估计值的平均离差大,则估计值 y_c 的代表性就小,反之,若估计标准误 S_{yx} 小,即实际值与估计值的平均离差小,则估计值 y_c 的代表性就大。估计标准误差的大小,说明回归估计的准确程度。

根据上例计算如下(见表 7.6):

表7.6　估计标准误差计算表

良种比重 x/%	平均产量 y/(千克·公顷$^{-1}$)	$y_c =$ $2\ 236 + 34.71x$	$y - y_c$	$(y - y_c)^2$
40	3 500	3 624	−124	15 376
43	3 800	3 728.53	71.47	51 079.6
47	4 000	3 867.37	132.63	1 790.7
50	3 900	3 971.5	−71.50	5 112.2
55	4 000	4 145.05	−145.05	21 039.5
57	4 400	4 214.47	185.53	34 421.3
60	4 300	4 318.6	−18.3	345.9
66	4 600	4 526.86	73.7	5 349.4
70	4 500	4 665.7	−165.7	27 456.49
72	4 800	4 735.12	64.88	4 209.4

由表7.6得，$\sum (y - y_c) = 0$，$\sum (y - y_c)^2 = 136\ 008.854\ 4$

$$S_{yx} = \sqrt{\frac{\sum (y - y_c)^2}{n}}$$

$$= \sqrt{\frac{136\ 008.854\ 4}{10}}\ 千克$$

$$= 369\ 千克$$

本例计算结果表明：实际每公顷产量和估计产量平均相差369千克。

当实际观察值很多且数值较大时，根据上述公式计算估计标准误差十分麻烦，若改用以下简化式则省事得多。

$$S_{yx} = \sqrt{\frac{\sum y^2 - a \sum y - b \sum xy}{n}}$$

兹证明如下：

已知回归直线方程及其标准方程组为：

$$y = a + bx$$

$$\begin{cases} \sum y = na + b \sum x \\ \sum xy = a \sum x + b \sum x^2 \end{cases}$$

179

$$\sum (y - y_c)^2 = \sum (y - a - bx)^2$$

$$= \sum y^2 + na^2 + b^2 \sum x^2 + 2ab \sum x - 2a \sum y - 2b \sum xy$$

$$= \sum y^2 + a\left(na + b \sum x\right) + b\left(a \sum x + b \sum x^2\right) - 2a \sum y$$

$$- 2b \sum xy$$

$$= \sum y^2 + a \sum y + b \sum xy - 2a \sum y - 2b \sum xy$$

$$= \sum y^2 - a \sum y - b \sum xy$$

所以　　$$S_{xy} = \sqrt{\dfrac{\sum y^2 - a \sum y - b \sum xy}{n}}$$

7.3.4　估计标准误差和相关系数的关系

估计标准误差还是分析回归误差的一个重要尺度,它和相关系数也有密切联系。

首先,认识一个基本的关系:变量值 y 与其平均值 $\bar{y}$ 的总离差,等于 y 与回归线上相应 y_c 的离差以及 y_c 与 $\bar{y}$ 离差的总和,如图 7.3 所示。

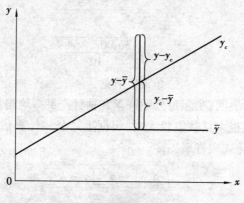

图 7.3

很容易写出如下关系式

$$y - \bar{y} = (y - y_c) + (y_c - \bar{y})$$
$$\underset{\text{总误差}}{} \quad \underset{\text{估计误差}}{} \quad \underset{\text{回归误差}}{}$$

式中 $(y - \bar{y})$ 称为总误差,可以认为是每个具体的 y 值与平均值 $\bar{y}$ 之间的误差。$(y_c - \bar{y})$ 称为回归误差,表明这一部分的误差和 x 有关,是可以由 x 得到解释和说明的,也就是说,它可以认为是扣除了回归直线配合于观察值时,产生的误差量。所以,它也称为可解释误差。$y - y_c$ 称为估计误差,它是配合回归直线后残留的误差量,属于不被解释的误差,也称剩余误差,意即它是由 x 以外的不能控制或掌握的因素而引起的偶然性差异。

对 y 的每一个具体值均可照上述方法分解。这里估计误差最小值为 0,即 $y - y_c = 0$,所有 y 点都落在 y_c 线上。意味着 $y_c = y$,则 $y - \bar{y} = y_c - \bar{y}$,即总误差等于回归误差,整个误差量都可以由 x 得到解释,无疑这就是 x 与 y 完全的相关关系,即函数关系。估计误差最大等于总误差,这时 y_c 与 $\bar{y}$ 重叠,$y - y_c = y - \bar{y}$。不难发现这是 x 与 y 无相关的表现。在这种场合,整个误差量都与 x 无关,不能由 x 得到任何解释或说明。

因此,以 $(y - \bar{y})$ 为基准来评价 $(y - y_c)$ 是合适的,这一评价可用下列关系式表示:

$$\underbrace{\sum (y - \bar{y})^2}_{\text{总平方和}} = \underbrace{\sum (y - y_c)^2}_{\text{估计平方和}} + \underbrace{\sum (y_c - \bar{y})^2}_{\text{回归平方和}}$$

两边同除以总平方和 $\sum (y - \bar{y})^2$ 得:

$$\frac{\sum (y - y_c)^2}{\sum (y - \bar{y})^2} + \frac{\sum (y_c - \bar{y})^2}{\sum (y - \bar{y})^2} = 1$$

左边第一项说明估计误差占总误差的百分比,第二项说明回归误差占总误差的百分比,后一部分比例愈大则总误差中由回归方程来解释的部分也愈大,估计误差也就相对小了,这一比例称为决定系数。决定系数和相关系数具有相同的意义。决定系数接近于 1,说明所有相关点都接近于回归直线,相关程度就很高,当决定系数等于 1 时,相关点就都落在回归直线上,即为完全线性相关。

可以证明:

$$\frac{\sum (y - y_c)^2}{\sum (y - \bar{y})^2} = \frac{S_{yx}^2}{\sigma_y^2}$$

$$\frac{\sum (y_c - \bar{y})^2}{\sum (y - \bar{y})^2} = r^2$$

由于

$$b = \frac{\sum (x - \bar{x})(y - \bar{y})}{\sum (x - \bar{x})^2}$$

则有

$$\frac{\sum (y_c - \bar{y})^2}{\sum (y - \bar{y})^2} = \frac{b^2 \sum (x - \bar{x})^2}{\sum (y - \bar{y})^2}$$

$$= \left[\frac{\sum (x - \bar{x})(y - \bar{y})}{\sum (x - \bar{x})^2} \right]^2 \frac{\sum (x - \bar{x})^2}{\sum (y - \bar{y})^2}$$

$$= \left[\frac{\sum (x - \bar{x})(y - \bar{y})}{\sqrt{\sum (x - \bar{x})^2 \sum (y - \bar{y})^2}} \right]^2 = r^2$$

这样,估计标准误差和相关系数就建立了联系,即:

$$\frac{S_{yx}^2}{\sigma_y^2} + r^2 = 1$$

$$S_{yx}^2 = \sigma_y^2 (1 - r^2)$$

$$S_{yx} = \sigma_y \sqrt{1 - r^2}$$

或

$$r^2 = 1 - \frac{S_{yx}^2}{\sigma_y^2}$$

$$r = \sqrt{1 - \frac{S_{yx}^2}{\sigma_y^2}}$$

7.3.5 多元线性回归模型

涉及两个或两个以上自变量的线性回归分析,习惯上称为多元线性回归分析。它是简单线性回归分析的扩充,用来解释因变量和两个或两个以上自变量间的相互关系。其计算原理完全相同,只不过在具体计算方法上稍为复杂化。

若以 y 代表因变量,$x_1, x_2, \cdots, x_k$ 代表自变量,则在因变量 y 与 k 个自变量间的多元线性回归方程的基本模型可以写为:

$$y_c = a + b_1 x_1 + b_2 x_2 + \cdots + b_k x_k$$

式中 y_c 是回归估计值,$a, b_1, b_2, \cdots, b_k$ 为回归方程的待定系数。

利用高等数学知识可以求出这些待定系数。参数值代入方程后,就可进行估计和预测了。

本章小结:

1. 现象之间的数量关系存在着两种不同的类型:一种是函数关系;一种是相关关系。相关分析和回归分析是常用的基本统计分析方法。

2. 相关分析可以解决客观事物之间是否具有相关性,以及相关的表现形式和相互联系的紧密程度问题。完全相关、不完全相关、正相关、负相关、单相关、复相关是相关分析中的一些重要概念。

3. 回归分析是在相关分析的基础上,对变量之间的相互关系形式做进一步的研究,力求用一个数学模型来表达它们之间的相互关系。这个数学模型就是回归方程。

4. 最小二乘法是求解线性回归方程中回归系数的基本方法。

5. 回归分析中,总误差可分为估计误差和回归误差。回归误差越大,则总误差中由回归方程来解释的部分也越大,估计误差也就越小,这一比例称为决定系数。决定系数越接近于1,相关程度就越高,当等于1时为完全相关。

6. 多元线性回归与一元线性回归的原理相同。

关键词:

函数关系、相关关系、完全相关、不完全相关、正相关、负相关、单相关、复相关、回归分析、回归系数、最小二乘法、线性回归、估计标准误差、多元回归。

练习题

一、名词解释

相关关系	单相关
复相关	线性相关
相关表	相关图
相关系数	相关分析
回归分析	估计标准误差
完全相关	不完全相关
正相关	负相关

棋盘式表

二、简答

1. 相关系数 r 的意义是什么? 怎样利用相关系数 r 来判别现象的相关关系?

2. 回归分析和相关分析的区别和联系是什么?

3. 拟合回归方程 $y_c = a + bx$ 有什么要求? 回归方程中参数 a,b 的经济含义是什么?

4. 回归系数 b 与相关系数 r 的关系是什么?

5. 根据同一资料计算所得的相关系数和回归系数是同号还是反号？为什么？

6. 什么是回归估计标准误差？它有什么作用？它与前面所讲的标准差有什么不同？

7. 为什么相关分析用函数表达式？

8. 相关关系与函数关系有什么不同？试举例说明。

9. 回归分析中，因变量的实际值 y 与其平均数 $\bar{y}$ 之间的离差，是由于什么样的原因引起的？

10. 怎样绘制相关表和相关图？它们各有什么作用？

三、业务题

1. 如工人月工资（元）依劳动生产率（千元）变化的回归方程为 $y = 50 + 80x$，下列判断是否正确？

（1）劳动生产率为 1 000 元时，工资为 130 元；

（2）劳动生产率提高 1 000 元，则工资提高 80 元；

（3）劳动生产率提高 1 000 元，则工资提高 130 元；

（4）当月工资为 210 元时，劳动生产率为 2 000 元。

2. 试据下列资料完成如下要求。

企业序号	生产性固定资产价值/万元	总产值/万元	企业序号	生产性固定资产价值/万元	总产值/万元
1	318	524	6	502	928
2	910	1 019	7	314	605
3	200	638	8	1 210	1 516
4	409	815	9	1 022	1 219
5	415	913	10	1 225	1 624

（1）编制简单相关表；

（2）说明两变量之间的相关方向；

（3）编制直线回归方程；

（4）指出方程参数的经济意义；

（5）计算估计标准误差；

（6）估计生产性固定资产（自变量）为 1 100 万元时总产值（因变量）的可能值。

3. 5 位同学统计学的学习时间与成绩如下表：

学习时数 x/小时	学习成绩 y/分
4	40
6	60
7	50
10	70
13	90

要求：

(1)编制直线回归方程；

(2)计算估计标准误差；

(3)对学习成绩的方差进行分解分析,指出总误差平方和中有多少比重可由回归方程来解释；

(4)由此计算出学习时数与学习成绩之间的相关系数。

4.某企业某种产品产量与单位成本资料如下表：

根据表中资料：

(1)建立回归方程；

(2)当产量增加100件时,单位成本是怎样变动的?

(3)如果产量增长到40 000件时,单位成本是多少?

产量/千件	单位成本/千元
5	10
8	9.5
9	9.4
13	9.0
20	8.8
30	8.5

5.假定某种工业产品产量与A种原料消耗量的统计资料如下表：

产品产量/万件	A 种原料消耗量/t
5	6
10	10
15	10
20	13
30	16
40	17
50	19
60	23
70	25
90	29
120	46

根据表中资料：

（1）建立回归方程；

（2）求出各项回归估计值；

（3）计算回归估计标准误差。

6. 某城市住户抽样调查 100 户，职工平均工资 110 元，标准差系数 20%，平均每户存款 800 元，标准差系数 25%，职工平均工资与银行储蓄存款相关系数为 0.89，根据职工平均工资对银行储蓄存款进行回归估计，问估计标准误差是多少？

第8章 统计预测

8.1 统计预测概述

8.1.1 统计预测的概念和作用

1)统计预测的概念

预测就是根据过去和现在估计未来,预测未来。统计预测属于预测方法研究范畴,即如何用科学的统计方法对事物的未来发展进行定量推测,并计算概率置信区间。在这种推测中,不仅有数学计算,而且有直觉判断。统计预测的方法论性质与统计学的方法论性质是一致的。

统计预测方法是一种具有通用性的方法。实际资料是预测的依据,经济理论是预测的基础,数学模型是预测的手段,它们共同构成统计预测的 3 个要素。统计预测可用于人类活动各个领域中的实质性预测。例如,用于预测经济的未来是经济预测,用于预测人类社会的未来是社会预测等。明确统计预测和各种实质性预测之间的联系和区别是十分重要的。下面以统计预测和经济预测为例,说明两者的联系和区别。

两者的主要联系是:

①它们都以经济现象的数值作为其研究对象。

②它们都直接或间接地为宏观和微观的市场预测、管理决策、制定政策和检查政策等提供信息。

③统计预测为经济定量预测提供所需的统计方法。实践证明,如果没有科

学的统计预测方法,经济定量预测就难以取得迅速的发展和较准确的结果。同时,统计预测也对经济预测结果的准确性进行研究,以便使预测方法得到不断的完善。

两者的主要区别是:

①从研究的角度来看,统计预测和经济预测都以经济现象的数值作为其研究对象,但着眼点不同。前者属于方法论研究,其研究的结果表现为预测方法的完善程度;后者则是对实际经济现象进行预测,是一种实质性预测,其结果表现为对某种经济现象的未来发展做出判断。

②从研究的领域来看,经济预测是研究经济领域中的问题,而统计预测则被广泛地应用于人类活动的各个领域。

2)统计预测的作用

在市场经济条件下,预测的作用是通过各个企业或行业内部的行动计划和决策来实现的。预测、决策和行动计划之间的关系在于:①预测在决策之前,行动计划在决策之后;②预测为决策提供依据,是决策科学化的前提;而正确的决策又给合理的预测提供实现机会;③行动计划是预测、决策之后的产物,又是预测、决策实现的桥梁;④预测人员是情报和信息的生产者,而决策人员和计划人员则是情报和信息的消费者。

统计预测作用的大小取决于预测结果所产生的效益的多少。影响预测作用大小的因素是多种多样的,主要有以下3方面。

①预测费用的高低。预测费用包括设计预测程序费用、资料搜集和整理等调查费用、资料使用费用和计算费用以及研究人员的劳务费用等。显而易见,费用的高低直接影响了预测结果效益的好坏。

②预测方法的复杂程度。它与预测费用的高低有着密切的联系,如方法简单易懂,则费用就低;反之,方法复杂难用,费用就高。

③预测结果的精确程度。在通常情况下,准确性高的预测比准确性低的预测作用更大一些。也就是说,花费更多的时间和金钱有可能得到一个较好的预测结果。但是,是否值得花这部分额外的代价去取得额外的精确性是需要考虑的。虽然有办法去评估所提高的精度的价值,但在一种特殊的方法被做出之前,要想了解它究竟能在多大程度上提高预测精度是困难的。同时,还要注意到提高精度的好处常在于减少风险,而不是降低费用。

由此可见,预测费用的高低、预测方法的复杂程度以及预测结果的精度是影响预测作用的三大主要因素。

就统计预测方法而言,最基本的作用在于把历史资料中同时并存的基本轨迹和误差分开,以研究其形态的变化。把轨迹分离出来的办法就是对资料拟合某种模型,使模型尽可能准确而全面地反映出有规律的轨迹。误差又称为残差或剩余项,残差必须呈现某种随机性。研究残差的随机性是统计预测的一项重要内容。

8.1.2 统计预测方法的分类与选择

1)统计预测方法的分类

按预测方法的性质,大致上可分为定性预测法、回归预测法和时间序列预测法3类。

(1)定性预测法

它是以逻辑判断为主的预测方法。这一类方法主要是通过预测者所掌握的信息和情报,并结合各种因素对事物的发展前景做出判断,并把这种判断定量化。它普遍适用于对缺乏历史统计资料的事件进行预测,或对趋势转折进行预测。具体方法有德尔菲法、主观概率法、领先指标法、厂长(经理)评判意见法、推销人员估计法、相互影响分析和情景预测法等。

(2)回归预测法

回归分析是研究变量与变量之间相互关系的一种数理统计方法,应用回归分析可以从一个或几个自变量的值去预测因变量将取得的值。回归预测中的因变量和自变量在时间上是并进关系,即因变量的预测值要由并进的自变量的值来旁推。这一类方法不仅考虑了时间因素,而且考虑了变量之间的因果关系。具体方法有一元线性回归预测法、多元线性回归预测法、非线性回归预测法等。

(3)时间序列预测法

它是一种考虑变量随时间发展变化规律并用该变量以往的统计资料建立数学模型做外推的预测方法。由于时间序列预测法所需要的只是序列本身的历史数据,因此,这一类方法应用得非常广泛。具体方法有时间序列分解分析法、移动平均法、指数平滑法、趋势外推法、自适应过滤法、博克斯—詹金斯法、灰色预测法、状态空间模型和卡尔漫滤波等。

现代预测方法的发展往往是各种方法交叉运用、相互渗透,很难做出截然的划分。因此,对上述的分类不能绝对化。例如,回归预测法和时间序列预测法的共同特点都是偏重于统计资料,以便建立数学模型进行预测。习惯上把以数学模型为主的预测方法称为定量预测法,因此,统计预测方法又可归纳成定性预测法和定量预测法两类。

按预测的时间长短可分为近期预测、短期预测、中期预测和长期预测。一般来讲,近期预测是指 1 个月以内的预测,短期预测是指 1~3 个月的预测,中期预测是指 3 个月到 2 年的预测,2 年以上的预测称为长期预测。对未来预测的时间越长,预测误差就越大。

按预测是否重复可分为一次性预测和反复预测。在根据某种预测模型进行外推预测时,有的模型可一次算出所需的远近任何时期的预测值,则称为一次性预测,如回归预测法和时间序列趋势外推预测法等。而另外一些模型每次只能预测一期,则称为反复预测,如指数平滑法、自适应过滤法等。

2)统计预测方法的选择

在选择预测方法时,应考虑三个主要的问题:即合适性、费用和精确性。任何一种预测方法都是建立在一定的假定条件之上的,而任何一种假定条件都无法囊括现实世界中错综复杂的关系,因此,必须考虑方法的适用条件。也就是说,一个合适的方法不仅要适合于影响被预测项目的因素,而且也应适合于预测的环境和条件。例如,一种适合于一次性预测的方法可能不适合于库存量控制的预测。在精确性和费用问题上,要权衡两者的轻重,要依靠自己的判断能力去断定应该用多大的力量,从而决定使用哪一种方法。

表 8.1 概括了各种预测方法的特点,以供事前选择之用。

表 8.1 各种预测方法的特点

方 法	时间范围	适用情况	计算机硬件最低要求	应做工作
定性预测法	短、中、长期	对缺乏历史统计资料或趋势而对转折的事件进行预测	计算器	需做大量的调查研究工作
一元线性回归预测法	短、中期	自变量与因变量两个变量之间存在线性关系	计算器	为两个变量收集历史数据,此项工作是此预测中最费时间的事情
多元线性回归预测法	短、中期	因变量与两个或两个以上自变量之间存在线性关系	在两个自变量情况下,可用计算器,多于两个自变量的情况用计算机	为所有变量收集历史数据是此项预测最费时间的部分

方 法	时间范围	适用情况	计算机硬件最低要求	应做工作
非线性回归预测法	短、中期	因变量与一个自变量或多个其他自变量之间存在某种非线性关系	在两个变量情况下可用计算器,多于两个变量的情况下用计算机	必须收集历史数据,并用几个非线性模型试验
趋势外推法	中期到长期	当被预测项目的有关变量用时间表示时,用非线性回归	与非线性回归预测法相同	只需要因变量的历史资料,但用趋势图做试探时很费时间
分解分析法	短期	适用于一次性的短期预测或在使用其他预测方法前消除季节变动的因素	计算器	只需要序列的历史资料
移动平均法	短期	不带季节变动的反复预测	计算器	只需要因变量的历史资料,但初次选择数时很费时间
指数平滑法	短期	具有或不具有季节变动的反复预测	在用计算机建立模型后进行预测时,只需计算器就行了	只需因变量的历史资料,是一切反复预测中最简易的方法,但建立模型所费的时间与自适应过滤法不相上下
自适应过滤法	短期	适用于趋势形态的性质随时间而变化,而且没有季节变动的反复预测	计算机	只需因变量的历史资料,但制订并检查模型规格很费时间
博克斯—詹金斯法	短期	适用于任何序列的发展形态的一种高级预测方法	计算机	计算过程复杂、繁琐
景气预测法	短、中期	适用于时序趋势延续及转折预测	计算机	收集大量历史资料和数据并需大量计算

191

续表

方　法	时间范围	适用情况	计算机硬件 最低要求	应做工作
灰色预测法	短、中期	适用于时序的发展 呈指数型趋势	计算机	收集对象的历史 数据
状态空间模型 和卡尔曼滤波	短、中期	适用于各类时序的 预测	计算机	收集对象的历史数据 并建立状态空间模型

8.1.3　统计预测的原则和步骤

1）统计预测的原则

在统计预测中的定量预测要使用模型外推法。使用这种方法有两条重要的原则。

（1）连贯原则

所谓连贯原则,是指事物的发展是按一定规律进行的,在其发展过程中,这种规律贯彻始终,不应受到破坏,它的未来发展与其过去和现在的发展没有什么根本的不同。

（2）类推原则

所谓类推原则,是指事物必须有某种结构,其升降起伏变动不是杂乱无章的,而是有规律可循的。事物变动的这种规律性可用数学方法加以模拟,根据所测定的模型,类比现在,预测未来。

由以上两条原则可知,统计资料的稳定结构是应用统计预测的必要条件。在准备使用统计方法进行预测时,必须对所占有的大量统计资料进行认真的审核,查明有无可用某种模型测定的稳定结构。凡是没有一定结构,或虽有结构但很不稳定,经常出现突然变化的资料,是很难据以进行预测的。

2）统计预测的步骤

一个完整的统计预测研究,一般要经过以下几个步骤:

①确定预测的目的。预测的目的不同,所需的资料和采用的预测方法也有所不同。如对人民群众生活水平,既可从其收入方面来预测,也可从其消费结构方面来预测,还可从物价变动对其生活的影响程度等方面来预测。有了明确的目的,才能据以搜集必要的统计资料和采用合适的统计预测方法。

②搜集和审核资料。准确的统计资料是统计预测的基础。预测之前,必须掌握大量的、全面的、准确有用的数据和情况。为保证统计资料的准确性,还必须对资料进行审核、调整和推算。对审核、调整后的资料,要进行初步分析,画出统计图形,以观察统计数据的性质和分布,作为选择适当预测模型的依据。

③选择预测模型和方法,进行预测。资料审核、调整后,根据资料结构的性质,选择合适的模型和方法来预测。在资料不够完备,精度要求不高时,可采用定性预测法;在掌握的资料比较完备,进行比较精确的预测时,可运用一定的数学模型,如采用回归预测法和时间序列预测法等。

④分析预测误差,改进预测模型。预测误差是预测值与实际观察值之间的离差,其大小与预测准确程度的高低成反比。预测误差虽然不可避免,但若超出了允许范围,就要分析产生误差的原因,以决定是否需要对预测模型和预测方法加以修正。

⑤提出预测报告。即把预测的最终结果编制成文件和报告,向有关部门上报或以一定的形式对外公布,即提供和发布预测信息,供有关部门和企业在决策时参考和应用。

统计预测在具体应用中的完整程度如图8.1所示。

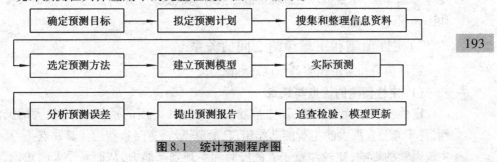

图8.1 统计预测程序图

8.2 定性预测法

8.2.1 定性预测概述

1)定性预测的概念和特点

定性预测是指预测者依靠熟悉业务知识、具有丰富经验和综合分析能力的人员与专家,根据已掌握的历史资料和直观材料,运用个人的经验和分析判断能力,对事物的未来发展做出性质和程度上的判断;然后,再通过一定的形式综合各方面的意见,作为预测未来的主要依据。

定性预测的特点在于:

①着重对事物发展的性质进行预测,主要凭借人的经验以及分析判断能力。它是一种十分实用的统计预测方法,特别是在对预测对象所掌握的历史统计资料不多,或影响因素复杂,难以分清主次,或对主要影响因素难以定量分析等情况下,定性分析方法将是适用性很强的方法。

②着重对事物发展的趋势、方向和重大转折点进行预测。它主要适用于下列情况的预测:国家经济形势的发展、经济政策的演变、市场总体形势的演变(如卖方市场向买方市场的过渡)、科学技术的发展与实际应用、新产品的开发、企业未来的发展方向、企业经营环境分析和战略决策方向、企业市场经营组合的改变等。

定性预测的方法有很多,但从应用的广泛性、实用性和有效性角度来看,主要有德尔菲法、主观概率法、领先指标法、厂长(经理)评判意见法、推销人员估计法和相互影响分析法等。

2)定性预测和定量预测之间的关系

定性预测和定量预测各有优点和缺点

(1)定性预测的优点与缺点

定性预测的优点在于:注重事物发展在性质方面的预测,具有较大的灵活性,易于充分发挥人的主观能动作用,且简单迅速,省时省费用。其缺点是:易受主观因素的影响,比较注重于人的经验和主观判断能力,从而易受人的知识、经验和能力的束缚和限制,尤其是缺乏对事物发展做数量上的精确描述。

(2)定量预测的优点与缺点

定量预测的优点在于:注重事物发展在数量方面的分析,重视对事物发展变化的程度做数量上的描述,更多地依据历史统计资料,较少受主观因素的影响,可以利用电子计算机对统计方法和数学方法做大量的计算处理。其缺点是:比较机械,不易灵活掌握,对信息资料的质量和数量要求较高,而且不易处理有较大波动的信息资料,更难以预测事物质的变化。

定性预测和定量预测并不是相互排斥的,而是相互补充的,在实际预测过程中应该把两者正确地结合起来使用。具体地说,就是在占有比较完备的统计资料的条件下,先用一定的统计方法进行加工处理,找出有关变量之间的规律性的联系,作为预测未来的一个重要依据。但是任何数学方法或统计方法的应用,都是以过去的信息资料为基础来预测未来,如果在预测期内发生了重大变化,出现了新的重大影响因素,如政府或管理部门的政策、方针有重大改变,企业的市场经营战略或市场经营组合有重大改变,市场上出现了强大的竞争对手,或出现了过去的信息资料所没有反映的其他重要情况,则对定量预测方法所得到的结果,还要根据以上新产生的因素加以修正。这就需要依靠熟悉情况和业务的人员和专家,运用定性预测方法,提出修正意见。而在使用定性预测方法的同时,也要尽可能地采用数学方法,对事物发展变化的趋势、方向、程度和转折点出现的时间等做出数量上的测算。可见,在实际统计预测工作中,只有把定性预测方法和定量预测方法正确地结合起来,相互补充、相互检验和修正,才能取得较好的预测效果。

8.2.2 德尔菲法

1)德尔菲法的概念和特点

德尔菲法是根据有专门知识的人的直接经验对研究的问题进行判断、预测的一种方法,也称专家调查法。它是美国兰德公司于1964年首先用于预测领域的。德尔菲是古希腊传说中的神谕之地,城中有座阿波罗神殿可以预卜未来,因而借用其名。德尔菲法一般适用长期预测。

德尔菲法具有以下3个特点:

①反馈性。反馈表现在多次作业、反复、综合、整理、归纳和修正,但不是漫无边际,而是有组织、有步骤地进行。

②匿名性。由于专家是背靠背提出各自的意见,因而可免除心理干扰影响。把专家看成相当于一架电子计算机,脑子里贮存着许多数据资料,通过分析、判断和计算,可以确定比较理想的预测值。

③统计性。对各位专家的估计或预测数进行统计,然后采用平均数或中位数统计出量化结果。

2)德尔菲法的预测程序

德尔菲法的一般预测程度为:

第一步:提出要求,明确预测目标,用书面形式通知被选定的专家、专门人员。为此,选择专家是关键。专家一般指掌握某一特定领域知识和技能的人。人数不宜过多,一般在8~20人为宜。要求每一位专家讲明有什么特别资料可用来分析这些问题以及这些资料的使用方法。同时,也向专家提供有关资料,并请专家提出进一步需要哪些资料。

第二步:专家接到通知后,根据自己的知识和经验,对所预测事物的未来发展趋势提出自己的预测,并说明其依据和理由,书面答复主持预测的单位。

第三步:主持预测的单位或领导小组根据专家的预测意见,加以归纳整理,对不同的预测值,分别说明预测值的依据和理由(根据专家意见,但不注明哪个专家的意见),然后再寄给各位专家,要求专家修改自己原有的预测,以及提出还有什么要求。

第四步:专家等人接到第二次通知后,就各种预测意见及其依据和理由进行分析,再次进行预测,提出自己修改的预测意见及其依据和理由。如此反复往返征询、归纳、修改,直到意见基本一致为止,修改的次数根据需要决定。

3)运用德尔菲法预测时应遵循的原则

①问题要集中,要有针对性,不要过于分散,以便使各个事件能构成一个有机整体。问题要按等级排队,先简单后复杂;先综合后局部,这样易于引起专家回答问题的兴趣。

②调查单位或领导小组的意见不应强加于调查的意见之中,要防止出现诱导现象,避免专家的评价向领导小组靠拢,以至得出迎合领导小组观点的预测结果。如果是这样,其预测的可靠性是值得怀疑的。

③避免组合事件。如果一个事件包括两个方面,一方面是专家同意的,另一方面则是专家不同意的,专家就会难以做出回答。

4)德尔菲法的优缺点

德尔菲法的优点在于:①可以加快预测速度和节约预测费用。②可以获得各种不同但有价值的观点和意见。③适用于长期预测和对新产品的预测,在历史资料不足或不可测因素较多时尤为适用。

德尔菲法的缺点在于:①对于分地区的顾客群或产品的预测可能不可靠。②责任比较分散。③专家的意见有时可能不完整或不切合实际。

5)德尔菲法的应用案例

某商业股份有限公司要向外地购进一批新产品,这种产品在本地还没有销售记录。于是,该公司成立调查领导小组,并聘请业务经理、商品专家和推销员等9位专家,预测全年可能的销售量。首先将产品的样品、特点和用途做详细介绍,并将同类产品的价格和销售情况做介绍,发给书面意见书,让他们提出个人的判断。经过3次反馈,得出结果如表8.2所示。

表8.2　专家意见反馈综合表　　　　　　　　　单位:台

专家编号	第一次判断			第二次判断			第三次判断		
	最低销售量	最可能销售量	最高销售量	最低销售量	最可能销售量	最高销售量	最低销售量	最可能销售量	最高销售量
1	1 000	1 500	1 800	1 200	1 500	1 800	1 100	1 500	1 800
2	400	900	1 200	600	1 000	1 300	800	1 000	1 300
3	800	1 200	1 600	1 000	1 400	1 600	1 000	1 400	1 600
4	1 500	1 800	3 000	1 200	1 500	3 000	1 000	1 200	2 500
5	200	400	700	400	800	1 000	600	1 000	1 200
6	600	1 000	1 500	600	1 000	1 500	600	1 200	1 500
7	500	600	800	500	800	1 000	800	1 000	1 200
8	500	1 000	1 200	700	800	1 200	700	800	1 200
9	800	1 000	1 900	1 000	1 100	2 000	600	800	1 200
平均数	700	1 000	1 500	800	1 100	1 600	800	1 100	1 500

①如果按照9位专家第三次判断的平均值计算,则预测这个新产品的平均销售量为:

$$\frac{800+1\ 100+1\ 500}{3}台=1\ 133\ 台$$

②将最可能销售量、最低销售量和最高销售量分别按0.05,0.20和0.30的概率加权平均,则预测平均销售量为:

$$(1\ 100\times0.50+800\times0.20+1\ 500\times0.30)台=1\ 160\ 台$$

③用中位数计算,可将第三次判断按预测值高低排列如下:

最低销售量	600	700	800	1 000	1 100	
最可能销售量	800	1 000	1 200	1 400	1 500	
最高销售量	1 200	1 300	1 500	1 600	1 800	2 500

中间项的计算公式为$\frac{n+1}{2}$($n=$项数)。

最低销售量的中位数为第三项,即800。

最可能销售量的中位数为第三项,即1 200。

最高销售量的中位数为第三、四项的平均数,即1 550。

将最可能销售量、最低销售量和最高销售量分别按 0.50,0.20 和 0.30 的概率加权平均,则预测平均销售量为:

$$(1\ 200 \times 0.50 + 800 \times 0.20 + 1\ 550 \times 0.30) 台 = 1\ 225\ 台$$

选择使用平均数或中位数的原则是:如果数据分布的偏态比较大,一般使用中位数,以免受个别偏大或偏小的判断值的影响;如果数据分布的偏态比较小,一般使用平均数,以便考虑到每个判断值的影响。按照此原则,此例采用平均数为宜。

8.2.3　主观概率法

1) 主观概率的概念

主观概率是人们对根据某几次经验结果所做的主观判断的量度。简单地说,就是凭经验或预感而估算出来的概率。一般在专家预测时,对于专家最佳推测的实现可能性应用主观概率加以评定。

主观概率与客观概率不同。客观概率是根据事件发展的客观性统计出来的一种概率。例如,根据 50 年的统计资料,某地区每年 7 月、8 月、9 月的雨天数分别为 12～15 天、10～12 天、9～12 天。这样,某地区 7 月份的雨天气候概率为 0.4～0.5,8 月份的雨天气候概率为 0.33～0.4,9 月份的雨天气候概率为 0.3～0.4。这个概率对农业生产的安排、基建工程的开工安排等具有重要作用。雨天太多给工程建设、交通运输等带来不便,因此,很需要了解和掌握各地的雨天或晴天的统计概率。而主观概率是凭人们某一次或几次经验的特定结果所持的个人信念量度。当然,个人主观概率与个人知识水平、工作经验、判断能力等都有密切的关系。例如,某一业务员,根据今年的情况做出主观判断,认为某一商品明年销售增长的速度可能是 8%。主观概率是用数值来表明本人对事件发生的可能程度的判断。主观概率必须符合概率论的基本原理,即:

$$0 < P_i < 1, \sum P_i = 1 \quad (i = 1,2,3,\cdots)$$

由于主观概率是个人的主观判断,反映个人对某事件的信念程度,因此,以下两点应引起注意:

①由于每个人的主观认识能力不同,对同一事件在同一条件下出现的概率,不同的人可能会提出不同的数值。

②对于主观概率是否正确是无法核对的。例如,一个企业管理人员说,明年利润上升的可能性是 90%,另一个说,明年利润上升的可能性只有 60%,这时无法判断谁提出的概率是正确的。如果明年利润果然上升了,也不能证明上升的

概率是 90% 或是 60% 。正因为存在着不同个人的主观概率和无法核对主观概率的准确程度,就有必要寻求合理的或最佳的估计判断,并了解他们提出主观概率的依据。

主观概率与客观概率的差别在于他们反映客观实际的程度不同。这种差别只有相对的意义。事实上,并不能求得绝对反映客观实际的概率数字,即使是根据过去大量的统计资料或实验数据计算出来的数字,也总是有限的、相对的,不可能包括所反映的全部事实。并且,作为计算根据的资料总是过去的资料,而市场的情况时刻刻在发生着变化,过去的资料并不能完全反映现在和将来,只能作为过去的演变规律用以判断未来。事物总是有联系的,但又总会有发展变化。许多统计学家认为,客观概率和主观概率是不确定程度由小到大连续排列的一个连续状态的两个部分。因此,估计主观概率的方法,在统计预测中越来越受到重视。

2)主观概率法的预测步骤及其应用案例

主观概率法是一种适用性很强的统计预测方法,可应用于人类活动的各个领域。现以具体案例来加以说明。

某商业集团公司打算预测 2008 年 11 月份的商品销售额,要求预测误差不得超过 ±6 万元。现用主观概率法进行预测。

(1)准备相关资料

将过去若干年该商业集团公司的商品销售额资料以及当前市场情况等有关资料,汇集整理成供专家参考的背景材料。

(2)编制主观概率调查表

编制主观概率调查表的目的是为了获得可以用来预测 2008 年 11 月份销售额的资料以及得到对未来销售额增长趋势有关看法的主观概率。在调查表中要列出不同销售额可能发生的不同概率。概率要在 0 与 1 之间分出多个层次,如 0.10,0.20,0.30,…,0.99。一般用累积概率。由被调查者填写可能实现的销售额,如表 8.3 所示。

表 8.3 主观概率调查表

被调查人姓名_____ 编号_____

累积概率	0.010 (1)	0.125 (2)	0.250 (3)	0.375 (4)	0.500 (5)	0.625 (6)	0.750 (7)	0.875 (8)	0.990 (9)
商品销售额 /万元									

表 8.3 中第(1)栏累积概率为 0.010 的商品销售额是可能的最小数值,表示小于该数值的可能性只有 1%;第(9)栏累积概率为 0.990 的商品销售额是可能的最大数值,说明商品销售额大于该数值的可能性只有 1%;第(5)栏累积概率为 0.500 的商品销售额是最大值与最小值之间的中间值,说明商品销售额大于和小于该数值的机会都是 50%。

(3)汇总整理

它是按事先准备好的汇总表,请各个调查人填好后,加以汇总,并计算出各栏平均数。此例共调查了 10 人。表 8.4 为主观概率汇总表。

表 8.4　主观概率汇总表

被调查人编 号	累计概率								
	0.010 (1)	0.125 (2)	0.250 (3)	0.375 (4)	0.500 (5)	0.625 (6)	0.750 (7)	0.875 (8)	0.990 (9)
	商品销售额/万元								
1	190	193	194	198	200	202	204	205	208
2	178	189	192	194	198	200	204	205	225
3	184	189	192	193	202	204	206	208	220
4	194	195	196	197	198	199	200	201	202
5	198	199	200	202	205	208	210	212	216
6	168	179	180	184	190	192	194	196	198
7	194	198	200	206	208	212	216	219	224
8	180	185	186	189	192	195	198	200	205
9	188	189	190	191	192	193	194	195	196
10	200	202	202	205	207	209	212	213	220
平均数	187.4	191.8	193.2	195.9	199.2	201.4	203.8	205.4	211.4

4)判断预测

根据表 8.4,可以做出如下判断:

①该集团公司 2008 年 11 月份的商品销售额最低可达 187.4 万元,小于这个数值的可能性很小,只有 1%。

②该集团公司 2008 年 11 月份的商品销售额最高可达 211.4 万元,超过这个数值的可能性也只有 1%。

③可以用199.2万元作为2008年11月份该集团公司商品销售额的预测值。这是最大值与最小值之间的中间值,其累积概率为50%,是商品销售额期望值的估计数。

④取预测误差为6万元,则预测区间为:199.2±6万元,即商品销售额的预测值在193.2~205.2万元之间。

⑤193.2~205.2,在第(3)栏到第(8)栏的范围之内,其发生概率相当于0.875-0.25=0.625。也就是说,商品销售额在193.2~205.2万元的可能性为62.5%。扩大预测误差的范围,可以提高实现的可能性。例如,要求误差在±12万元以内,则预测区间为187.2~211.2万元,它在第(1)栏到第(9)栏的范围之内,其相应概率为0.990-0.010=0.98,即商品销售额在187.2~211.2万元之间的可能性达到98%。

8.3 一元线性回归预测法

一元线性回归预测法是指成对的两个变量数据分布大体上呈直线趋势时,采用适当的计算方法,找到两者之间特定的经验公式,即一元线性回归模型,然后根据自变量的变化,来预测因变量发展变化的方法。

8.3.1 建立模型

一元线性回归模型可表述为:

$$y_i = b_0 + b_1 x_i + u_i \tag{8.1}$$

式中,b_0,b_1是未知参数;u_i为剩余残差项或称随机扰动项,引进随机扰动项u_i是为了包括对因变量y_i的变化有影响的所有其他因素。

在运用回归预测法时,要求满足一定的假定条件,其中最重要的是关于u_i须具有5个特性:①u_i是一个随机变量;②u_i的平均值为零,即$E(u_i)=0$;③在每一个时期中,u_i的方差为一常量,即$D(u_i)=\sigma_u^2$;④各个u_i间相互独立;(5)u_i与自变量x_i不相关。

8.3.2 估计参数

要将一元线性回归模型用于预测,就需要估计出b_0,b_1这两个未知参数,建

立以下的一元线性回归预测式:

$$\hat{y}_i = b_0 + b_1 x_i \qquad (8.2)$$

一个好的估计量应满足一致性、无偏性和有效性的要求。

线性回归模型参数的估计方法通常有两种,即普通最小二乘法和极大似然估计法。最常用的是普通最小二乘法。

最小二乘法的意义在于使

$$\sum_{i=1}^{n} u_i^2 = \sum_{i=1}^{n} (y_i - \hat{y}_i)^2 = \sum_{i=1}^{n} (y_i - b_0 - b_1 x_i)^2 \qquad (8.3)$$

达到最小。

8.3 式中,y_i 是实际值,而 $\hat{y}_i$ 是理论值或称估计值。

根据数学分析中的求极值原理,要使 $\sum_{i=1}^{n} u_i^2$ 为最小,只需在 8.3 式中分别对 b_0,b_1 求偏导数,并令其等于零。

求得的 b_0 和 b_1 的两个公式为:

$$b_1 = \frac{\sum (x - \bar{x})(y - \bar{y})}{\sum (x - \bar{x})^2} \qquad (8.4)$$

$$b_0 = \bar{y} - b_1 \bar{x} \qquad (8.5)$$

例如,某饮料公司发现,饮料的销售量与气温之间存在着相关关系,即气温越高,人们对饮料的需求量就越大(见表 8.5)。表 8.5 的第(2)栏和第(3)栏列出了饮料销售量和气温的观察值。该数据是某饮料公司通过实际记录所得到的。

根据表 8.5 的数据,可求得:

$$b_1 = \frac{9\ 855}{1\ 012} \text{箱} = 9.74 \text{箱}$$

$$b_0 = \bar{y} - b_1 \bar{x} = (380 - 9.74 \times 27) \text{箱} = 117 \text{箱}$$

现在,可以用回归模型来预测了。如果预测计明天的气温是 35 ℃,则饮料销售量的期望值为:

$$\hat{y} = b_0 + b_1 x = (117 + 9.74x) \text{箱} = (117 + 9.74 \times 35) \text{箱} = 458 \text{箱}$$

8.3.3 进行检验

1) 标准误差

标准误差是回归直线即估计值与因变量值间的平均平方误差。

表 8.5　饮料销售量的回归分析表

时期 (1)	销售量 /箱 (2)	气温/度 (3)	$(x-\bar{x})(y-\bar{y})$ (4)	$(x-\bar{x})^2$ (5)	$(y-\bar{y})^2$ (6)	$\hat{y}$ (7)	$(y-\hat{y})^2$ (8)
1	430	30	150	9	2 500	409	441
2	335	21	270	36	2 025	322	169
3	520	35	1 120	64	19 600	458	3 844
4	490	42	1 650	225	12 100	526	1 296
5	470	37	900	100	8 100	477	49
6	210	20	1 190	49	28 900	312	10 404
7	195	8	3 515	361	34 225	195	0
8	270	17	1 100	100	12 100	283	169
9	400	35	160	64	400	458	3 364
10	480	25	−200	4	10 000	361	14 161
总和	3 800	270	9 855	1 012	129 950		33 897
总和/n	380	27	985.5	101.2	12 995		
符号	$\bar{y}$	$\bar{x}$	σ_{xy}	σ_x^2	σ_y^2		

其计算公式为:

$$SE = \sqrt{\frac{\sum (y-\hat{y})^2}{n-2}} \tag{8.6}$$

根据表 8.5 的数据,求得标准误差为:

$$SE = \sqrt{\frac{\sum (y-\hat{y})^2}{n-2}} = \sqrt{\frac{33\ 897}{10-2}}\ 箱 = 65\ 箱$$

2) 可决系数

可决系数是衡量因变量与自变量关系密切程度的指标,它取值于 0 与 1 之间,并取决于回归模型能解释的 y 的方差的百分比。可决系数 R^2 的公式为:

$$R^2 = 1 - \frac{\sum (y-\hat{y})^2}{\sum (y-\bar{y})^2} \tag{8.7}$$

8.7 式的可决系数量用 1 减去 y 对回归直线的方差(未解释离差)与 y 的总方差的比值。

上例饮料问题的可决系数为:

$$R^2 = 1 - \frac{\sum (y - \hat{y})^2}{\sum (y - \bar{y})^2} = 1 - \frac{33\,897}{129\,950} = 0.74$$

计算结果表明,气温因素变化占饮料销售量变动的74%。在预测实践中,R^2 常用于模型的比较,人们往往采纳 R^2 最高的模型,这是因为 R^2 高,就意味着该模型把 y 的变动解释得好。

实际上,有一个更为简捷的可决系数的计算公式,计算结果同上式相同。其计算公式为:

$$R^2 = \left[\frac{\sum (x - \bar{x})(y - \bar{y})}{\sqrt{\sum (x - \bar{x})^2} \cdot \sqrt{\sum (y - \bar{y})^2}} \right]^2 \tag{8.8}$$

3)相关系数

相关系数是另一个被广泛用来测定拟合优度的指标。它的计算公式为:

$$r = \frac{\sum (x - \bar{x})(y - \bar{y})}{\sqrt{\sum (x - \bar{x})^2} \sqrt{\sum (y - \bar{y})^2}} \tag{8.9}$$

饮料销售量与气温的相关系数为:

$$r = \frac{9\,855}{\sqrt{1\,012} \times \sqrt{129\,950}} = 0.86$$

由公式可知,可决系数只是相关系数的平方,但这两种度量方法提供了相互补充的信息。相关系数与可决系数的主要区别在于:相关系数有正负。正相关系数意味着因变量与自变量以相同的方向增减。如果直线从左至右上升,则相关系数为正;如果直线从左至右下降,则相关系数为负。尽管相关系数的意义不如可决系数那样明显,但也有类似的意义。相关系数越接近 $+1$ 或 -1,因变量与自变量的拟合程度就越好。

4)回归系数显著性检查

在求出回归系数后,需进行回归系数的显著性检验。回归系数的显著性检验是用 t 参数检验的:

$$t_b = \frac{b}{S_b} \tag{8.10}$$

式中,$S_b = SE / \sqrt{\sum (x - \bar{x})^2}$,$t$ 服从自由度为 $n - 2$ 的 t 分布,取显著性水平 α,如果 $|t_b| > t_\alpha$,则回归系数 b 显著。

利用表8.5的数据,可以计算出:

$$S_b = \frac{65}{31.81} = 2.05$$

$$t_b = \frac{9.74}{2.05} = 4.75$$

取 $\alpha = 0.05$，查表（附表二）得 $t_{0.05}(8) = 2.306$，显然 $t_b > t_{0.05}(8) = 2.306$，因此，回归系数 b 显著。

5) F 检验

将总离差 $\sum (y - \bar{y})^2$ 分解，可以分解为回归偏差和剩余残差两部分，即：

$$\sum (y - \bar{y})^2 = \sum (\hat{y} - \bar{y})^2 + \sum (y - \hat{y})^2 \tag{8.11}$$

自由度 $n - 1$ 也可以分解为两部分，即回归自由度 1 和残差自由度 $n - 2$。将回归偏差和剩余残差各自除以它们的自由度后加以比较，便可得到检验统计量 F，即：

$$F = \frac{\sum (\hat{y} - \bar{y})^2 / 1}{\sum (y - \hat{y})^2 / (n - 2)} \tag{8.12}$$

F 服从 $F(1, n - 2)$ 分布，取显著性水平 α，如果 $F > F_\alpha(1, n - 2)$，则表明回归模型显著；如果 $F < F_\alpha(1, n - 2)$，则表明回归模型不显著，回归模型不能用于预测。利用表8.5 的数据，可以计算出：

$$\sum (\hat{y} - \bar{y})^2 = \sum (y - \bar{y})^2 - \sum (y - \hat{y})^2$$
$$= 129\ 950 - 33\ 897$$
$$= 96\ 053$$

$$F = \frac{96\ 053 / 1}{33\ 897 / 8} = 22.67$$

取显著性水平 $\alpha = 0.05$，查表（附表三）得 $F_{0.05}(1, 8) = 5.32$，因 $F > F_{0.05}(1, 8)$，方程通过 F 检验。

6) 德宾—沃森统计量（D-W）

如前所述，回归模型的剩余项 u_i 之间应该是相互独立的。也就是说，各个 u_i 之间不存在自相关问题。如果存在自相关问题，那么用回归模型进行预测就要失真。德宾—沃森统计量（D-W）是检验模型是否存在自相关的一种有效方法，其公式为：

$$D\text{-}W = \frac{\sum_{i=2}^{n}(u_i - u_{i-1})^2}{\sum_{i=1}^{n} u_i^2} \tag{8.13}$$

式中　$u_i = y_i - \hat{y}_i$

把上式计算的 $D\text{-}W$ 值,与德宾—沃森给出的不同显著性水平 α 的 $D\text{-}W$ 值之上限 d_U 和下限 d_L(它们与样本容量 n 和自变量个数 m 有关)进行比较,$D\text{-}W$ 的取值域在 0~4 之间。

在 $D\text{-}W$ 小于等于 2 时,$D\text{-}W$ 检验法则规定:

如 $D\text{-}W < d_L$,认为 u_i 存在正自相关;

如 $D\text{-}W > d_U$,认为 u_i 无自相关;

如 $d_L < D\text{-}W < d_U$,不能确定 u_i 是否有自相关。

在 $D\text{-}W$ 大于 2 时,$D\text{-}W$ 检验法则规定:

如 $4 - D\text{-}W < d_L$,认为 u_i 存在负自相关;

如 $4 - D\text{-}W > d_U$,认为 u_i 无自相关;

如 $d_L < 4 - D\text{-}W < d_U$,不能确定 u_i 是否有自相关。

由图 8.2 可看出,$D\text{-}W$ 值等于 2 时为最好。根据经验,$D\text{-}W$ 统计量在 1.5~2.5 之间进表示没有显著自相关问题。

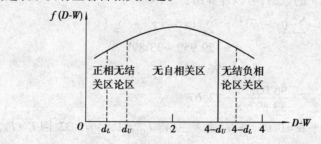

图 8.2　$D\text{-}W$ 统计量的范围与有无序列相关的范围关系图

下面利用表 8.5 中的 y 和 $\hat{y}$ 数据,计算表 8.6 中饮料销售量的 $D\text{-}W$ 统计量。

$$D\text{-}W = \sum_{i=2}^{n}(u_i - u_{i-1})^2 / \sum_{i=1}^{n} u_i^2 = \frac{65\,862}{33\,897} = 1.94$$

表8.6 *D-W* 统计量计算表

i	y_i	$\hat{y}_i$	$y_i - \hat{y}_i$	$[(y_i - \hat{y}_i) - (y_{i-1} - \hat{y}_{i-1})]^2$	$(y_i - \hat{y}_i)^2$
1	430	409	21	—	441
2	335	322	13	64	169
3	520	458	62	2 401	3 844
4	490	526	− 36	9 604	1 296
5	470	477	− 7	841	49
6	210	312	− 102	9 025	10 404
7	195	195	0	10 404	0
8	270	283	− 13	169	169
9	400	458	− 58	2 025	3 364
10	480	361	119	31 329	14 161
总和	—	—	—	65 862	33 879

计算结果表明,本例不存在自相关问题。如果检验结果发现有自相关问题,就必须对数据进行调整。例如,运用以下变量能对饮料销售量进行新的回归分析:y 为本期饮料销售量相对上一期的增量;x 为本期气温相对上一期的增量。

如果调整之后仍存在自相关问题,就有必要用非线性回归法或用时间序列法来进行模拟分析。

8.3.4 进行预测

在预测时,需给出一个在一定概率保证程度下的预测置信区间。

在小样本情形下,近似的置信区间的常用公式为:

$$置信区间 = \hat{y} \pm tSE \qquad (8.14)$$

如果要使每一个特定的 y 值落在该 y 的置信区间内的概率为 90%,则上式为:

$$置信区间 = \hat{y} \pm t_{0.10}SE \qquad (8.15)$$

其中,$t_{0.10}$ 为 t 统计量表(附表二)中的数值,此例有 8 个自由度,落在区间外的概率为 10%。这样,饮料销售量的近似置信区间范围为:

$$(\hat{y} \pm 1.860 \times 65)箱 = (\hat{y} \pm 121)箱$$

从而,饮料销售量落在回归线 ±121 箱的范围内的概率近似等于 0.90。在气温 35 ℃时,饮料销售量落在 337～579 箱的概率为 0.90。

在小样本情形下,更为精确的置信区间的计算公式为:

$$置信区间 = \hat{y} \pm t_{0.10}SE\sqrt{1 + \frac{1}{n} + \frac{(x_0 - \bar{x})^2}{\sum(x - \bar{x})^2}} \tag{8.16}$$

其中,x_0 为用于预测 y 的 x 值。当气温为 35 ℃时,更为精确的概率为 0.90 的置信区间为:

$$\left(458 \pm 1.860 \times 65 \times \sqrt{1 + \frac{1}{10} + \frac{(35 - 27)^2}{1\ 012}}\right)箱 = (458 \pm 130)箱$$

即当气温为 35 ℃时,在 90% 的概率保证程度下,预测饮料销售量的置信区间在 328～588 箱。

8.4　时间序列分解法

8.4.1　时间序列的分解

经济时间序列的变化受许多因素的影响,概括地讲,可以将影响时间序列变化的因素分为 4 种,即长期趋势因素(T)、季节变动因素(S)、周期变动因素(C)和不规则变动因素(I)。

1)长期趋势因素(T)

长期趋势因素反映了经济现象在一个较长时间内的发展方向,它可以在一个相当长的时间内表现为一种近似直线的持续向上或持续向下或平稳的趋势。在某种情况下,它也可以表现为某种类似指数趋势或其他曲线趋势的形式。经济现象的长期趋势一旦形成,则总能延续一段相当长的时期,即使如股票市场这种变化较快的经济现象,其形成的向上趋势(牛市)或向下趋势(熊市)也总能延续数月乃至数年。因此,分析预测经济现象的长期趋势对于预测经济现象的发展具有十分重要的意义。

2)季节变动因素(S)

季节变动因素是经济现象受季节变动影响所形成的一种长度和幅度固定的周期波动。季节变动因素既包括受自然季节影响所形成的波动,也包括受工作时间规律如每周 5 天工作制等所形成的波动。季节变动和周期变动的区别在于季节变动的波动长度固定,如 12 个月、4 个季节、1 个月或 1 个星期等。而周期变动的长度则一般是不一样的。

3)周期变动因素(C)

周期变动因素也称循环变动因素,它是受各种经济因素影响形成的上下起伏不定的波动,如国内生产总值、工业产值指数、股票价格、利率和大多数的经济指标均具有明显的周期变动特征。

4)不规则变动因素(I)

不规则变动又称随机变动,它是受各种偶然因素影响所形成的不规则波动,如股票市场受突然出现的利好或利空消息的影响使股票价格产生的波动等。

8.4.2 时间序列分解模型

当将时间序列分解成长期趋势、季节变动、周期变动和不规则变动 4 个因素后,可以认为时间序列 Y 是这 4 个因素的函数,即:

$$Y_t = f(T_t, S_t, C_t, I_t) \tag{8.17}$$

时间序列分解的方法有很多,较常用的模型有加法模型和乘法模型。

加法模型为:

$$Y_t = T_t + S_t + C_t + I_t \tag{8.18}$$

乘法模型为:

$$Y_t = T_t \times S_t \times C_t \times I_t \tag{8.19}$$

相对而言,乘法模型应用得较广泛。在乘法模型中,时间序列值(Y)和长期趋势用绝对数表示,季节变动、周期变动和不规则变动用相对数(百分数)表示。

8.4.3 时间序列的分解方法

时间序列的分解方法比较简单,下面用一个实例加以说明。表 8.7 是某商品销售额的 12 年的季度数据。时间序列的分解一般是先计算季节指数,然后计算长期趋势和周期变动。在本例介绍中采用乘法模型,即 $Y = T \times S \times C \times I$,其中,$Y$ 代表表 8.7 中的实际销售额,当分解出 T,S 和 C 后,剩余部分即为 I。

表 8.7　某商品销售额的 12 年数据

季度 (1)	T (2)	销售额/万元 Y(3)	四项平均/万元 (4)	居中平均 TC(5)	$Y/TC=SI$/% (6)	长期趋势 T(7)	周期变动/% C(8)
1990 1	1	3 017.6	—	—	—	—	—
2	2	3 043.54	—	—	—	—	—
3	3	2 094.35	2 741.333	2 773.483	75.513 37	2 852.964	97.214 07
4	4	2 809.84	2 805.633	2 820.6	99.618 52	2 891.918	97.533 87
1991 1	5	3 274.8	2 835.568	2 838.063	115.388 6	2 930.873	96.833 36
2	6	3 163.28	2 840.558	2 867.399	110.318 8	2 969.827	96.551 03
3	7	2 114.31	2 894.24	2 900.825	72.886 51	3 008.782	96.411 95
4	8	3 024.57	2 907.41	2 948.685	102.573 5	3 047.736	96.750 02
1992 1	9	3 327.48	2 989.96	3 030.663	109.793 8	3 086.69	98.184 86
2	10	3 493.48	3 071.365	3 129.643	111.625 5	3 125.645	100.127 9
3	11	2 439.93	3 187.92	3 232.62	75.478 4	3 164.599	102.149 4
4	12	3 490.79	3 277.32	3 298.289	105.836 4	3 203.553	102.957 2
1993 1	13	3 685.08	3 319.258	3 311.57	111.278 9	3 242.508	102.129 9
2	14	3 661.23	3 303.883	3 299.978	110.947 1	3 281.462	100.564 2
3	15	2 378.43	3 296.073	3 316.641	71.712 01	3 320.416	99.886 3
4	16	3 459.55	3 337.21	3 342.204	103.511	3 359.371	99.488 98
1994 1	17	3 849.63	3 347.198	3 380.191	113.887 9	3 398.325	99.466 39
2	18	3 701.18	3 413.185	3 428.931	107.939 8	3 437.279	99.757 13
3	19	2 642.38	3 444.678	3 473.306	76.076 79	3 476.234	99.915 78
4	20	3 585.52	3 501.935	3 527.67	101.639 9	3 515.188	100.355 1
1995 1	21	4 078.66	3 553.405	3 576.665	114.035 3	3 554.143	100.633 7
2	22	3 907.06	3 599.925	3 662.923	106.665 1	3 593.097	101.943 3
3	23	2 828.46	3 725.92	3 758.539	75.254 25	3 632.051	103.482 5
4	24	4 089.5	3 791.158	3 821.35	107.017 2	3 671.006	104.095 5
1996 1	25	4 339.61	3 851.543	3 862.541	112.351 2	3 709.96	104.112 7
2	26	4 148.6	3 873.54	3 872.933	107.117 8	3 748.914	103.308 1

季度 (1)	T (2)	销售额/万元 Y(3)	四项平均/万元 (4)	居中平均 TC(5)	Y/TC = SI/% (6)	长期趋势 T(7)	周期变动/% C(8)
3	27	2 916.45	3 872.325	3 860.176	75.552 25	3 787.869	101.908 9
4	28	4 084.64	3 848.028	3 829.15	106.672 2	3 826.823	100.060 8
1997 1	29	4 242.42	3 810.273	3 805.843	111.471 2	3 865.777	98.449 6
2	30	3 997.58	3 801.413	3 795.361	105.328 1	3 904.732	97.199 03
3	31	2 881.01	3 789.31	3 804.049	75.735 36	3 943.686	96.459 22
4	32	4 06.23	3 818.788	3 864.156	104.453 1	3 982.641	97.024 98
1998 1	33	4 360.33	3 909.525	3 945.921	110.502 2	4 021.595	98.118 32
2	34	4 360.53	3 982.318	4 005.759	108.856 5	4 060.549	98.650 66
3	35	3 172.18	4 029.2	4 070.469	77.931 57	4 099.504	99.291 75
4	36	4 223.76	4 111.738	4 153.481	101.692	4 138.458	100.363
1999 1	37	4 690.48	4 195.225	4 216.496	111.241 2	4 177.412	100.935 6
2	38	4 694.48	4 237.768	4 282.001	109.632 8	4 216.367	101.556 7
3	39	3 342.35	4 326.235	4 360.608	76.648 72	4 255.321	102.474 2
4	40	4 577.63	4 394.98	4 436.426	103.182 8	4 294.275	103.310 2
2000 1	41	4 965.46	4 477.873	4 493.846	110.494 7	4 333.23	103.706 6
2	42	5 026.05	4 509.82	4 503.359	111.606 7	4 372.184	103.000 2
3	43	3 470.14	4 496.898	4 533.554	76.543 48	4 411.138	102.775 1
4	44	4 525.94	4 570.21	4 590.651	98.590 37	4 450.093	103.158 6
2001 1	45	5 258.71	4 611.093	4 626.92	113.654 7	4 489.047	103.071 3
2	46	5 189.58	4 642.748	4 562.205	113.751 6	4 528.002	100.755 4
3	47	3 596.76	4 481.663	—	—	4 566.956	—
4	48	3 881.6	—	—	—	4 605.91	—

1) 季节指数的计算

季节指数的计算是先用移动平均法剔除长期趋势和周期变动,然后再用按月(季)平均法求出季节指数。由于一年有 4 个季度,因此,移动平均项数要取

4,需做两次移动,移动平均结果见表8.7 的第(5)栏,其中第(5)栏的第一个数据 2 773.483 是经过如下两次移动平均求得的:

$$\frac{Y_1 + Y_2 + Y_3 + Y_4}{4} = \frac{3\ 017.6 + 3\ 043.54 + 2\ 094.35 + 2\ 909.84}{4} 万元$$

$$= 2\ 741.333\ 万元$$

$$\frac{Y_2 + Y_3 + Y_4 + Y_5}{4} = \frac{3\ 043.54 + 2\ 094.35 + 2\ 809.84 + 3\ 274.8}{4} 万元$$

$$= 2\ 805.633\ 万元$$

$$\frac{2\ 741.333 + 2\ 805.633}{2} 万元 = 2\ 773.483\ 万元$$

余下类推,即得到了不含季节因素和不规则变动因素的序列 TC(四项移动平均也消除了不规则变动)。

将 Y 除以 TC,即得到了只有含周期因素和不规则变动因素的序列 SI,见表 8.7 的第(6)栏。将序列 SI 重新排列得表8.8。根据表8.8,采用按季平均法,即可求出各年的同季平均数,因 4 个季度的平均数之和为400.182 7,不等于400,因此,需要做修正。其修正系数为 400/400.182 7 = 0.999 543。经过修正后,即得该商品销售额的季节指数如表8.8 的最后一行所示。季节指数一般用百分数表示,如在本例中,第一季度的季节指数为112.139 7%。

表8.8 运用按季平均法求季节指数 单位:%

年份	一季度	二季度	三季度	四季度	合计
1990	—	—	75.513 37	99.618 52	—
1991	115.388 6	110.318 8	72.886 51	102.573 5	—
1992	109.793 8	111.625 5	75.478 4	105.836 4	—
1993	111.278 9	110.947 1	71.712 01	103.511	—
1994	113.887 9	107.939 8	76.076 79	101.639 9	—
1995	114.035 3	106.665 1	75.254 25	107.017 2	—
1996	112.351 2	107.117 8	75.552 25	106.672 2	—
1997	111.471 2	105.328 1	75.735 36	104.453 1	—
1998	110.502 2	108.856 5	77.931 57	101.629	—
1999	111.241 2	109.632 8	76.648 72	103.182 8	—
2000	110.494 7	111.606 7	76.543 48	98.590 37	

212

年份	一季度	二季度	三季度	四季度	合计
2001	113.654 7	113.751 6	—	—	—
同季合计	1 234.1	1 203.79	829.332 7	1 134.787	—
同季平均	112.190 9	109.435 4	75.393 88	103.162 5	400.182 7
季节指数	112.139 7	109.385 5	75.359 47	103.115 4	400

2)长期趋势的计算

如作散点图,可以看出,本例的销售额 Y 具有较明显的上升趋势,且可以用直线趋势拟合,以时间 t 为自变量,以销售额 Y 为因变量,可求得如下回归方程:

$$T = 2\ 736.101 + 38.954\ 36t$$

根据长期趋势方程,即可求得各个季度的长期趋势值,如2001年第二季度 $t = 46$,其长期趋势为:

$$T = (2\ 736.10 + 38.954\ 36 \times 46)万元 = 4\ 528.001\ 56\ 万元$$

余下类推,即可求得长期趋势因素 T 序列,如表8.7中的第(7)栏所示。

3)周期变动因素的计算

将序列 TC 除以 T 即可得到周期变动因素 C,如表8.7中的第(8)栏所示。

4)不规则变动因素的计算

当将时间序列的 T,S,C 分解出后,剩余的即为不规则变动,即:

$$I = \frac{Y}{TSC}$$

由于不规则变动因素是不可预测的,因此,分解出不规则变动因素对于时间序列的预测没有多少价值。

8.4.4 时间序列分解预测法的应用

在求出时间序列的各因素之后,即可根据时间序列分解模型进行预测。仍以上例为例,时间序列分解模型为:

$$Y_t = T_t \times S_t \times C_t \times I_t$$

在做预测时,一般无法预测不规则变动因素 I,因此,时间序列分解法的预测模型可以表达为:

$$\hat{Y}_t = T_t \times S_t \times C_t$$

在上例中,如预测 2002 年第一季度的销售额,则可按如下步骤进行:首先求出 2002 年第一季度的长期趋势 T,这可以根据长期趋势方程求得。由于 2002 年第一季度的 $t = 49$,因此,2002 年第一季度的长期趋势 T 为:

$$T = (2\ 736.101 + 38.954\ 36 \times 49) 万元 = 4\ 644.865 万元$$

2002 年第一季度的季节指数为 1.121 397(或 112.139 7%)(见表 8.9),但 2002 年第一季度的周期变动 C 却需要用判断的方法来估计。根据表 8.7 的周期变动 C 和销售额 Y 的历史资料,估计 2002 年第一季度的周期变动 C 为 0.98(98%),这样,可求得 2002 年第一季度的销售额的预测值为:

$$\hat{Y}_{49} = T_{49} S_{49} C_{49} = (4\ 644.865 \times 1.121\ 397 \times 0.98) 万元 = 5\ 104.561 万元$$

同样,可求得 2002 年其他各季度的销售额预测值如表 8.9 所示。表 8.9 中的周期变动 C 值均是根据历史数据采用主观判断方法确定的。

表 8.9　时间序列分解法预测值

季度	T	S	C	销售额预测值
2002 1	4 644.865	1.121 397	0.98	5 104.561
2	4 683.819	1.093 855	0.99	5 072.184
3	4 722.773	0.753 595	1	3 559.057
4	4 761.728	1.031 154	1	4 910.073

8.5　时间序列平滑预测法

8.5.1　一次移动平均法和一次指数平滑法

1)一次移动平均法的基本原理及其应用

一次移动平均的方法是收集一组观察值,计算这组观察值的均值,利用这一均值作为下一期的预测值。在移动平均值的计算中包括的过去观察值的实际个数,必须从一开始就明确规定。每出现一个新观察值,就要从移动平均中减去一个最早观察值,再加上一个最新观察值,计算移动平均值,这一新的移动平均值就作为下一期的预测值。因而,移动平均从数列中所取数据点数一直不变,只是包括最新的观察值。

表8.10是移动平均法在预测某产品销售额中的应用。实例中分别为3个月和5个月的移动平均值。

移动平均法有两种极端情况:①在移动平均值的计算中包括的过去观察值的实际个数$N=1$,这时利用最新的观察值作为下一期的预测值;②$N=n$,这时利用全部n个观察值的算术平均值作为预测值。当数据的随机因素较大时,宜选用大的N,这样有利于较大限度地减小由随机性所带来的严重偏差;反之,当数据的随机因素较小时,宜选用小的N,这有利于跟踪数据的变化,并且预测值滞后的期数也少。如果数据是纯随机的,则全部历史数据的均值是最好的预测值。

表 8.10　某产品销售额及移动平均预测表

月份	观察值(销售额)/万元	3 个月移动平均值 $F_t(N=3)$	5 个月移动平均值 $F_t(N=5)$
1	200.0	—	—
2	135.0	—	—
3	195.0	—	—
4	197.5	176.7	—
5	310.0	175.8	—
6	175.0	234.2	207.5
7	155.0	227.5	202.5
8	130.0	213.3	206.5
9	220.0	153.3	193.5
10	277.5	168.3	198.0
11	235.0	209.2	191.5
12	—	244.2	203.5

设时间序列为$x_1,x_2,\cdots$,移动平均法可以表示为:

$$F_{t+1} = (x_t + x_{t-1} + \cdots + x_{t-N+1})/N$$

$$= \frac{1}{N}\sum_{i=t-N+1}^{t} x_i \tag{8.20}$$

式中　x_t——最新观察值;

　　　F_{t+1}——下一期的预测值。

从 8.20 式中可以看出,为了计算移动平均值,必须具有 N 个过去值。经整理,移动平均法计算公式可以简化为:

$$F_{t+1} = \frac{x_t}{N} - \frac{x_{t-N}}{N} + F_t \qquad (8.21)$$

8.21 式表明,由移动平均法得出的每一新预测值是对前一移动平均预测值的修正。这一修正包括加上最新观察值 x_t 减去最早观察值 x_{t-N}。由此容易看出,N 越大平滑效果越好。这是因为当随机性显著时,N 大对每一新期值修正量不大。

移动平均法具有两个优点:一是计算量少;二是移动平均线能较好地反映时间序列的趋势及变化。因此,尽管移动平均法的预测精度较低,移动平均技术在目前仍然是应用得很广泛的一种分析预测方法。

2)一次指数平滑法的基本原理及其应用

移动平均法有两个主要限制:第一,计算移动平均必须具有 N 个过去观察值。当需要预测大量的数值时,就必须存贮大量数据。第二,N 个过去观察值中每一个权数都相等(估计是线性的),而早于 $t - N + 1$ 期的观察值的权数等于零。然而有这样一个论点,对于未来发生的事情,最新观察值将较早期观察值包含更多的信息。因而在预测时,最新观察值应较早期观察值具有更大的权数。指数平滑可以满足这一论点。此外,利用指数平滑法预测时只需两个数据值。

从移动平均公式 8.21 中,很易导出指数平滑公式。假设没有 x_{t-N} 值,则公式中的 $t - N$ 期值可以用近似值取代。一种方法是利用前一期的预测值 F_t 取代,则公式 8.21 变为公式 8.22。如果数据是平稳的,这是一种可以接受的近似。因而,

$$F_{t+1} = \frac{x_t}{N} - \frac{x_{t-N}}{N} + F_t$$

变为:

$$F_{t+1} = \frac{x_t}{N} - \frac{F_t}{N} + F_t$$

$$= \left(\frac{1}{N}\right)x_t + \left(1 - \frac{1}{N}\right)F_t \qquad (8.22)$$

由 8.22 式可知,这是一种加权预测,即最新观察值权数为 $\frac{1}{N}$,最新预测值的权数为 $\left(1 - \frac{1}{N}\right)$。这是因为 N 是大于零的正数,$\frac{1}{N}$ 在 0(如果 $N = \infty$)到 1(如果

$N=1$)之间。用 α 取代 $\dfrac{1}{N}$,8.22 式变为:

$$F_{t+1}=\alpha x_t+(1-\alpha)F_t \tag{8.23}$$

这一公式是指数平滑预测的通式。指数平滑法既不需要存贮全部历史数据(求均值时),也不需要存贮一组数据(求移动平均值时),从而可以大大减少数据存储问题,甚至有时只需一个最新观察值、最新预测值和 α 值,就可进行预测。

如果用分量取代 F_t,对 8.23 式展开,可以更清楚地看出指数平滑的含义。

$$\begin{aligned}F_{t+1}&=\alpha x_t+(1-\alpha)\big[\alpha x_{t-1}+(1-\alpha)F_{t-1}\big]\\&=\alpha x_t+\alpha(1-\alpha)x_{t-1}+(1-\alpha)^2F_{t-1}\end{aligned} \tag{8.24}$$

如果进一步用分量取代 F_{t-1}、F_{t-2} 等,则 8.24 式可改写为:

$$\begin{aligned}F_{t+1}=&\alpha x_t+\alpha(1-a)x_{t-1}+\alpha(1-2)^2x_{t-2}+\alpha(1-\alpha)^3x_{t-3}+\alpha(1-\alpha)^4x_{t-4}+\cdots+\\&\alpha(1-\alpha)^{N-1}x_{t-(N-1)}+(1-\alpha)^NF_{t-(N-1)}\end{aligned} \tag{8.25}$$

由 8.25 式可知,每一递推观察值的权数按指数规律递减,这就是指数平滑名称的由来。指数平滑法的目标是使均方差(MSE)最小,指数平滑法的估计是非线性的。对 8.23 式进行重新排列得:

$$F_{t+1}=F_t+\alpha(x_t-F_t) \tag{8.26}$$

上式简化为:

$$F_{t+1}=F_t+\alpha e_t$$

t 时间的误差 e_t 恰恰是实际值减去预测值。

由 8.26 式可知,指数平滑法提供的预测值是前一期预测值加上前期预测值中产生的误差的修正值。当 α 接近 1 时,这一情况尤为明显。这时,新的预测值将包括对前一期预测误差的全部修正值。相反,当 α 接近 0 时,新的预测值只包括很小一部分修正值。因而取大的 α 和取小的 α,其效果与移动平均值中取大的 N 和取小的 N 的效果完全相似(影响方向相反)。指数平滑法以最新误差的某一百分比,对下一期预测值进行修正,从而它总是跟踪实际数的任一趋向。

下面仍利用表 8.10 中的例子来说明一次指数平滑法的应用。表 8.11 为 $\alpha=0.1,0.5$ 和 0.9 时,对此产品销售额的预测结果。

表 8.11　一次指数平滑法计算表

月份	观察值(销售额)/万元	指数平滑值		
		$\alpha=0.1$	$\alpha=0.5$	$\alpha=0.9$
1	200.0	—	—	—
2	135.0	200.0	200.0	200.0

续表

月份	观察值（销售额）/万元	指数平滑值		
		$\alpha = 0.1$	$\alpha = 0.5$	$\alpha = 0.9$
3	195.0	193.5	167.5	141.5
4	197.0	193.7	181.3	189.7
5	310.0	194.0	198.4	196.7
6	175.0	205.6	249.7	298.7
7	155.0	202.6	21.3	187.4
8	130.0	197.8	183.7	158.2
9	220.0	191.0	156.8	132.8
10	277.5	193.9	188.4	211.3
11	235.0	202.3	233.0	270.9
12	—	205.6	234.0	238.6

利用8.23式,当 $\alpha = 0.1$ 时,表8.11 中的12 月份预测值为:

$$F_{12} = \alpha x_{11} + (1 - \alpha) F_{11}$$
$$= (0.1 \times 235 + 0.9 \times 202.3) 万元$$
$$= 205.6 万元$$

同样,当 $\alpha = 0.9$ 时,由8.23 式得出的12 月份预测值为:

$$F_{12} = (0.9 \times 235 + 0.1 \times 270.9) 万元 = 238.6 万元$$

一次指数平滑法只需要较少的数据量和较小的计算量。一次指数平滑的初值的确定有几种方法:方法一是取第一期的实际值为初值;方法二是取最初几期的平均值为初值。在本例中,取1 月份的实际销售额作为2 月份的预测值(初值)。

一次指数平滑法比较简单,但也有问题。问题之一便是力图找到最佳 α 值,以使均方差最小,这需要通过反复试验确定。首先取一个适当的 α 值,而后再试着取另一些 α 值,分别计算其均方差,从中找出使均方差最小的 α 值。表8.11 的例子中:当 $\alpha = 0.1$ 时,均方差

$$MSE = \frac{1}{10} \times \left[(135.0 - 200.0)^2 + \cdots + (235.0 - 202.3)^2 \right]$$
$$= 3\ 438.3$$

同样可得,当 $\alpha = 0.5$ 时,均方差为 4 347.2;当 $\alpha = 0.9$ 时,均方差为 5 039.4。

均方差的大小相差如此之大,足以说明 α 值在决定预测误差中的重要作用。寻找一个最佳的 α 值一般只需少数几次试验,因为通过对少数对应的均方差和 α 值进行简单比较,就可以选定 α 值。从表8.11数列中可以看到,均方差随着 α 趋近于零而减少。事实上,$\alpha = 0.05$,均方差 = 3 300.9;$\alpha = 0.01$,均方差 = 3 184.1。

出现上述结果的原因是,数据是纯随机分布的。为此,α 值越小,均方差也越小。

8.5.2 线性二次移动平均法

1)线性二次移动平均法的基本原理

前面介绍的一次移动平均法当用来预测一组具有趋势的数据时估计值往往比实际值偏低(或偏高)。在表8.12的例子中很容易看到这种估计偏低的情况。在此例中的序列具有非随机性和理想的线性趋势。当序列具有随机性时,也存在预测值滞后于实际值的问题。

为了避免利用移动平均法预测有趋势的数据时产生系统误差,发展了线性二次移动平均法。这种方法的基础是计算二次移动平均。二次移动平均是在对实际值进行一次移动平均的基础上,再进行一次移动平均。二次移动平均对一次移动平均的滞后量与一次移动平均对实际值的滞后量大致相等。也就是说,实际值与一次移动平均对实际值的滞后量大致相等。也就是说,实际值与一次移动平均值之差($x_t - S_t'$)和一次移动平均值与二次移动平均值之差($S_t' - S_t''$)大致相等(参见表8.12)。

表8.12 一次与二次移动平均预测值及其误差比较

期数 (1)	实际值 (2)	一次移动平均预测值 (3) ($N=3$)	误差 (4)=(2)-(3)	二次移动平均预测值 (5) ($N=3$)	误差 (6)=(3)-(5)	总预测值 (7)=(3)+(6)	误差 (8)=(2)-(7)
1	2	—	—	—	—	—	—
2	4	—	—	—	—	—	—
3	6	4	2	—	—	—	—
4	8	6	—	—	—	—	—
5	10	8	2	6	2	10	0

续表

期数(1)	实际值(2)	一次移动平均预测值(3)(N=3)	误差(4)=(2)-(3)	二次移动平均预测值(5)(N=3)	误差(6)=(3)-(5)	总预测值(7)=(3)+(6)	误差(8)=(2)-(7)
6	12	10	2	8	2	12	0
7	14	12	2	10	2	14	0
8	16	14	2	12	2	16	0
9	18	16	2	14	2	18	0
—	—	—	—	—	—	—	—
—	—	—	—	—	—	—	—

为了消除预测的系统误差,可将一次移动平均值[表8.12中的第(3)栏],加上一次移动平均值与二次移动平均值之差[表8.12中的第(6)栏]。这就如同表8.12的第(7)栏和第(8)栏所示,预测值达到了实际水平。表8.12的例子 N=3。线性二次移动平均法的通式为:

$$S'_t = \frac{x_t + x_{t-1} + x_{t-2} + \cdots + x_{t-N+1}}{N} \tag{8.27}$$

$$S''_t = \frac{S'_t + S'_{t-1} + S'_{t-2} + \cdots + S'_{t-N+1}}{N} \tag{8.28}$$

$$a_t = S'_t + S'_t - S''_t = 2S'_t - S''_t \tag{8.29}$$

$$b_t = \frac{2}{N-1}(S'_t - S''_t) \tag{8.30}$$

$$F_{t+m} = a_t + b_t m \tag{8.31}$$

式中　m——预测超前期数。

8.27式与计算一次移动平均值的公式完全一样。8.28式用于计算二次移动平均值。8.29式用于对预测(最新值)的初始点进行基本修正,使得预测值与实际值之间不存在滞后现象。基本修正是将一次移动平均值和二次移动平均值之差,加在一次移动平均值之上。这能使预测值接近于最新期的实际值(这里用的是 S'_t 和 S''_t,而不是 S'_{t+1} 和 S''_{t+1})。

8.30式中用 $(S'_t - S''_t)$ 除以 $\frac{N-1}{2}$,这是因为移动平均值是对 N 个点求平均值,这一平均值应落在 N 个点的中点。如果用一次移动平均进行预测,预测值

(S'_t) 比实际值 (x_t) 滞后 $\dfrac{N-1}{2}b$ (b 是每一期的趋势变化量)。

容易得出 $\dfrac{N-1}{2}b$ 大致等于 $S'_t - S''_t$,所以由 8.30 式不难得到:

$$\frac{N-1}{2}b_t = S'_t - S''_t$$

$$b_t = \frac{2}{N-1}(S'_t - S''_t)$$

在表 8.12 的例子中,$N=3$,则 8.30 式可简化为:

$$b_t = S'_t - S''_t$$

2) 线性二次移动平均法的应用

下面试以表 8.13 的数据来说明线性二次移动平均法的应用。表 8.13 中,$N=4$,第(2)栏~第(6)栏则为计算的结果。计算步骤为:

第(2)栏:4 个时期的移动平均值(利用 8.27 式)。

第(3)栏:二次移动平均值(利用 8.28 式)。

第(4)栏:a 值(利用 8.29 式)。

第(6)栏:超前一个时期 $m=1$ 的预测(利用 8.31 式)。

表 8.13 线性二次移动平均产法计算表

期数	其产品的库存量/万件 (1)	(1)的4个时期移动平均值 (2)	(2)的4个时期移动平均值 (3)	a 值 (4)	b 值 (5)	当 $m=1$ 时的 $a+bm$ 值(滞后一个时期) (6)
1	140	—	—	—	—	—
2	159	—	—	—	—	—
3	136	—	—	—	—	—
4	157	148.00	—	—	—	—
5	173	156.25	—	—	—	—
6	131	149.25	—	—	—	—
7	177	159.50	153.250	167.750	4.167	—
8	188	167.25	158.062	176.437	6.125	170
9	154	162.50	159.625	165.375	1.917	182

221

续表

期数	其产品的库存量/万件 (1)	(1)的4个时期移动平均值 (2)	(2)的4个时期移动平均值 (3)	a值 (4)	b值 (5)	当m=1时的a+bm值(滞后一个时期) (6)
10	179	174.50	165.937	183.062	5.708	167
11	180	175.25	169.875	180.625	3.583	189
12	160	168.25	170.125	166.375	-1.250	184
13	182	175.25	173.312	177.187 5	1.292	165
14	192	178.50	174.312	182.687 5	2.792	176
15	224	189.50	177.875	201.125	7.750	180
16	188	196.50	184.937	208.062 5	7.708	209
17	198	200.50	191.250	209.750	6.167	216
18	206	204.00	197.625	210.375	4.250	216
19	203	198.75	199.937	197.562 5	-0.792	215
20	238	211.25	203.625	218.875	5.083	197
21	228	218.75	208.187	229.312 5	7.042	224
22	231	225.00	213.437	236.562 5	7.708	236
23	221	229.50	221.125	237.875	5.583	244
24	259	234.75	227.000	242.500	5.167	243
25	273	246.00	233.812	258.187 5	8.125	248

以表 8.13 作为例子,利用第 23 期的值计算第 24 期的预测值。

$$F_{24} = a_{23} + b_{33}(1) = [237.875 + 5.583(1)]\text{万件} = 243.458\ \text{万件}$$

式中 $a_{33} = 2S'_{23} - S''_{23} = [2(229.5) - 221.125]\text{万件} = 237.875\ \text{万件}$

$$b_{23} = \frac{2}{4-1}(S'_{23} - S''_{23}) = \frac{2}{3}(229.5 - 221.125)\text{万件} = 5.583\ \text{万件}$$

$$S''_{23} = \frac{S'_{23} + S'_{22} + S'_{21} + S'_{20}}{4}$$

$$= \frac{229.5 + 225 + 218.75 + 211.25}{4}\text{万件}$$

$$=221.125 \ \text{万件}$$

同样,第25期的预测值为:

$$F_{25}=a_{24}+b_{24}(1)=[242.5+5.167(1)]\text{万件}=247.667 \ \text{万件}$$

式中 $a=242.5 \ \text{万件},b_{24}=5.167 \ \text{万件}$

第26期的预测值为:

$$F_{26}=a_{25}+b_{25}(1)=[258.1875+8.125(1)]\text{万件}=266.3125 \ \text{万件}$$

利用第25期的 a 和 b 值,对第27期和第28期预测为:

$$F_{27}=a_{25}+b_{25}(2)=[258.1875+8.125(2)]\text{万件}=274.4375 \ \text{万件}$$

$$F_{28}=a_{25}+b_{25}(3)=[258.1875+8.125(3)]\text{万件}=282.5625 \ \text{万件}$$

8.6 预测精度测定

8.6.1 预测精度的测定

1)预测精度的测定

不同的预测对象具有不同的特点,而不同的预测方法也有自身的优点和缺点,因此,预测研究的一个重要任务是为各具特色的不同预测对象寻找合适的预测方法,使得预测结果具有更高的可靠性和精确度。

预测精度的一般含义是指预测模型拟合的好坏程度,即由预测模型所产生的模拟值与历史实际值拟合程度的优劣。对于时间序列预测,研究者可以利用历史数据的一部分建立模型,然后预测其余的历史数据,以便更直观地研究预测的精确度。但对于预测用户而言,预测未来的精确度是最重要的,至于该预测模型过去的预测精度如何则是没有什么意义的。关于预测精度的几类典型问题为:

①对某一特定经济现象的预测,系统的预测分析能提高多少预测精度? 换句话说,如果只采用简单的,甚至是随意的预测方法,其预测误差比采用更系统的统计预测方法所产生的误差会大多少?

②对于某一特定经济现象的预测,如何才能提高预测精度? 换句话说,如何才能做出更好的预测?

③在已知某一经济现象的预测精度存在提高的可能的情况下,如何选择合

适的预测方法?

为说明问题的方便起见,设 $y_1, y_2, \cdots, y_n$ 为预测对象的实际值,$\hat{y}_1, \hat{y}_2, \cdots, \hat{y}_n$ 为预测值,$e_i = y_i - \hat{y}_i$ 为第 i 个预测值的误差,并设某商场的每周销售额及其预测值如表 8.14 所示。表 8.14 所采用的预测方法非常简单,即下周的销售额预测值就等于上周的销售额,如第 1 个星期的销售额为 9 万元,则第 2 个星期的销售额预测值就为 9 万元,余下类推。

表 8.14 某商场的周销售额资料

星期 i	销售额/万元 y_i	预测值/万元 $\hat{y}_i$	误差/万元 $y_i - \hat{y}_i$	绝对误差/万元 $\lvert y_i - \hat{y}_i \rvert$	相对误差的绝对值/% $\left\lvert \dfrac{y_i - \hat{y}_i}{y_i} \times 100\% \right\rvert$	误差的平方/(万元)^2 $(y_i - \hat{y}_i)^2$
1	9	—	—	—	—	—
2	8	9	−1	1	12.5	1
3	9	8	1	1	11.1	1
4	12	9	3	3	25.0	9
5	9	12	−3	3	33.3	9
6	12	9	3	3	25	9
7	11	12	−1	1	9.1	1
8	7	11	−4	4	57.1	16
9	13	7	6	6	46.2	36
10	9	13	−4	4	44.4	16
11	11	9	2	2	18.2	4
12	10	11	−1	1	10	1
合计			1	29	291.1	103

2)测定预测精度的方法

通常测定预测精度的方法有如下几种:

①平均误差和平均绝对误差。平均误差的公式可表示为:

$$ME = \frac{\sum\limits_{i=1}^{n} e_i}{n}$$

由表 8.14 可知,如果简单地将各项预测误差加起来并求平均值,则其平均误差就趋近于零,这是因为各次预测的误差有正有负,正负误差可以相互抵消,因此,平均误差不能很好地说明预测精度的高低。为避免这个缺点,可以将各预测值的误差的绝对值加起来计算平均绝对误差,其公式为:

$$MAD = \frac{\sum\limits_{i=1}^{n} |e_i|}{n}$$

根据表 8.14 可以计算出:

$$ME = \frac{1 \text{ 万元}}{11} = 0.091 \text{ 万元}$$

$$MAD = \frac{29 \text{ 万元}}{11} = 2.64 \text{ 万元}$$

②平均相对误差和平均相对误差绝对值。平均相对误差的公式为:

$$MPE = \frac{1}{n} \sum\limits_{i=1}^{n} \frac{y_i - \hat{y}_i}{y_i}$$

由于平均相对误差也存在正负抵消问题,因此,应用较多的是平均相对误差绝对值,其公式为:

$$MAPE = \frac{1}{n} \sum\limits_{i=1}^{n} \left| \frac{y_i - \hat{y}_i}{y_i} \right|$$

平均相对误差绝对值是一个相对值,它比平均绝对误差(MAD)应用得更为广泛。

利用表 8.14 的数据,可以计算出:

$$MAPE = \frac{219.9\%}{11} = 26.5\%$$

③预测误差的方差和标准差。预测误差的方差可用公式表示为:

$$MSE = \frac{\sum\limits_{i=1}^{n} e_i^2}{n} = \frac{1}{n} \sum\limits_{i=1}^{n} (y_i - \hat{y}_i)^2$$

将预测误差的方差开根号,即可求出预测误差的标准差:

$$SDE = \sqrt{\frac{\sum\limits_{i=1}^{n} e_i^2}{n}} = \sqrt{\frac{1}{n} \sum\limits_{i=1}^{n} (y_i - \hat{y}_i)^2}$$

利用表 8.14 的数据,可以求出:

$$MSE = \frac{103 (\text{万元})^2}{11} = 9.36 (\text{万元})^2$$

$$SDE = \sqrt{\frac{103}{11}} \text{万元} = 3.06 \text{万元}$$

预测误差的方差将每个预测值的误差以其误差的倍数放大,例如,误差为 1 的预测值的误差只放大 1 倍,误差为 2 的预测值误差放大 2 倍,后者是前者的 4 倍。因此,单个较大误差的预测值就能使预测误差的方差增加很多,可见,能使预测误差的方差最小的预测方法产生的预测值一般不会产生某些个别的大误差值,或者说,能使预测误差的方差最小的预测方法所产生的预测值的误差一般都较小,这正是一个好的预测所追求的结果。因此,预测误差的方差比平均绝对误差或平均相对误差绝对值能更好地衡量预测的精确度。

3)未来的可预测性

当翻开每天的证券报或阅读各种每天的证券行情评论时,总是有许多专家看涨,也有许多专家看跌。而当股市走势将要发生重要转折时,舆论预测与市场走势往往相反,在市场一片看涨声中,股市却开始下跌,而当市场一片看跌之时,股市却又止跌回升,股市预测常常让投资者感到困惑而不知如何是好。不仅股市预测如此,其他经济预测也存在类似情况,因此,对预测的精度应抱现实态度,而不应怀有不切实际的幻想。

某些现象的预测可以具有很高的精确度,而许多现象的结果却很难预测,甚至根本就是不可预测的。不论是定性预测还是定量预测,它们能进行预测的前提是预测对象存在某种模式或关系,且这种模式或关系已被正确识别。当这种模式或关系不存在时,预测就成为不可能,即使能够根据它们的历史资料建立模型,也是如此。科学技术的发展提高了人类预测未来的能力,但这种能力的提高是极不均衡的,在自然科学中,预测的精度可以达到极高的程度,但在经济领域中,不同经济现象的预测精度则是差别极大的,有些根本就不可预测,而某些现象的预测又具有极高的精确度。

在自然科学领域,规律是确实存在的,而关系是精确的,在相当长的时间内,这些规律或关系会保持不变,但在经济领中,则完全是另外一回事,经济模式或关系则往往与随机事件交织在一起,改变经济现象的可预测性。影响经济现象的变化模式或关系的两个因素是人类行为的变化无常(人的态度很容易受时尚或个人性格差异的影响)和人类有能力通过自身的行为影响未来事件的发生与否。

一般而言,时间越长,经济现象的变化模式或关系改变的可能性就越大。这是因为:①人的行为或态度可以改变;②有更充足的时间运用预测结果,采取各种行动使得经济现象的变化向决策者希望的方向发展;③某种重大事件的发生,如重大科技发明和进步等,会影响经济现象的发展过程。

影响经济现象的可预测性的因素可归类如下:

①总体的大小。总体越大,在其他条件不变的情况下,预测的精度越高。根据统计学中的大数定律,总体所包含个体的数量越大,则该现象的预测误差将越小,反之亦然。例如,预测某繁华街道(如上海市的南京路等)某路口1小时的人流量的精确度就要明显高于预测某个小商店某天彩电的销售量。

②总体的同质性。在其他条件相同的情况下,总体的同质性越好,其预测精度也越高,反之亦然。例如,销售对象仅限于个人的商店的销售额预测精度可能要高于销售对象既包括个人又包括集团购买的商店的销售额精度。

③需求弹性。在其他条件相同的情况下,需求弹性越小的商品,其需求预测的精度也越高。因此,日用必需品的需求预测精度要明显高于奢侈品的需求预测精度,非耐用商品的需求预测精度也要高于耐用品的需求预测精度。与需求弹性相关的是经济景气循环,需求弹性小的商品需求受经济波动的影响较小,而需求弹性大的商品需求则受经济波动的影响大。当经济步入萧条阶段,居民收入下降时,居民的支出首先是满足食品和其他日用必需品的需求。

④竞争的激烈程度。在其他条件相同时,竞争程度越激烈,其预测也就越困难,竞争者可以应用预测结果改变未来事件的结果,这使得预测常常失效。

227

4) 影响预测误差大小的因素

在自然科学领域内,现象之间的关系或变化模式是确定的,也是客观存在的,而且可以被识别和证实。例如,精密测量仪器可以使误差减少到零。通过试验,可以实现在其他条件不变的情况下,观察某变量的变化规律,并获得及时而清晰的反馈。在经济领域内,则是另外一回事,统计数据存在误差,实验室式的试验则根本不可能,反馈也不及时且含意模糊。由于经济现象的复杂性、人类行为的易变性、行动与结果的时滞性等原因,使得经济预测误差极大地大于自然科学领域内的预测误差。概括下来,影响误差的因素有如下几类。

(1) 模式或关系的识别错误

在某种经济现象本身不存在某种模式或关系的情况下,不管是定性预测还是定量预测,都有可能替这种类型的经济现象建立某种不切合实际的模型。例如,根据某种经济现象的部分时间段的数据建立的预测模型可能根本就不符合该现象的长期发展规律。同样的,两个变量之间"表面上"的关系则可能完全是由于第三个变量的原因,第三个变量的变化使得这两个变量发生同方向的变化。另外,由于数据资料的不足、经济现象的复杂性或模型变量数量的不足,使得模式或关系的识别发生错误,甚至忽视了客观存在的模式或关系。不能正确地识别现象及之间的关系会使得预测产生极为严重的误差。

（2）模式或关系的不确定性

如同上面所分析的,经济现象模式及现象之间的关系往往是不确定的,尽管可以识别这种模式或关系变化的一般规律,现象的变化也总是围绕这种一般规律而波动,统计建模也可以使其模型反映现象过去的这种一般规律并使随机误差达到最小,但这并不能保证其未来预测误差分布规律仍能维持不变且不超过某种限度。

（3）模式或现象之间关系的变化性

在经济领域内,模式或现象之间的关系是经常发生变化的,且往往不可预测。例如,在 1996 年之前的上海股市,陆家嘴等浦东概念股往往领先于大市而充当股市领头羊的,到 1996 年的大牛市中,浦东概念股与上证综合指数之间的这种关系就不存在了,很多仍相信浦东概念股与上证综合指数之间存在这种关系的投资者就失去了很好的投资机会。模式或现象之间关系的变化能够产生较大的预测误差,但这些变化事先一般较难预测。

8.6.2　定性预测与定量预测的综合运用

定量预测是建立在这样一个假设的基础上的,即假设目前趋势或目前现象之间的关系能延续下去,如果这个假设成立,且现象及现象之间的关系模式能被识别,则定量预测必须借助定性预测。当然,定性预测也存在不足之处。为了获得有价值的预测结果,应综合运用定性与定量预测方法。

1）定性预测与定量预测的比较

定性预测与定量预测是两类各具特色的预测方法,如能正确地综合运用这两类方法,则能取得良好的预测效果。根据预测研究的特点,可将定性预测与定量预测做如下比较。

（1）方法或模型的选择

尽管可以依据精度测定标准选择定量预测方法,但这并不能保证选取的定量预测方法就能得出满意的预测效果,因此,定量预测方法或模型的选择不能完全只依赖统计分析;采用不同的定性预测方法会得出不同的预测结果,至于究竟应采用何种定性预测,则必须依赖人的主观判断能力加以确定。

（2）预测转折的能力

定量预测不能预测转折的发生;定性预测可以预测转折的发生,但转折也可能被忽视或夸大。

(3)信息应用的充分性

定量预测只使用部分数据所包含的信息;定性预测可以运用各类信息,但信息的使用也是有选择性的,会产生误差和前后不一致。

(4)发生转折时的修正

在转折发生时,不同的定量预测方法的修正能力是不一样的;定性预测当转折发生后,可以评估转折的影响,并修正预测结果。

(5)预测的客观程度

定量预测可以根据精度标准保证方法选择的客观性,进而保证预测结果的客观性,只是精度标准的选择也具有一定的主观性;定性预测较易受各种主观因素包括个人的乐观或悲观情绪因素的影响。

(6)估计未来的不确定性

定量预测与定性预测均可能低估未来的不确定性程度。

(7)连续反复预测

定量预测能保证连续反复预测的一致性;定性预测主要依靠人的主观判断能力进行预测,当个人被要求做连续不断的反复预测时,由于人易疲倦于这种枯燥的反复预测而不能保证连续反复预测前后结果的一致性。

(8)预测成本

由于计算机技术的发展,定量预测具有低廉的成本;定性预测则由于会议和聘请专家费用高导致其预测成本较高。

2)改进预测效果的综合分析

定量预测与定性预测各自存在优点和缺点,如何发挥各种不同方法的长处,克服其不足之处,是做好预测工作的一个重要环节。

(1)方法或模型的选择

方法或模型的选择是预测工作的重要环节。尽管前面已经介绍过选择预测方法或模型的基本原则,实证研究也证明某些预测方法用于特定的预测对象可以取得良好的预测效果,但这并不表明预测方法或模型的选择问题就已经解决了。例如,一次指数平滑是建立在平稳数据基础上的外推,其所提供的预测一般较谨慎;霍尔特的线性指数平滑,包含了最近趋势的信息,其预测较敏感;线性回归则因为其给予所有数据同样的权重,其预测灵敏度相对较低。另外,对历史数据进行对数变换,尽管可以提高模型的拟合优度,但却会影响预测值的大小,因为这需假定预测对象存在指数趋势。至于用模拟法确定方法和模型,虽然具有明显的优点,但方法或模型的最终选择仍然离不开主观判断。选择不同的方法或模型会对预测结果产生明显的影响,这一点是在做出模型或方法抉择之前必须全面分析的。

(2)预测现有趋势延续或转折的能力

定量预测方法具有不能辨识和预测趋势转折的特点,因此,趋势的转折是暂时性的还是长期性的,必须依赖于定性判断。定性预测由于存在较大的主观性,在预测转折及其转折的影响时,会存在偏差,减少偏差的方法是尽量减少由于人的情绪(乐观的或悲观的)等因素所引起的主观随意性。有效的办法是先假设趋势不会发生变化,并用定量预测方法进行分析预测,然后采用定性预测方法进行修正,判断其趋势的转折是向上还是向下,最后再做综合预测分析。

(3)信息应用的充分性

定量预测不能充分运用历史数据所包含的信息。例如,自适应过滤法,其预测值容易忽视较早的历史数据所包含的信息,过分依赖近期数据,在预测近期的经济回升趋势时,会因为其忽视本轮循环波动低点的信息,过分重视近期的上升趋势而产生较大的误差。相反,如回归分析,则不重视目前数据所含的信息而给予所有历史数据以同样的权重。另外,如指数平滑,则介于自适应过滤法和回归模型之间。正确认识各种模型运用信息的特点是非常重要的,这有利于对模型结果的修正,尤其是当趋势发生转折时。

定性预测可以充分利用各类信息。但这种信息的提供必须全面准确,如提供所有有关预测环境信息(包括反面证据)、过去类似案例及其失误等,并提供及时的反馈信息,检验预测人员预测转折的能力,帮助其减少预测偏差。

(4)趋势转折时的调整

某些定量预测(如回归预测)方法对于趋势转折的反应特别迟钝,这就必须借助于定性预测方法进行修正,但也有另外一些定量预测方法(如自适应过滤法)能较快适应趋势的转折。

定性预测主要依赖个人的判断能力,可以辨析出趋势转折的影响,但个人也可能不能及时发现趋势的转折,甚至不肯承认趋势已经发生转折,这就必须借助于一些预警系统。预警系统的建立可以帮助确认趋势转折的严重性、持续性及其对未来的影响。如何综合运用各类预测方法是预测研究的一项重要性任务。

(5)预测客观性的导入

定量预测的最大优点在于其具有的客观性。只要选择好了模型,确定了精度测定标准(如使 MSE 最小化),则任何人应用同样的数据总会得出同样的预测结果。定性预测则不一样,根据同样的信息,不同的人可以得出完全不同的预测结果。定性预测受很多人的主观因素影响,如乐观或悲观情绪、个人或政治方面的考虑等都会对定性预测结果产生影响。帮助定性预测导入客观性的方法是辅之以定量预测,当不能应用定量预测方法时,则应要求第三者或更多的个人做独立的定性预测。

(6)确定未来的不确定性

预测受很多不确定性因素影响,而定性预测和定量预测都有可能低估这种不确定性程度。未来的不确定性会给决策带来很大的负面影响,有时,这种偶然的不确定性甚至会关系到决策的成败。假设未来的不确定性不存在是不现实的,预测人员必须清楚地意识到无论是定性预测还是定量预测都会低估未来的不确定程度,不管是否能够接受,这都是客观存在的事实。因此,对于所有可能引起预测误差的各种因素,必须全面综合分析。

(7)预测成本

定量预测的最大优势是成本较低,尤其是使用简单的定量预测方法时,成本更低。应用定性预测,则会显著地提高预测成本。因此,除非提高预测精度的效益十分明显,一般没有必要使用定性预测,特别是当目前趋势依然保持连续,应用定量预测就已经可以取得足够的预测精度。

通过定性预测定量预测的综合运用、合理分工,即定性预测用于预测趋势的改变及其影响,定量预测则用于持续趋势的预测,可以明显地提高预测的精度,节约预测成本。

本章小结:

1. 统计预测属于预测方法研究范畴,即如何用科学的统计方法对事物的未来发展进行定量推测,并计算概率置信区间。它以实际资料为依据,以经济理论为基础,以数学模型作为预测的手段。

2. 统计预测的方法大致可分为定性预测法、回归预测法和时间序列预测法。合适性、费用问题和精确性是选择统计预测方法时考虑的 3 个主要问题。

3. 统计预测的定量预测中,要保证数据所反映的事物是按一定规律进行的,并贯穿整个过程,同时还要保证事物必须有某种结构,其升降起伏变动是有章可循的,即遵循连贯原则和类推原则。

4. 定性预测是熟悉业务知识、具有丰富经验及综合分析能力的人员和专家根据已掌握的历史数据和直观材料,运用个人的经验和分析能力对事物的未来发展做出性质和程度上的判断,并用一定的方式把各方面的意见综合起来,作为预测未来的主要依据。主要包括:德尔菲法和主观概率法。

5. 如果两个变量数据分布大体上呈直线趋势时,可以找到两者之间特定的经验公式,即一元线性回归模型。普通最小二乘法可以估计出一元线性模型的参数,关于参数的显著性检验可用 t 检验,而整个回归模型的显著性可以用 F 检验或德宾—沃森统计量(D-W)。

6. 时间序列的变化受到长期趋势因素、季节变动因素、周期变动因素和不规则变动因素的影响。因此,时间序列可以分解成这 4 个因素的和或者是积的形式。

7. 搜集一组观察值,计算这组观察值的均值,当出现一个新值时,就要从移动平均值中减去一个最早的观察值,再加上一个最新的观察值以计算移动平均值,作为下一期的预测值。这就是移动平均法的基本原理。

8. 不同的预测对象具有不同的特点,而不同的预测方法也有自身的优点和缺点。预测研究的重要任务就是针对不同的预测对象寻找合适的预测方法。

关键词:

统计预测、定性分析法、回归预测法、时间序列预测法、连贯原则、类推原则、德尔菲法、主观概率法、时间序列分解法、长期趋势因素、季节变动因素、周期变动因素、不规则变动因素、时间序列平滑预测法、预测精度。

练 习 题

一、名词解释

统计预测	统计估算
定性预测	定量预测
专家预测法	德尔菲法
主观概率预测法	长期趋势预测
季节变动	季节比率
回归预测法	预测误差

二、简答

1. 统计预测在统计研究中的地位和作用是什么?

2. 专家预测法包括哪些方法?它们各自的利弊是什么?

3. 长期趋势预测法主要有哪些预测模型?

4. 平均预测的共同假定前提是什么?它们各自运用于什么样的场合?

5. 季节比率的意义是什么?怎样应用它来进行预测?

6. 正确进行回归预测应注意哪些原则？

7. 怎样测定预测误差？

8. 对预测误差可控性做出评价应遵循哪些原则和原理？

9. 科学的预测和所谓的"先知"、"神明"有什么不同？

10. 移动平均法和数学模型法各有什么不同特点？

三、业务题

1. 某百货公司召开一次销售预测会议，与会者对明年公司的销售情况作了如下预测：

预测者	销售额/万元			概　率			权数
	最好	一般	最差	最好	一般	最差	
（副）经理	75	65	60	0.3	0.5	0.2	3
（业务）计划科长	80	70	65	0.2	0.6	0.2	1
销售科长	65	60	55	0.2	0.5	0.2	2

根据以上资料利用主观概率预测法预测该公司明年的销售额：

（1）假定各预测者权数相等；

（2）假定各预测者权数不等。

2. 某百货公司某种商品年销售量资料如下：

年　份	1991	1992	1993	1994	1995	1996	1997	1998	1999	2000	2001
销售量/万元	330	420	500	580	690	800	910	1 020	1 120	1 210	1 330

根据以上资料，试用最小二乘法拟合直线模型，预测该公司 2002 年商品销售量。

3. 某煤矿采煤量如下：

日期	产量/t	日期	产量/t	日期	产量/t
1	301	11	308	21	336
2	302	12	319	22	334
3	304	13	320	23	338
4	291	14	323	24	338
5	298	15	296	25	339
6	310	16	290	26	345
7	305	17	328	27	342
8	312	18	330	28	356
9	315	19	334	29	350
10	310	20	333	30	351

233

要求：

（1）按5日和按旬合并煤产量编成动态数列；

（2）按5日和按旬计算平均日产量编成动态数列；

（3）运用移动平均法（时距扩大为4天和5天）编制动态数列。

4. 某地区粮食产量如下表所示：

年份	产量/万吨	年份	产量/万吨
1	230	6	257
2	236	7	262
3	241	8	276
4	246	9	281
5	252	10	286

要求：

（1）分别用平均法和回归分析方法配合直线趋势方程。

（2）预测第15年的粮食生产水平。

5. 某市1999—2001年销售水产品资料如下表所示：

月份	1999年销量/万担	2000年销量/万担	2001年销量/万担
1	0.40	0.85	1.20
2	0.35	0.78	1.03
3	0.30	0.70	0.98
4	0.26	0.63	0.85
5	0.27	0.45	0.95
6	0.32	0.69	1.05
7	0.55	1.08	1.85
8	0.72	1.63	2.13
9	0.77	1.75	2.35
10	0.68	1.32	2.08
11	0.42	0.95	1.45
12	0.38	0.90	1.27

试根据上表资料计算季节比率。

第 9 章　统计平衡法

9.1　平衡法概述

9.1.1　平衡的概念及种类

所谓平衡,就是矛盾暂时的相对的统一,这是哲学上的概念。在统计学上,社会经济现象的各构成要素在数量上常常表现为一定数量的对等关系或相互衔接关系,这就是平衡或平衡关系。

社会经济现象和过程中客观存在的平衡关系,可能表现为不同的类型。从时间上,可分为静态平衡和动态平衡;从性质上,可分为单项平衡和综合平衡;从范围上,可分为全局平衡和局部平衡等。

9.1.2　平衡法的概念及特点

平衡法又称综合平衡分析(法),是对客观存在的相互联系、相互矛盾的经济要素同时加以研究,使其在规模、水平、速度、比例上相互协调和相互衔接的一种数量分析方法。它的任务是寻求适当的方法去正确认识、利用和分析客观存在的各种平衡关系,如生产与需求、收入与支出、资源与分配、调进与调出、投入与产出等。它既是一种计划方法,又是一种统计方法。

平衡法与其他统计分析方法不同,它在研究社会经济现象和过程的相互联系时主要有以下特点:

①平衡法是从数量上的对等关系去研究社会经济现象和过程的相互联系。数量上的对等关系主要有两方面的含义:a. 对于同一总体,平衡法研究总体内部各组成部分、各构成要素在总量上的对等关系;b. 对于不同总体,平衡法研究各总体相互之间对应经济活动在数量上的对等关系。

②平衡法是用指标体系去分析说明社会经济现象的相互联系。

③以全面资料为依据,从总体出发研究社会经济现象各组成部分或各要素的相互联系。

9.1.3 平衡法的作用

1)研究国民经济的主要比例关系

对已实现的客观存在的国民经济活动总过程,运用一定的表现形式予以反映,研究其主要的比例关系。在国民经济中,存在着各种各样的比例关系。主要的比例关系有:积累消费比例,两大部类比例,农轻重比例,工农业生产与能源、运输的比例等。通过综合平衡分析,可以将这些比例同历史情况比较或同国外资料比较,以探索发展经济的途径。

2)指导企业管理

综合平衡分析用于企业管理,可以及时发现薄弱环节,合理使用人力、物力和财力,充分发挥原有技术设备的作用,提高经济效益。

3)有利于提高统计数字的质量

综合平衡统计的资料涉及整个国民经济,而且要在相互联系的平衡体系中加以研究分析,每一数据的准确性都要接受各种平衡关系的检验。因此,开展平衡关系的统计分析,容易发现统计数字的差错。

4)可以补充统计调查难以取得的重要数据

利用平衡关系中的数量对等关系,根据已知指标数值来推算未知的指标数值,以补充统计调查难以取得的重要数据。

9.1.4 平衡法的应用

1)进行统计分析

应用平衡法可以对国民经济中的综合平衡比例关系进行统计分析。此外,平衡法也可以用于研究企业产供销之间的平衡关系。

为了正确地分析社会经济现象的平衡关系,应用平衡法时,除了要用科学的理论指导以外,还应注意以下几个主要方面。

①要将综合平衡与单项平衡、全局平衡与局部平衡结合起来进行分析;

②在分析社会经济现象的平衡关系时,要做到有收必有支,收支必相等;

③将平衡法与其他统计分析方法结合运用。

2)平衡估算

用平衡法估算统计资料,是利用社会经济现象客观存在的平衡关系,在已经获得其他平衡项目实际调查资料的基础上推算和确定平衡关系中未知平衡项目的数据资料。

平衡估算得到的统计资料不是经过实际调查取得的。为了保证平衡估算的结果尽可能符合实际,利用平衡法估算统计资料时,必须注意以下几个问题。

①平衡估算要以客观存在的平衡关系为基础,要对平衡要素做正确的理论分析;

②平衡估算要以准确的实际调查资料为依据,要与其他估算方法相结合;

③对平衡估算的结果应当进行必要的验证。

237

9.2 平衡表

9.2.1 平衡表的结构形式

表现社会经济现象平衡关系的形式主要有平衡表、平衡账户和平衡数学模型等几种。

平衡表是用表格的形式模拟社会再生产中平衡关系的一种数量模型。若将平衡体系中相互联系的各项平衡要素,按照一定的形式排成表格,这种表格就是平衡表。

平衡表按其性质可分为计划平衡表和统计平衡表。统计平衡表又称报告平衡表,是统计表的一种,由主词和宾词两部分组成。一般来说,主词反映所研究的对象及其各种分类分组,宾词反映相互联系的平衡项目。平衡表与一般统计表的根本区别在于平衡表中都有两个相互对应的平衡方面,而且这两个方面在总量上必定相等。

平衡表按其结构形式可以分为以下 3 类。

1)简单平衡法

简单平衡法也称收付式平衡表,它是一种只反映某一种要素平衡关系的平衡表。

常用的简单平衡表以 T 形表为骨架,平衡项目左右排列,通常左方表示收入或资源,右方表示支出或需要,左右两方的总计应该相等。

简单平衡表的特点是表中的平衡关系一目了然,便于对照比较。它的局限在于只能反映一个单位、一种要素的平衡关系(见表9.1)。

表 9.1 某企业固定资产平衡表(简单平衡表) 单位:万元

资　源		使　用	
项　目	数　量	项　目	数　量
期初实有固定资产	456	本期报废	98
本期基建增加	120	本期损失	24
本期专用基金购入	52	本期调出	15
本期调入	20	本期盘亏及其他使用	3
本期盘盈及其他来源	—	期末实有固定资产	508
合　计	648	合　计	648

2)并列式平衡表

并列式平衡表也称复合平衡表,它是将许多单位或许多要素的分类分组放在平衡表的主词栏,而将相互对应的平衡项目放在宾词栏,这就形成了并列式平衡表。

并列式平衡表实际上是由许多简单平衡结合而成的,表中每一个横行就相当于一个简单平衡表。

这种平衡表的特点在于能够同时反映各组的平衡关系,便于分析总体内部各组的收支平衡关系,研究它们的构成比例及其变动(见表9.2)。

表9.2　固定资产平衡表(并列式平衡表)

| | 年初国民财产 | | | | | 本年净增国民财产 | | | | | 年末国民财产 | | | | |
| | 合计 | 固定资产 | | | 流动资产 | 合计 | 固定资产 | | | 流动资产 | 合计 | 固定资产 | | | 流动资产 |
		原值	折旧	净值			原值	折旧	净值			原值	折旧	净值	
一、按部门分类 　冶金工业 　纺织工业 　⋮															
二、按所有制分类 　全民 　集体 　⋮															

3) 棋盘式平衡表

综合反映不同部门、不同地区、不同单位或不同产品的生产与分配相互之间平衡关系的平衡表,就称为棋盘式平衡表。

这是一种特殊的平衡表。其特点是,横行(收入)项目和纵栏(支出)项目相等,顺序相同,一一对应,形似棋盘(见表9.3)。

表9.3　某产品地区间生产与分配平衡表　　　　单位:吨

| | | 分配地区 | | | | 合计 | 输出 |
		地区甲	地区乙	地区丙	地区丁		
生产地区	地区甲	150	20	100	200	470	320
	地区乙	0	100	50	0	150	50
	地区丙	180	40	350	0	570	220
	地区丁	0	40	0	250	290	40
合　计		330	200	500	450	1 480	630
输　入		180	100	150	200	630	

这个棋盘式平衡表中反映了3种平衡关系:

①表中每个横行,反映了某一个生产地区的总产量与该地区生产的产品分配去向之间的平衡关系。

②表中每个纵列,反映了某地区分配到的产品总量与各种分配来源之间的平衡关系。

③将 4 个地区作为一个整体来看,该产品的总产量 1 480 吨与总分配量 1 480 吨相平衡。从以上 3 方面平衡关系可以分析该产品生产与分配的地区分布,研究产品合理的生产布局和合理的分配调运方案。

棋盘式平衡表应用十分广泛,它也是后面讲的投入产出法的基础。

9.2.2　常用平衡表的种类

根据平衡表所反映的具体经济内容,可以把它分为许多类别。这些相互联系的反映社会再生产各个侧面的平衡表,形成了国民经济平衡表体系。在统计上常用的平衡表可分为两大类:一类是反映社会再生产基本要素的平衡表,即反映人力、物力、财力的平衡表;另一类是反映社会再生产过程的平衡表。每一大类中又包括了许多种平衡表,各种平衡表所包括的主要类别如图 9.1 所示。

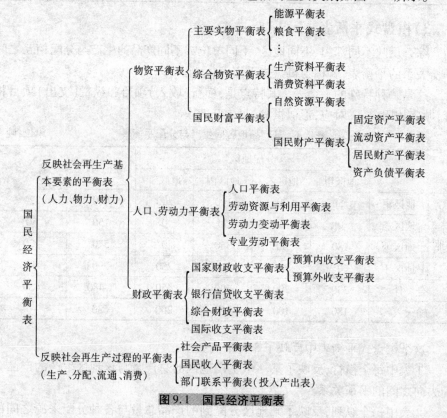

图 9.1　国民经济平衡表

9.3 平衡账户

9.3.1 平衡账户的含义和作用

利用国民经济在数量上的平衡对等关系,将所有相互联系的部门对应的平衡表作为一个整体来看待,就形成了平衡账户体系,简称平衡账户。

平衡账户,又称社会会计矩阵,其原理是采用复式记账方法,即每笔数字都要登记两次,一次登记为收入,另一次登记为支出,并体现在相互联系的两个平衡账户上。平衡账户是一系列 T 字形的账户,右方为收入(或资源)方,左方为支出(或使用)方。这些账户中的每个账户,其收入和支出必须平衡。而且,进入一个账户的"收入",一定是出自另一个账户的"支出",它们的数量也是相等的。在平衡账户体系中,复式记账是通过单式记账即编制各单位的收支平衡表来完成的。

平衡账户体系(矩阵)可大可小,它取决于可利用数据的局限性和编制的目的。在平衡账户体系中,每个平衡账户都是一个相对独立的收付式平衡表,各自反映一个部门本身的收支平衡关系。同时,一个部门平衡账户的收方项目同对应的另一部门平衡账户的付方项目,又反映了各部门之间的收支平衡关系。因此,平衡账户体系的特点是,既反映单项平衡,又反映综合平衡,使两种平衡有机地结合起来。

编制平衡账户,有如下重要的作用。

第一,可以将国民经济各部门之间的收支关系系统化、条理化,便于直观地掌握社会产品和国民收入的生产、分配、再分配和最终使用的全貌。

第二,通过平衡账户,可以清楚地了解财政平衡、信贷平衡、物资平衡和国际收支平衡等四大平衡的状况,找出其中的薄弱环节,提出改进措施。

第三,通过国民经济平衡账户体系中有关指标内容口径的研究,可以为统计方法制度的改革提供必要的信息。

第四,利用平衡关系,检验统计数字,提高统计数字的质量。

9.3.2 平衡账户的一般形式

一般情况下,平衡账户常用 T 字形账户来表示,账户的一方为收入,另一方为支出。假如国民经济各部门分设"生产"、"分配"、"消费"、"积累"、"国外"5

个账户,形成反映国民经济各部门收支平衡账户体系。这5个账户都不是孤立存在的,一个账户的收入必定同另一个账户的支出相联系。

9.3.3　矩阵平衡账户

矩阵平衡账户,又称矩阵表,用来反映较多的收支对应关系,它是一种由横行与纵列交错排列的数字组成的数表。矩阵表的横行表示收入,纵列表示支出。只要将各平衡账户按相同的顺序分别排列在矩阵表的横行和纵列,表中的每个数字都有两重意义,它既是横行账户的收入,又是纵列账户的支出。这样,两个相互联系的平衡账户的收支数字,只需在矩阵表中出现一次。一个复杂的平衡账户体系,只用一张矩阵表就完整地把各种平衡关系反映出来了,这就大大简化了平衡账户的表现形式(见表9.4)。

表 9.4　矩阵平衡账户　　　　单位:亿元

	生产	分配	消费	积累	国外
生产			171	75	4
分配	250				1
消费		171			
积累		75			
国外		5			

9.4　投入产出法

9.4.1　投入产出法的意义特点

投入产出法是一种研究经济联系和经济结构的数量分析方法,它是平衡法的继续和发展。最早是由美国经济学家瓦西里·列昂惕夫提出的。它不仅可以用于研究整个国民经济体系的平衡联系,也可以用于研究各部门、各地区以及联合企业的平衡关系;不仅可用来分析社会产品的平衡,也可用来分析人口、劳动力、固定资产的平衡。

投入产出法的应用范围十分广泛,因为它主要用来分析国民经济各部门之间的数量依存关系,所以投入产出法也称为部门联系平衡法。

投入产出法通过编制投入产出表,建立部门间联系的平衡数学模型,并应用数学方法和电子计算机,去综合研究国民经济各部门"投入"与"产出"的数量平衡关系。它具有以下特点:

第一,投入产出法把综合平衡与单项平衡有机地结合起来;

第二,投入产出法以实物运动和价值运动两方面去反映社会产品的再生产过程,是一种研究社会再生产平衡关系的科学方法;

第三,投入产出法通过建立数学模型,将各部门的"产出"与"投入"确定为线性关系。

9.4.2 投入产出表

1)投入产出表的表式

(1)价值型企业投入产出表的表式结构

价值型企业投入产出表分为 5 个部分,也称为 5 个象限,其格式如表 9.5 所示。

表9.5 价值型企业投入产出表

			中间使用	最终使用	总产出
			$1,2,\cdots,n$	外销、库存、其他	
中间投入	自制产品	1 2 $\vdots$ n	X_{ij}	Y_i	X_i
	外购产品	1 2 $\vdots$ m	g_{ij}	F_i	G_i
最初投入	固定资产折旧 企业管理费 劳动报酬 利润与税金	D_j Q_j V_j M_j			
总投入		X_j			

对表9.5说明如下：

其中第一象限是有一个有 n 行 n 列即 $n \times n$ 的矩阵，称为自制产品消耗矩阵。它表示的是本企业生产的产品供本企业进一步加工使用的数量，是本企业的中间产品。每一个元素 X_{ij} 都有两层含义：从横行看，它表示本企业自制的第 i 种产品的提供给第 j 种产品作生产消耗用的数量；从纵列看，它表示本企业第 j 种产品生产中消耗的本企业自制的第 i 种产品的数量。第一象限反映了企业内部生产的 n 种产品之间生产技术的联系。由于企业内部一般是后工序消耗前工序的产品，即企业内部的消耗关系多是单向的，故第一象限基本上是一个上三角形矩阵。

第二象限是本企业的最终产品，即已退出本期生产过程的自制产品。元素 Y_i 表示本企业生产的第 i 种最终产品的数量。企业的大部分产成品和部分半成品用于外销，提供给本企业的托儿所、子弟校、医院等部门的产品也视为外销。因为这些部门不是本企业的生产部门。提供给本企业基建用的产成品的和半成品（包括在制品）的储备都是企业最终产品。应该注意的是企业的最终产品只是对本企业而言，对其他企业来说，完全可能是中间产品。

第三象限是一个有 m 行 n 列即 $m \times n$ 的矩阵，称为外购产品消耗矩阵。它表示的是外购产品用于本企业各种产品生产消耗的数量。元素 g_{ij} 从横行看表示外购的第 i 种产品提供给本企业第 j 种产品作生产消耗的数量；从纵列看表示本企业第 j 种产品生产中消耗的外购的第 i 种产品的数量。由于在企业投入产出统计中需要特别关心生产中对外购产品的消耗情况，因此，这一部分的产品分类可以完全不同于第一象限。如果某种产品企业自己生产一部分，外购一部分，则把它们分别填入第一象限和第三象限。

第四象限是外购产品提供给本企业作最终使用的数量。元素 F_i 表示外购的第 i 种作最终使用的产品数量。如果没有对外购产品作任何加工而销售出去，也在这一部分反映。

第五象限是企业各种产品应分摊的固定资产折旧费、企业管理费、劳动报酬、利润、税金等。D_j, Q_j, V_j, M_j 分别表示分摊在第 j 种产品上的固定资产折旧费、企业管理费、劳动报酬、利润、税金。以上项目统称为企业的最初投入，用 N_j 表示。表示第 j 种产品的最初投入，即：

$$N_j = D_j + Q_j + V_j + M_j$$

（2）实物型企业投入产出表的结构

实物型企业投入产出表分为4个部分，其表式如表9.6所示。

实物型企业投入产出表的4个部分，除了与价值型企业投入产出表第一至

第四部分的计量单位不同外,各个相应部分的经济意义完全一样。

(3)实物——价值型企业投入产出表的结构

实物——价值型企业投入产出表的结构与价值型企业投入产出表很相似,也分为5个部分,只是它的第一部分和第二部分是用实物度量单位表示的。

表9.6 实物型企业投入产出表

		计量单位	中间使用 1,2,…,n	最终使用 外销、库存、其他	总产出
自制产品	1 2 ⋮ n				
外购产品	1 2 ⋮ m				

2)企业投入产出表的平衡关系

下面以价值型企业投入产出表来说明企业投入产出表的平衡关系。

(1)行平衡关系

价值型企业投入产出表的横行有两种平衡关系。

①第一象限和第二象限反映企业的产出及其分配使用情况,它表示了如下的平衡关系:

$$\genfrac{}{}{0pt}{}{\text{本企业产品供本企}}{\text{业中间使用的数量}} + \genfrac{}{}{0pt}{}{\text{本企业产品供本企}}{\text{业最终使用的数量}} = \genfrac{}{}{0pt}{}{\text{本企业的}}{\text{总产出(品)}}$$

用数学公式表示出来是:

$$x_{11} + x_{12} + \cdots + x_{1n} + Y_1 = X_1$$
$$x_{21} + x_{22} + \cdots + x_{2n} + Y_2 = X_2$$
$$\vdots$$
$$x_{n1} + x_{n2} + \cdots + x_{nm} + Y_n = X_n$$

或表示为:

$$\sum_{j=1}^{n} X_{ij} + Y_i = X_i (i = 1, 2, \cdots, n) \tag{9.1}$$

该方程组称为自制产品的分配方程组。

②第三象限和第四象限反映外购产品的分配使用情况,它表示了如下平衡关系:

外购产品供本企 业中间使用的数量 $+$ 外购产品供本企业 最终使用的数量 $=$ 外购产 品总量

用数学公式表示出来是:

$$g_{11} + g_{12} + \cdots + g_{1n} + F_1 = G_1$$
$$g_{21} + g_{22} + \cdots + g_{2n} + F_2 = G_2$$
$$\vdots$$
$$g_{m1} + g_{m2} + \cdots + g_{mn} + F_m = g_m$$

或表示为:

$$\sum_{j=1}^{n} g_{ij} + F_i = G_i (i = 1, 2, \cdots, m) \tag{9.2}$$

(2)列平衡关系

从价值型企业投入产出表的垂直方向看,第一、二、五象限反映企业的总投入,表明了企业产品的价值形成过程。它表示了如下平衡的关系:

企业的中间投入 + 企业的最初投入 = 企业的总投入

或

转移价值 + 新创造价值 = 企业的总产值

用数学公式表示出来是:

$$x_{11} + x_{21} + \cdots + x_{n1} + g_{11} + g_{21} + \cdots + g_{m1} + N_1 = X_1$$
$$x_{12} + x_{22} + \cdots + x_{n2} + g_{12} + g_{22} + \cdots + g_{m2} + N_2 = X_2$$
$$\vdots$$
$$x_{1n} + x_{2n} + \cdots + x_{nn} + g_{1n} + g_{2n} + \cdots + g_{mn} + N_n = X_n$$

或表示为:

$$\sum_{i=1}^{n} x_{ij} + \sum_{i=1}^{m} g_{ij} + N_j = X_j (j = 1, 2, \cdots, n) \tag{9.3}$$

该方程组称为企业的生产方程组。

对于任何一种产品来说,其自制产品的分配方程等于生产方程,即对于第 k 种产品有:

$$\sum_{j=1}^{n} x_{kj} + Y_k = \sum_{i=1}^{n} x_{ik} + \sum_{i=1}^{m} g_{ik} + N_k$$

实物型企业投入产出表除了纵列不能加总外,行平衡关系及数学表达式与价值型企业投入产出表一样。

3）案例分析

利用投入产出法分析国民经济各部门的平衡关系,首先要将国民经济加以适当的分类,然后才能编制反映部门间平衡联系的投入产出表。投入产出分析是把产品途径、生产消耗结构、生产工艺基本相同的同类产品作为一个部门,这种部门称为产品部门或称纯部门。

为了将各部门的经济联系表现出来,就需要编制投入产出平衡表,又称为投入产出表。

投入产出表有许多种类,从性质上分为计划表和统计表(也称报告表);从包括的范围上分为全国表、地区表、部门表和企业表等;从内容上分为产品表、劳动表、固定资产表等;从计量单位上分为实物表和价值表(见表9.7)。

表9.7　价值投入产出表　　　　　单位:万元

产出		中间产品				最终产品				
		部门1	部门2	部门3	合计	固定资产更新	积累	消费	合计 Y_i	总产品 X_i
生产部门	部门1	48 (X_{11})	147 (X_{12})	16 (X_{13})	211	5	26	78	109 (Y_1)	320 (X_1)
	部门2	64 (X_{21})	490 (X_{22})	80 (X_{23})	634	50	80	216	346 (Y_2)	980 (X_2)
	部门3	8 (X_{31})	98 (X_{32})	32 (X_{33})	138	6	60	116	182 (Y_3)	320 (X_3)
	合计	120	735	128	983	61	166	410	637	1 620
增加值	固定资产折旧 D_j	4 (D_1)	49 (D_2)	8 (D_3)	61					
	劳动报酬 V_j	147 (V_1)	88 (V_2)	64 (V_3)	299					
	社会纯收入 M_j	49 (M_1)	108 (M_2)	120 (M_3)	277					
	合计 (N_j)	200 (N_1)	245 (N_2)	192 (N_3)	637					
	总产值 (X_j)	320 (X_1)	980 (X_2)	320 (X_3)	1 620					

投入产出表将国民经济分为几个部门,表9.7中假设为3个部门,用 X_{ij} 表示第 j 部门生产中对第 i 部门产品的消耗量;用 Y_i 表示第 i 部门提供的最终产品

量;用 D_i 表示第 j 部门的固定资产折旧;用 V_j 表示第 j 部门的劳动报酬量;用 M_j 表示第 j 部门创造的社会纯收入;用 N_j 表示第 j 部门增加值合计;有 X_i 表示第 i 部门的总产品量或总产值。

价值形态的投入产出表由 4 个部分组成:左上部是第一部分,这是由各生产部门组成的棋盘式平衡表,它是投入产出表的核心部分。横行表示每个部门提供给各生产部门作为中间产品消耗的产品数量,纵列表示每个部门在生产中消耗各部门产品的数量;右上部是第二部分,这是第一部分在水平方向的延伸,横栏是生产部门,纵栏是最终使用项目,反映各部门提供作为最终产品使用的数量;左下部是第三部分,这是第一部分在垂直方向的延伸曲,反映各部门的固定资产折旧、劳动报酬和创造的社会纯收入,即增加值的初次分配情况;右下部是第四部分,反映国民收入的再分配,因为这一部分关系复杂,反映的再分配过程并不完整,所以通常没有利用。

在投入产出表中,存在着许多平衡关系,利用这些平衡关系,可以建立相应的平衡数学模型,平衡数学模型是经济数学模型的一种。在价值型投入产出表中,存在着 4 个方面的平衡关系,利用这 4 种平衡关系可以建立相应的平衡数学模型:

(1)产品生产与使用平衡模型

中间产品 + 最终产品 = 总产品

$$(x_{11} + x_{12} + \cdots + x_{1n}) + Y_1 = X_1$$
$$(x_{21} + x_{22} + \cdots + x_{2n}) + Y_2 = X_2$$
$$\vdots$$
$$(x_{n1} + x_{n2} + \cdots + x_{nn}) + Y_n = X_n$$

或

$$\sum_{j=1}^{n} x_{ij} + Y_i = X_i$$

表 9.7 中,部门 1 有:

$(48 + 147 + 16 + 109)$ 万元 $= 320$ 万元

(2)价值构成平衡模型

中间产品消耗 + 增加值 = 总产值

即

$$(x_{11} + x_{21} + \cdots + x_{n1}) + N_1 = X_1$$
$$(x_{12} + x_{22} + \cdots + x_{n2}) + N_2 = X_2$$
$$\vdots$$

$$(x_{1n} + x_{2n} + \cdots + x_{nn}) + N_n = X_n$$

或

$$\sum_{i=1}^{n} x_{ij} + N_j = X_j$$

表 9.7 中,部门 1 有:

$[(48 + 64 + 8) + (4 + 147 + 49)]$万元 $= 320$ 万元

(3)总产量与总产值平衡

$$\sum_{j=1}^{n} x_{kj} + y_k = \sum_{i=1}^{n} x_{ik} + N_k$$

表 9.7 中,部门 2 有:

$[(64 + 490 + 80) + 346]$万元 $= [(147 + 490 + 98) + 245]$万元 $= 980$ 万元

(4)增加值总量与最终产品的平衡

$$\begin{cases} \sum_{i=1}^{n} X_i = \sum_{j=1}^{n} X_j \\ \sum_{i=1}^{n} \left(\sum_{j=1}^{n} x_{ij} + y_i \right) = \sum_{j=1}^{n} \left(\sum_{i=1}^{n} x_{ij} + N_j \right) \end{cases}$$

$$\Rightarrow \sum_{i=1}^{n} y_i = \sum_{j=1}^{n} N_j$$

表 9.7 中有:

$$\sum_{i=1}^{n} yi = (109 + 346 + 182) \text{万元} = 637 \text{万元}$$

$$\sum_{j=1}^{n} N_j = (61 + 299 + 277) \text{万元} = 637 \text{万元}$$

9.4.3 基本的投入产出参数

上边所建立的投入产出平衡方程反映了企业生产中的内在联系和协调关系。但是它们只能说明某一年的平衡关系。要用所编的投入产出表对今后年份的经济情况进行分析和预测,就必须引进相对稳定的因素,这就是能够反映企业各种产品之间相互联系程度的投入产出参数。基本的投入产出参数有直接消耗系数、完全消耗系统、完全需求系数,本节主要介绍前两种系数。

1) 直接消耗系数

(1) 直接消耗系数的经济意义

直接消耗系数也称为技术消耗系数或中间投入系数,一般用 a_{ij} 表示。其经济意义是:生产单位 j 产品要直接消耗的 i 产品数量。由实物型投入产出表确定的直接消耗系数,就是各种产品的平均消耗定额,由价值型投入产出表确定的直接消耗系数,是以价值形式表现的产品平均消耗定额。

在投入产出分析中,直接消耗的系数是对总产品而言的。一种产品对各种产品的直接消耗系数可以用该种产品总产量分别去除所直接消耗的各种产品量来计算,即直接消耗系数的计算公式是:

$$a_{ij} = \frac{x_{ij}}{X_j}(i,j = 1,2,\cdots,n)$$

如 $a_{23} = X_{23}/X_3$,它表示生产单位第 3 种产品对第 2 种产品的直接消耗量。当 i 和 j 相等时,表示生产单位某种产品对本产品的消耗量。如 a_{33},表示生产单位第 3 种产品对第 3 种产品的直接消耗量。

直接消耗系数可以用实物形式表示,也可以用价值式表示。若以 a_{ij}^* 和 a_{ij} 分别表示实物型直接消耗系数和价值型直接消耗系数,若以 x_{ij} 和 q_{ij} 分别表示实物中间流量和价值中间流量,以 Q_j 和 X_j 分别表示实物总产量和价值总产量,以 P_i 和 P_j 表示第 i 种和第 j 种产品的价格,则二者有如下的联系:

$$a_{ij} = \frac{x_{ij}}{X_j} = \frac{q_{ij}P_i}{Q_j p_j} = \frac{q_{ij}}{Q_{ij}} \cdot \frac{P_i}{P_j} = a_{ij}^* \frac{P_i}{P_j}$$

利用投入产出表可以计算出 $n \times n$ 个直接消耗系数。直接消耗系数的整体,即 $n \times n$ 个直接消耗系数,一般用矩阵 A 或 $A*$ 表示。

$$A = \begin{bmatrix} a_{11} & a_{12} & \cdots & a_{1n} \\ a_{21} & a_{22} & \cdots & a_{2n} \\ \vdots & \vdots & & \vdots \\ a_{n1} & a_{n2} & \cdots & a_{nn} \end{bmatrix}$$

$$A^* = \begin{bmatrix} a_{11}^* & a_{12}^* & \cdots & a_{nn}^* \\ a_{21}^* & a_{22}^* & \cdots & a_{2n}^* \\ \vdots & \vdots & & \vdots \\ a_{n1}^* & a_{n2}^* & \cdots & a_{nn}^* \end{bmatrix}$$

A 为价值型直接消耗系数矩阵。A^* 称为实物型直接消耗系数矩阵。在投入产出分析中,直接消耗系数具有重要的意义,它不仅反映了直接消耗联系的各种产品之间或部门之间的数量依存关系,而且也是计算其他两个基本投入产出参数的基础,直接消耗系数的大小主要取决于生产技术因素,同时也受一些经济因素的影响,如产品或部门分类的粗细,价值型直接消耗系数不受相对价格的影响。因此,严格地说直接消耗系数反映的是产品或部门之间的技术经济联系。

（2）企业直接消耗系数

对于企业投入产出模型来说,有两种直接消耗系数:自制产品直接消耗系数和外购产品直接消耗系数。

①自制产品直接消耗系数。自制产品直接消耗系数 a_{ij} 是本企业生产一个单位的 j 产品对本企业自制的第 i 种产品的直接消耗量,即:

$$a_{ij} = \frac{x_{ij}}{X_j}(i,j = 1,2,\cdots,n)$$

自制产品直接消耗系数反映了企业内部各种产品之间的联系。

②外购产品直接消耗系数。外购产品直接消耗系数是本企业生产一个单位的 j 产品对外购的第 i 种产品的直接消耗量,即:

$$a_{ij}^g = \frac{g_{ij}}{X_j}(i = 1,2,\cdots,m; j = 1,2,\cdots,n)$$

外购产品直接消耗系数反映了企业生产对外企业产品的依赖程度。

（3）最初投入系数

从上边直接消耗系数的计算公式可以看出,直接消耗系数实际上是某一种中间投入在总投入中的比重。类似地,也可以计算各项最初投入在总投入中的比重,这就是最初投入系数。根据企业投入产出表,可以计算企业的固定资产折旧系数、企业管理费系数、劳动报酬系数、利税系数等。

固定资产折旧系数,是生产的单位 j 产品应分摊的固定资产折旧费,其计算公式是:

$$a_{Dj} = \frac{D_j}{X_j}(j = 1,2,\cdots,n)$$

企业管理费系数,是生产单位 j 产品应分摊的企业管理费,其计算公式是:

$$a_{Qj} = \frac{Q_j}{X_j}(j = 1,2,\cdots,n)$$

劳动报酬系数,是生产单位 j 产品应支付的劳动报酬,其计算公式是:

$$a_{Vj} = \frac{V_j}{X_j}(j = 1,2,\cdots,n)$$

劳动报酬系数是一个非常重要的系数。它反映了企业劳动生产率的高低,事实上,劳动报酬系数的倒数就是劳动生产率。同时劳动报酬系数也是企业测定工资总额,制订用工计划的依据。

利税系数,是生产单位 j 产品产生的利润和税金,其计算公式是:

$$a_{Mj} = \frac{M_j}{X_j}(j = 1, 2, \cdots, n)$$

由于有:

$$\sum_{i=1}^{n} x_{ij} + \sum_{i=1}^{m} g_{ij} + D_j + Q_j + V_j + M_j = X_j (j = 1, 2, \cdots, n)$$

所以同一列直接消耗系数与最初投入系数之和等于1,即:

$$\sum_{i=1}^{n} a_{ij} + \sum_{i=1}^{m} a_{ij} + a_{Dj} + a_{Qj} + a_{Vj} + a_{Mj} = 1(j = 1, 2, \cdots, n)$$

(4)引进直接消耗系数的企业投入产出模型

把企业直接消耗系数引进自制产品分配方程组、外购产品分配方程组、生产方程组,可以得到下面3个企业投入产出模型:

①自制产品模型。

由 $a_{ij} = \frac{x_{ij}}{X_j}$,有 $x_{ij} = a_{ij}X_j$

将其代入9.1式得:

$$a_{11}X_1 + a_{12}X_2 + \cdots + a_{1n}X_n + Y_1 = X_1$$
$$a_{21}X_1 + a_{22}X_2 + \cdots + a_{2n}X_n + Y_2 = X_2$$
$$\vdots$$
$$a_{n1}X_1 + a_{n2}X_2 + \cdots + a_{nn}X_n + Y_n = X_n$$

令 A 是以 a_{ij} 为元素的矩阵,X 和 Y 分别是以 $X_1, X_2, \cdots, X_n$ 和 $Y_1, Y_2, \cdots, Y_n$ 为元素的列向量,即:

$$A = \begin{bmatrix} a_{11} & a_{12} & \cdots & a_{1n} \\ a_{21} & a_{22} & \cdots & a_{2n} \\ \vdots & \vdots & & \vdots \\ a_{n1} & a_{n2} & \cdots & a_{nn} \end{bmatrix}, X = \begin{bmatrix} X_1 \\ X_2 \\ \vdots \\ X_n \end{bmatrix}, Y = \begin{bmatrix} Y_1 \\ Y_2 \\ \vdots \\ Y_n \end{bmatrix}$$

则上述自制产品分配方程组可以表示成如下的矩阵形式:

$$AX + Y = X$$

整理后有:

$$Y = (I - A)X \tag{9.4}$$

$$X = (I - A)^{-1}Y \tag{9.5}$$

其中，I 是对角线上的元素为 1，其余元素为 0 的单位矩阵，即：

$$I = \begin{bmatrix} 1 & 0 & \cdots & 0 \\ 0 & 1 & \cdots & 0 \\ \vdots & \vdots & \ddots & \vdots \\ 0 & 0 & \cdots & 1 \end{bmatrix}$$

9.4 式和 9.5 式是企业自制产品投入产出模型，它们反映了企业总产品与企业自制产品之间的联系。

②外购产品模型。

由 $a_{ij}^g = \dfrac{g_{ij}}{X_j}$，有 $g_{ij} = a_{ij}^g X_j$

将其代入 9.2 式得：

$$a_{11}^g X_1 + a_{12}^g X_2 + \cdots + a_{1n}^g X_n + F_1 = G_1$$
$$a_{21}^g X_1 + a_{22}^g X_2 + \cdots + a_{2n}^g X_n + F_2 = G_2$$
$$\vdots$$
$$a_{m1}^g X_1 + a_{m2}^g X_2 + \cdots + a_{mn}^g X_n + F_m = G_m$$

设 A^g 是以 a_{ij}^g 为元素的矩阵，F 和 G 分别是 $F_1, F_2, \cdots F_m$ 和 $G_1, G_2, \cdots G_m$ 为元素的列向量，即：

$$A^g = \begin{bmatrix} a_{11}^g & a_{12}^g & \cdots & a_{1n}^g \\ a_{21}^g & a_{22}^g & \cdots & a_{2n}^g \\ \vdots & \vdots & & \vdots \\ a_{m1}^g & a_{m2}^g & \cdots & a_{mn}^g \end{bmatrix}, F = \begin{bmatrix} F_1 \\ F_2 \\ \vdots \\ F_m \end{bmatrix}, G = \begin{bmatrix} G_1 \\ G_2 \\ \vdots \\ G_m \end{bmatrix}$$

则上述外购产品分配方程组可以表示成如下的矩阵形式：

$$A^g X + F = G \tag{9.6}$$

9.6 式反映了外购产品总量与企业产品之间的联系。在自制产品一定的情况下，企业生产量越多，对外购产品的需要量就越大。

把 9.5 式代入 9.6 式中，可以建立本企业全部最终产品与外购产品之间的联系：

$$A^g (I - A)^{-1} Y + F = G \tag{9.7}$$

③列投入产出模型。

把 $x_{ij} = a_{ij} X_j$ 和 $g_{ij} = a_{ij}^g X_j$ 代入公式(3)有：

$$\sum_{i=1}^{n} a_{ij}X_j + \sum_{i=1}^{m} a_{ij}^g X_j + N_j = X_j(j = 1, 2, \cdots, n)$$

$$令\ C = \begin{bmatrix} \sum_{i=1}^{n} a_{il} + \sum_{i=1}^{m} a_{il}^g & & \\ & \sum_{i=1}^{n} a_{i2} + \sum_{i=1}^{m} a_{i2}^g & \\ & & \ddots & \\ & & & \sum_{i=1}^{n} a_{in} + \sum_{i=1}^{m} a_{in}^g \end{bmatrix}$$

则企业生产方程组可表示成如下的矩阵形式：

$$CX + N = X$$

整理后有：

$$N = (I - C)X \tag{9.8}$$

$$X = (I - C)^{-1}N \tag{9.9}$$

2）完全消耗系数

（1）完全消耗系数的概念

完全消耗系数一般用 b_{ij} 表示，指生产单位 j 最终产品要直接消耗和全部间接消耗的 i 产品数量。

间接消耗是指某种产品通过消耗其他产品而间接对一种产品的消耗。比如，生产 j 产品要直接消耗 k 产品，而生产 k 产品要直接消耗 i 产品。间接消耗是一种多层次的十分复杂的相互关系，有第一次间接消耗、第二次间接消耗，直至无数次间接消耗。各次间接消耗的总和，就是全部间接消耗。直接消耗与间接消耗之和是完全消耗。

完全消耗 = 直接消耗 + 全部间接消耗

完全消耗系数 = 直接消耗系数 + 全部间接消耗系数

（2）完全消耗系数的求解

由于间接消耗的层次很多，以至有无穷多次，因此，不能像直接消耗系数那样，通过统计观测的方法加以确定。但是如上所说，对某种产品是间接消耗，而对另一种产品来说却是直接消耗。比如 j 产品对 i 产品是间接消耗，但是 k 产品对 i 产品却是直接消耗。无论间接消耗的层次有多少，都可以归结为其他产品的直接消耗，故可以通过直接消耗系数来计算求得完全消耗系数。

令 B 是完全消耗系数矩阵，A 是指直接消耗系数矩阵，即：

$$B = \begin{bmatrix} b_{11} & b_{12} & \cdots & b_{1n} \\ b_{21} & b_{22} & \cdots & b_{2n} \\ \vdots & \vdots & & \vdots \\ b_{n1} & b_{n2} & \cdots & b_{nn} \end{bmatrix}$$

则 $B = (I-A)^{-1} - I$

完全消耗系数的求得是投入产出法最突出的特点之一,它比直接消耗系数更能深刻地反映产品之间或部门之间的生产技术联系。

(3)完全消耗系数的特点

与直接消耗系数 a_{ij} 相比较,完全消耗系数 b_{ij} 有以下特点:

第一,完全消耗系数是相对于最终产品而言的,直接消耗系数是相对于总产品而言的;

第二,因为第一个原因,故无论对实物型投入产出模型还是价值型投入产出模型,完全消耗系数 b_{ij} 可以大于或等于 1。而价值型投入产出模型的直接消耗系数必定小于 1,因为产品生产中对一种产品的消耗价值不可能等于或大于其总产值。即 $x_{ij} < X_j$。实物型投入产出模型的直接消耗系数可以等于或大于 1,但是主对角线上的直接消耗系数也必定小于 1,因为生产任何一种产品时,都不可能自己把自己生产的全部产品又投入到自身的生产中去。

第三,由于存在着间接消耗,完全消耗系数总是大于对应的直接消耗系数,即 $b_{ij} > a_{ij}$。即使直接消耗系数为 0,完全消耗系数也不为 0。

第四,完全消耗系数不能直接用统计观测的方法求得,只能通过直接消耗矩阵计算得到。直接消耗系数可以直接用统计观测的方法求得。

255

本章小结:

1. 在哲学上,平衡就是矛盾暂时的相对的统一。在统计学上,社会经济现象的各构成要素在数量上常常表现为一定数量的对等关系或相互衔接关系,也就是平衡关系。

2. 对客观存在的相互联系、相互矛盾的经济要素同时加以研究,使其在规模、速度、比例上相互协调和相互衔接的数量分析方法称为平衡法。

3. 利用平衡法可以研究国民经济的主要比例关系、指导企业管理、提高统计数字的质量、补充统计调查难以取得的重要数据,在此基础上还可以进行统计分析、平衡估算。

4. 表现社会经济现象平衡关系的形式主要有：平衡表、平衡账户和平衡数学模型等。平衡表又分为简单平衡表、并列式平衡表和棋盘式平衡表，它是用表格的形式模拟社会再生产关系的一种数量模型。平衡账户可分为一般形式和矩阵平衡账户，它将所有相互联系的部门对应的平衡表作为一个整体来看待。

5. 投入产出法是一种研究经济联系和经济结构的数量分析方法，是平衡法的继续和延伸。主要用来分析国民经济各部门之间的数量依存关系，因此又称为部门联系平衡法。

6. 投入产出表共有 5 个部分，也称为 5 个象限。具有行平衡关系和列平衡关系。

7. 通过计算投入产出表中各象限之间的关系，可以得出投入产出参数，以更精确的描述各部门之间的相互依存程度。投入产出参数包括：直接消耗系数、完全消耗系数、完全需求系数。

关键词：

平衡、平衡法、平衡表、平衡账户、平衡数学模型、简单平衡表、棋盘式平衡表、并列式平衡表、矩阵平衡账户、投入产出法、投入产出表、直接消耗系数、完全消耗系数、完全需求系数。

练习题

一、名词解释

平衡	平衡法
单项平衡	综合平衡
衡表	平衡账户
矩阵平衡账户	投入产出法
静态平衡	动态平衡
直接消耗系数	完全消耗系数

二、简答

1. 平衡表的主要结构类型如何？

2. 棋盘式平衡表有何优点？

3. 平衡账户与平衡表有何区别？

4. 举例说明单项平衡与综合平衡。

5. 投入产出表的结构特点及其所反映的经济内容是什么？

6.在基本平衡式方面实物型投入产出表与价值型投入产出表有何异同？

7.直接消耗系数主要受哪些因素影响？

8.$a_{ij}X_j$ 和 $b_{ij}Y_j$ 的差异何在？

三、业务题

1.19××年国家物资部门关于甲产品有下述资料:期初库存300,期末库存100,当年收入量9 840;由外贸统计得知当年进口240;据各主管部门报知当年市场销售量为1 160;由《产品供货合同执行情况》知,当年拨交给申请使用单位的数量为10 090;从国家储备局得知当年增加储备200;另外,上年拨给使用单位未使用而退回的合格品为20;自然损失和盘亏合计为10(以上数字单位均为件)。试根据上述资料编制甲产品资源分配统计平衡表。

2.现在 A,B,C,D 4 地区生产空调,已知某年度内:A 地生产 40 万台,向本地发货 15 万台,向 B 地发货 5 万台,向 C 地发货 10 万台,向 D 地发货 10 万台,B 地生产 25 万台,向本地发货 5 万台,向 A 地发货 5 万台,向 C 地发货 10 万台,向 D 地发货 5 万台;C 地生产 30 万台,向本地发货 5 万台,A 地发货 10 万台,B 地发货 10 万台,D 地发货 5 万台;D 地生产 15 万台,向本地发货 5 万台,B 地发货 5 万能台,C 地发货 5 万台。试编制棋盘式平衡表显示空调的地区间流动状况。

3.下面是一张用具体数字编制的部门联系平衡表,分析产品去向和产品来源等各项平衡关系,详细分析国民经济部门的物质技术联系和社会经济联系。

单位:万元

产品去向 / 产品来源	消耗部门(作为中间产品被耗用)					净产值			总产品
	电	煤	钢	…	合计	消费	积累	合计	
生产部门 电	10	12	22	…	150	10		10	160
生产部门 煤	40	2	30	…	105	24	1	25	130
生产部门 钢	1	1	1	…	230	8	2	10	240
⋮	⋮	⋮	⋮	⋮	⋮	⋮	⋮	⋮	⋮
合 计	120	100	170	…	3 200	2 100	700	2 800	6 000
净产值 劳动报酬	5	12	20	…	1 600				
净产值 社会纯收入	35	18	50	…	1 200				
净产值 合 计	40	30	70	…	2 800				
总产值	160	130	240	…	6 000				

练习题答案

第 1 章

一、名词解释(略)

二、简答(略)

三、业务题

6. 总体单位总量:12 000

标志总量:10 700

人均工资:0.583 万元/人

人均产值:东风厂为 0.8 万元/人

新华厂为 0.857 万元/人

总人均产值:0.833 万元/人

第 2 章

一、名词解释(略)

二、简答(略)

三、业务题

1. 全距:$R = \max - \min = (169 - 152)$听 $= 17$ 听

分六组,则组距 $d = 17/6 = 2.83$,取整数 3

重　　量	罐头个数/听
152~155	3
156~158	9
159~161	8
162~164	5
165~167	3
168~170	2
合　　计	30

2. 全距:$R = 146 - 81 = 65$

分八组,则组距 $d = 65/8 = 8.1$,取整数 9

生产定额下限	频　数	累计频数	累计频率/%
81~89	4	4	8%
90~98	4	8	16%
99~107	13	21	42%
108~116	8	29	58%
117~125	9	38	76%
126~134	5	43	86%
135~144	5	48	96%
145~146	2	50	100%
合　　计	50		

3. 低收入组:1 000 户 ×20% = 200 户

中收入组:1 000 户 ×50% = 500 户

高收入组:1 000 户 ×30% = 300 户

按收入分组/元	农户数	拥有电视机/台
1 000 以下	200	11
1 000～1 500	500	99
1 500 以上	300	140
合　　计	1 000	250

第 3 章

一、名词解释(略)

二、简答(略)

三、业务题

1. 1.94%

2. 甲　109.9%

　　乙　78.7%

　　丙　193.33%

4. 两个季度

5. 一个季度

6. ①

	2000 年	2001 年
甲车间　结构相对指标	40%	60%
乙车间　结构相对指标	60%	40%

②甲车间的单位成本比乙车间的单位成本低,当甲车间结构相对指标升高后,全厂的单位成本自然下降。

8. 225%

9. ①3.88%

　②4.12%

10. 310 元

11. ①甲的均值 1 168 小时,乙的均值 1 252 小时,乙＞甲

　②中位数:甲　1 140 件　　乙　1 271 件

　　众　数:甲　1 116 件　　乙　1 287 件

12. 乙的每公顷产量较高且更稳定。

14. 甲具有推广价值且更稳定。

15. 平均产量　7 050 kg/ha　总产量　282 000 kg

17.

	全距	平均差	标准差
第一组	100	26	32
第二组	6	2	2

乙组的平均数代表性大。

18. 640 人

19. 甲厂月劳动生产率　　0.136 万元/人

　　乙厂月劳动生产率　　0.155 万元/人

　　两厂综合劳动生产率　0.145 万元/人

20. 0.855 元

21. 1 263 人

22. ①全期平均增长量为 790 元

	1986 年	1987 年	1988 年	1989 年	1990 年
逐期增长量	645	870	1 620	661.4	153.6
累计增长量	645	1 515	3 135	3 796.4	3 950

②

	1986 年	1987 年	1988 年	1989 年	1990 年
定基发展速度	115	135.2	172.8	188.2	191.8
环比发展速度	115	117.6	127.8	108.9	101.9

③

	1986 年	1987 年	1988 年	1989 年	1990 年
定基增长速度	15	35.2	72.8	88.2	91.8
环比增长速度	15	17.6	27.8	8.9	1.9

④81.014

第4章

一、名词解释(略)

二、简答(略)

三、业务题

1. ①

	甲商品	乙商品	丙商品
价格指数	1.5	1.2	0.95
销售量指数	1.2	0.95	1.1

②销售额指数为1.35,增加额为147 300元

③销售量总指数为1.109 5,增加额为46 000元

④价格总指数为1.217,绝对金额为101 300元

2. ①产量总指数为1.034

②绝对金额的变化为40.8 千元

3. ①计划成本指数为0.930 1;比2000 年降低了0.069 9;节约金额710 000 元
实际成本降低了6.63%;节约金额663 600 元

②成本指数为0.932 4 节约金额为723 600 元

4. 1.023 6

5. 1.235

6. ①1.96%

②220.8 亿元

7. ①降低了2.17%

②117.65

③增加4.47%

④总额增加4.9%

8. 副食品物价指数为110.898%

食品类物价指数为108.06%

全部零售物价指数为104.03%

10. 总指数 = 1.98%,总指数绝对额 = 995.9 万元

三种因素影响程度1.98% = 1.44% × 106.25% × 1.29%

三种因素影响绝对值995.9 = 451.2 + 91.65 + 453.05

11.①平均成本指数为93.61%;节约金额为7.5万元。

②93.61% = 94.41% × 99.15%, -0.15 = -0.13 + (-0.02)

第5章

一、名词解释(略)

二、简答(略)

三、业务题

1.0.004 87

2.

数量增加倍数	1	3	-0.5	-0.75
平均误差变化倍数	$1/\sqrt{2}$	$1/2$	$\sqrt{2}$	2

3.

平均数	极限误差	相对极限误差
300	14.7	4.9%
30	0.588	1.98%

4.[93.05%,96.95%]

5.84 个   234 个

6.370

7.24.712 ~ 27.288 cm

8.甲[30.37,33.63]   乙[32.54,39.46]

9.7 批

10.①95% ;1.54%

②合格率区间[91.92,98.08],合格数量区间[1 839,1 961]

③86.64%

第6章

一、名词解释(略)

二、简答(略)

三、业务题

1.（1）$H_0: \mu \geq 220$ $H_1: \mu < 220$

2.（1）$H_0: \mu \leq 1$ $H_1: \mu > 1$

   （2）认为 $\mu > 1$，而实际情况并非如此

   （3）认为 $\mu \leq 1$，而实际情况并非如此

3.（1）$z = 2.05$，如果 $z > 2.05$，则拒绝 H_0。

   （2）$z = 1.36$

   （3）$P = 0.869$

   （4）不能拒绝 H_0。

4. 接受 $H_0(\mu_1 = \mu_2)$。

5. 可以认为调查结果支持了 14.7% 的看法。

第 7 章

一、名词解释（略）

二、简答（略）

三、业务题

1.①√   ②√   ③×   ④√

3.①$y = 20.4 + 5.2x$

  ②5.06

  ③91.35%

  ④0.99

4.①$y = 9.965 - 0.054x$

  ②5.4

  ③7.805

5.①$y = 0.82 + 0.41x$

  ②$a = 0.82, b = 0.41$

  ③5.892

6.91.2 元

第 8 章

一、名词解释(略)

二、简答(略)

三、业务题

1. ①65.8

   ②65.17

2. 1 416.7

第 9 章

(略)

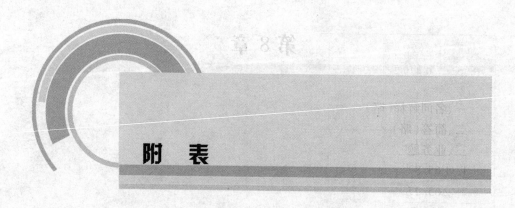

附　表

附表 1　概率表

t	$F(t)$	t	$F(t)$	t	$F(t)$	t	$F(t)$
0.0	0.000 0	0.32	0.251 0	0.64	0.477 8	0.96	0.662 9
0.1	0.008 8	0.33	0.258 6	0.65	0.348 4	0.97	0.668 0
0.2	0.016 0	0.34	0.266 1	0.66	0.490 7	0.98	0.672 9
0.3	0.023 9	0.35	0.273 7	0.67	0.497 1	0.99	0.677 8
0.4	0.031 9	0.36	0.281 2	0.68	0.503 5	1.00	0.682 7
0.5	0.399 0	0.37	0.288 6	0.69	0.509 8	1.01	0.687 5
0.6	0.047 8	0.38	0.296 1	0.70	0.516 1	1.02	0.692 3
0.7	0.055 8	0.39	0.303 5	0.71	0.522 3	1.03	0.697 0
0.8	0.063 8	0.40	0.310 8	0.72	0.528 5	1.04	0.701 7
0.9	0.071 7	0.41	0.318 2	0.73	0.534 6	1.05	0.706 3
0.10	0.079 7	0.42	0.325 5	0.73	0.540 7	1.06	0.710 9
0.11	0.876 0	0.43	0.332 8	0.74	0.546 7	1.07	0.715 4
0.12	0.095 5	0.44	0.340 1	0.75	0.552 7	1.08	0.719 9
0.13	0.103 4	0.45	0.347 3	0.76	0.558 7	1.09	0.724 3
0.14	0.111 3	0.46	0.354 5	0.78	0.564 6	1.10	0.728 7

t	$F(t)$	t	$F(t)$	t	$F(t)$	t	$F(t)$
0.15	0.119 2	0.47	0.361 6	0.79	0.570 5	1.11	0.738 0
0.16	0.127 1	0.48	0.368 8	0.80	0.576 3	1.12	0.737 3
0.17	0.135 0	0.49	0.375 9	0.81	0.582 1	1.13	0.741 5
0.18	0.142 8	0.50	0.382 9	0.82	0.587 8	1.14	0.745 7
0.19	0.150 7	0.51	0.389 9	0.83	0.593 5	1.15	0.749 9
0.20	0.158 5	0.52	0.396 9	0.84	0.599 1	1.16	0.754 0
0.21	0.166 3	0.53	0.403 9	0.85	0.604 7	1.17	0.758 0
0.22	0.174 1	0.54	0.410 8	0.86	0.610 2	1.18	0.762 0
0.23	0.181 9	0.55	0.417 7	0.87	0.615 7	1.19	0.766 0
0.24	0.189 7	0.56	0.421 5	0.88	0.621 1	1.20	0.769 9
0.25	0.197 4	0.57	0.431 3	0.89	0.626 5	1.21	0.773 7
0.26	0.205 1	0.58	0.438 1	0.90	0.631 9	1.22	0.777 5
0.27	0.212 8	0.59	0.444 8	0.91	0.637 2	1.23	0.781 3
0.28	0.220 5	0.60	0.451 5	0.92	0.642 4	1.24	0.785 0
0.29	0.228 2	0.61	0.458 1	0.93	0.647 6	1.25	0.788 7
0.30	0.235 8	0.62	0.464 7	0.94	0.652 8	1.26	0.792 3
0.31	0.233 4	0.63	0.471 3	0.95	0.657 9	1.27	0.795 9
1.28	0.799 5	1.61	0.892 6	1.94	0.947 6	2.54	0.988 9
1.29	0.803 0	1.62	0.894 8	1.95	0.948 8	2.56	0.989 5
1.30	0.806 4	1.63	0.896 9	1.96	0.950 0	2.58	0.990 1
1.31	0.809 8	1.64	0.899 0	1.97	0.951 2	2.60	0.990 7
1.32	0.813 2	1.65	0.901 1	1.98	0.952 3	2.62	0.991 2
1.33	0.816 5	1.66	0.903 1	1.99	0.953 4	2.64	0.991 7
1.34	0.819 8	1.67	0.905 1	2.00	0.954 5	2.66	0.992 2
1.35	0.823 0	1.68	0.907 0	2.02	0.956 6	2.68	0.992 6
1.36	0.826 2	1.69	0.909 0	2.04	0.958 7	2.70	0.663 1

续表

t	$F(t)$	t	$F(t)$	t	$F(t)$	t	$F(t)$
1.37	0.829 3	1.70	0.910 9	2.06	0.960 6	2.72	0.993 5
1.38	0.832 4	1.71	0.912 7	2.08	0.962 5	2.74	0.993 9
1.39	0.835 5	1.72	0.914 6	2.10	0.964 3	2.76	0.994 2
1.40	0.838 5	1.73	0.916 4	2.12	0.966 0	2.78	0.994 6
1.41	0.841 5	1.74	0.918 1	2.14	0.967 6	2.80	0.994 9
1.42	0.844 4	1.75	0.919 9	2.16	0.969 2	2.82	0.995 2
1.43	0.847 3	1.76	0.921 6	2.18	0.970 7	2.84	0.995 5
1.44	0.850 1	1.77	0.923 3	2.20	0.972 2	2.86	0.995 8
1.45	0.852 9	1.78	0.924 9	2.22	0.973 6	2.88	0.996 0
1.46	0.855 3	1.79	0.926 5	2.24	0.974 9	2.90	0.996 2
1.47	0.858 4	1.80	0.628 1	2.26	0.976 2	2.92	0.996 5
1.48	0.861 1	1.81	0.929 7	2.28	0.977 4	2.94	0.996 7
1.49	0.863 8	1.82	0.931 2	2.30	0.978 6	2.96	0.996 9
1.50	0.866 4	1.83	0.932 8	2.32	0.979 7	2.98	0.997 1
1.51	0.869 0	1.84	0.934 2	2.34	0.980 7	3.00	0.997 3
1.52	0.871 5	1.85	0.935 7	2.36	0.981 7	3.20	0.998 6
1.53	0.874 0	1.86	0.937 1	2.38	0.982 7	3.40	0.999 36
1.54	0.876 4	1.87	0.938 5	2.40	0.983 6	3.60	0.999 68
1.55	0.878 9	1.88	0.939 9	2.42	0.984 5	3.80	0.999 86
1.56	0.881 2	1.89	0.941 2	2.44	0.985 3	4.00	0.999 4
1.57	0.883 6	1.90	0.942 6	2.46	0.986 1	4.50	0.999 993
1.58	0.885 9	1.91	0.943 9	2.48	0.986 9	5.00	0.999 999
1.59	0.888 2	1.92	0.945 1	2.50	0.987 6		
1.60	0.890 4	1.93	0.946 4	2.52	0.988 3		

附表2 平均增长速度查对表（摘选）

（一）水平法查对表

递增速度   间隔期：1～5 年

平均每年增长/%	最后一年发展水平为基期的/%				
	1 年	2 年	3 年	4 年	5 年
0.1	100.10	100.20	100.30	100.40	110.50
0.2	100.20	100.40	100.60	100.80	101.00
0.3	100.30	100.60	100.90	101.20	101.50
0.4	100.40	100.80	101.20	101.60	102.01
0.5	100.50	101.00	101.51	102.02	102.53
0.6	100.60	101.20	101.81	102.42	103.03
0.7	100.70	101.40	102.11	102.82	103.54
0.8	100.80	101.61	102.42	103.24	104.07
0.9	100.90	101.851	102.73	103.65	104.58
1.0	101.00	103.01	103.03	104.06	105.10
1.1	101.10	102.21	103.33	104.47	105.62
1.2	101.20	102.41	103.64	104.88	106.14
1.3	101.30	102.62	103.95	105.30	106.67
1.4	101.40	102.82	104.26	105.72	107.20
1.5	101.50	103.02	104.57	106.14	107.73
1.6	101.60	103.23	104.88	106.56	108.26
1.7	101.40	103.43	105.19	106.98	108.80
1.8	101.80	103.63	105.50	107.40	109.33
1.9	101.90	103.84	105.81	107.82	109.87
2.0	102.00	104.04	106.12	108.24	110.40
2.1	102.10	104.24	106.43	108.67	110.95
2.2	102.20	104.45	106.75	109.10	111.50
2.3	102.30	104.65	107.06	109.52	112.04
2.4	102.40	104.86	107.38	109.96	112.60
2.5	102.50	105.06	107.69	110.38	113.14
2.6	102.60	105.27	108.01	110.82	113.70

续表

平均每年增长/%	最后一年发展水平为基期的/%				
	1 年	2 年	3 年	4 年	5 年
2.7	102.70	105.47	108.32	111.24	114.24
2.8	102.80	105.68	108.64	111.68	114.81
2.9	102.90	105.88	108.95	112.11	115.36
3.0	103.00	106.09	109.27	112.55	115.93
3.1	103.10	106.30	109.60	113.00	116.50
3.2	103.20	106.50	109.91	113.43	117.06
3.3	103.30	106.71	110.23	113.87	117.63
3.4	103.40	106.92	110.56	114.32	118.21
3.5	103.50	107.12	110.87	114.75	118.77
3.6	103.60	107.33	111.19	115.19	119.34
3.7	103.70	107.54	111.52	115.65	119.93
3.8	103.80	107.74	111.83	116.08	120.49
3.9	103.90	107.95	112.16	116.53	121.07
4.0	104.00	108.16	112.49	116.99	121.67
4.1	104.10	108.37	112.81	117.44	122.26
4.2	104.20	108.58	113.14	117.89	122.84
4.3	104.30	108.78	113.46	118.34	123.43
4.4	104.40	108.99	113.78	118.80	124.03
4.5	104.50	109.20	114.11	119.24	124.61
4.6	104.60	109.41	114.44	119.70	125.21
4.7	104.70	109.62	114.77	120.165	125.81
4.8	104.80	109.83	115.10	120.62	126.41
4.9	104.90	110.04	115.43	121.09	127.02
5.0	105.00	110.25	115.76	121.55	127.63
5.1	105.10	110.46	116.09	122.01	128.23
5.2	105.20	110.67	116.42	122.47	128.84
5.3	105.30	110.88	116.76	122.95	129.47
5.4	105.40	111.09	117.09	123.41	130.07
5.5	105.50	111.30	117.43	123.88	130.69
5.6	105.90	111.51	117.77	124.34	131.30
5.7	105.70	111.72	117.10	124.82	131.93
5.8	105.80	111.94	117.44	125.30	132.57
5.9	105.90	112.15	118.77	125.78	133.20

平均每年增长/%	最后一年发展水平为基期的/%				
	1 年	2 年	3 年	4 年	5 年
6.0	106.00	112.36	119.10	126.25	133.83
6.1	106.10	112.57	119.44	126.73	134.46
6.2	106.20	112.78	119.77	127.20	135.09
6.3	105.30	113.00	120.12	127.69	135.73
6.4	105.40	113.21	120.46	128.17	136.37
6.5	105.50	113.42	120.79	128.64	137.00
6.6	106.60	113.61	121.14	129.14	137.66
6.7	106.70	113.85	121.48	129.62	137.30
6.8	106.80	114.06	121.82	130.10	138.95
6.9	106.90	114.28	122.17	130.60	139.61
7.0	107.00	114.49	122.50	131.08	140.26
7.1	107.10	114.70	122.84	131.56	140.90
7.2	107.20	114.02	123.19	132.06	141.57
7.3	107.30	115.13	123.53	132.55	142.23
7.4	107.40	115.35	123.89	133.06	142.91
7.5	107.50	115.56	124.23	133.55	143.57
7.6	107.60	115.78	124.58	134.05	144.24
7.7	107.70	115.99	124.92	134.54	144.90
7.8	107.80	116.21	125.27	135.04	145.57
7.9	107.90	116.42	125.62	135.54	146.25
8.0	108.00	116.64	125.97	136.05	146.93
8.1	108.10	116.86	126.33	136.56	147.62
8.2	108.20	117.07	126.67	137.06	148.30
8.3	108.30	117.29	127.03	137.57	148.99
8.4	108.40	117.51	127.38	138.08	149.68
8.5	108.50	117.72	127.73	138.59	150.37
8.6	108.60	117.94	128.08	139.09	151.05
8.7	108.70	118.16	128.44	139.61	151.76
8.8	108.80	118.37	128.79	140.12	152.45
8.9	108.90	118.59	129.14	140.63	153.15
9.0	109.00	118.81	129.50	141.16	153.86
9.1	109.10	119.03	129.86	141.68	154.57
9.2	109.20	119.25	130.22	142.20	155.28

续表

平均每年增长/%	最后一年发展水平为基期的/%				
	1 年	2 年	3 年	4 年	5 年
9.3	109.30	119.46	130.57	142.71	155.98
9.4	109.40	119.68	130.93	143.24	156.70
9.5	109.50	119.90	131.29	143.76	157.42
9.6	109.60	120.12	131.65	144.29	158.14
9.7	109.70	120.34	132.01	144.81	158.86
9.8	109.80	120.56	132.37	145.34	159.58
9.9	109.90	120.78	132.74	145.88	160.32
10.0	100.00	121.00	133.10	146.41	161.05
10.1	110.10	120.22	133.46	146.94	161.78
10.2	110.20	120.44	133.83	147.48	162.52
10.3	110.30	120.66	134.19	148.01	163.26
10.4	110.40	120.88	134.56	148.55	164.00
10.5	110.50	121.10	134.92	149.09	164.74
10.6	110.60	122.32	135.29	149.63	165.49
10.7	110.70	122.54	135.65	150.16	166.23
10.8	110.80	122.77	136.03	150.72	167.00
10.9	110.90	122.99	136.40	151.27	167.76
11.0	111.00	123.21	136.76	151.80	168.50
11.1	111.10	123.43	137.13	152.35	169.26
11.2	111.20	123.65	137.50	152.90	170.02
11.3	111.30	123.88	137.88	153.46	170.80
11.4	111.40	124.10	138.25	154.01	171.57
11.5	111.50	124.32	138.62	154.56	172.33
11.6	111.60	124.65	139.00	155.12	173.11
11.7	111.70	124.77	139.37	155.68	173.89
11.8	111.80	124.99	139.74	156.23	174.67
11.9	111.90	125.22	140.12	156.79	175.45
12.0	112.00	125.44	140.49	157.35	176.23
12.1	112.10	125.66	140.86	157.90	177.01
12.2	112.20	125.89	141.25	158.48	177.81
12.3	112.30	126.11	141.62	159.04	178.60
12.4	112.40	126.34	142.01	159.62	179.41
12.5	112.50	126.56	142.38	160.18	180.20

平均每年增长/%	最后一年发展水平为基期的/%				
	1 年	2 年	3 年	4 年	5 年
12.6	112.60	126.79	142.77	160.76	181.20
12.7	112.70	127.01	143.44	161.32	181.81
12.8	112.80	127.24	143.53	161.90	182.62
12.9	112.90	127.46	143.980	162.46	183.42
13.0	113.00	127.69	144.29	163.05	184.25
13.1	113.10	127.92	144.68	163.63	185.07
13.2	113.20	128.14	145.05	164.20	185.87
13.3	113.30	128.37	145.44	164.78	186.70
13.4	113.40	128.60	145.83	165.367	187.53
13.5	113.50	128.82	146.21	165.95	188.35
13.6	113.60	129.05	146.60	166.54	189.19
13.7	113.70	129.28	146.99	167.12	190.03
13.8	113.80	129.50	147.37	167.71	190.85
13.9	113.90	129.73	147.76	168.30	191.69
14.0	114.00	129.96	148.15	168.89	192.53
14.1	114.10	130.19	148.55	169.50	193.40
14.2	114.20	130.42	148.94	170.09	194.24
14.3	114.30	130.64	149.32	170.67	195.08
14.4	114.40	130.87	149.72	171.28	195.94
14.5	114.50	131.10	150.11	171.88	196.80
14.6	114.60	131.33	150.50	172.47	197.65
14.7	114.70	131.56	150.90	173.08	198.52
14.8	114.80	131.79	151.29	173.68	199.38
14.9	114.90	132.02	151.69	174.29	200.26
15.0	115.00	132.25	152.09	174.90	201.14
15.1	115.10	132.48	152.48	175.50	202.00
15.2	115.20	132.71	152.88	176.12	202.89
15.3	115.30	132.94	153.28	176.73	203.77
15.4	115.40	133.17	153.68	177.35	204.66
15.5	115.50	133.40	154.08	177.96	205.54
15.6	115.60	133.63	154.48	178.58	206.44
15.7	115.70	133.86	154.88	179.20	207.33
15.8	115.80	164.10	155.29	179.83	208.24
15.9	115.90	134.33	155.69	180.44	209.13
16.0	116.00	134.56	156.09	181.06	210.03

(二)累计法查对表

递增速度   间隔期:1~5 年

平均每年增长/%	最后一年发展水平为基期的/%				
	1 年	2 年	3 年	4 年	5 年
0.1	100.10	200.30	300.60	401.00	501.50
0.2	100.20	200.60	301.20	402.00	503.00
0.3	100.30	200.90	301.80	403.00	504.50
0.4	100.40	201.20	302.40	404.00	506.01
0.5	100.50	201.50	303.01	405.03	507.56
0.6	100.60	201.80	303.61	406.03	509.06
0.7	100.70	202.10	304.21	407.03	510.57
0.8	100.80	201.41	304.83	408.07	512.14
0.9	100.90	202.71	305.44	409.09	513.67
1.0	101.00	203.01	306.04	410.10	515.20
1.1	101.10	203.31	306.64	411.11	516.73
1.2	101.20	203.61	307.25	412.13	519.27
1.3	101.30	203.92	307.87	413.17	519.84
1.4	101.40	204.22	308.48	414.20	521.40
1.5	101.50	204.52	309.09	415.23	522.96
1.6	101.60	204.83	309.71	416.27	524.53
1.7	101.70	205.13	310.32	447.30	526.10
1.8	101.80	205.43	310.93	418.33	527.66
1.9	101.90	205.74	311.55	419.37	529.24
2.0	102.00	206.04	312.16	400.40	530.80
2.1	102.10	206.34	312.77	421.44	532.39
2.2	102.20	206.65	313.40	422.50	534.00
2.3	102.30	206.95	314.1	423.53	535.57
2.4	102.40	207.26	314.64	423.60	537.20
2.5	102.50	207.56	315.25	425.63	538.77
2.6	102.60	207.87	315.88	426.70	540.40
2.7	102.70	208.17	316.49	427.73	541.97
2.8	102.80	208.48	317.12	428.70	543.61
2.9	102.90	208.78	317.73	429.84	545.20
3.0	103.00	209.09	318.36	430.91	546.84
3.1	103.10	209.40	319.00	432.00	548.50

平均每年增长/%	最后一年发展水平为基期的/%				
	1 年	2 年	3 年	4 年	5 年
3.2	103.20	209.70	319.61	433.04	550.10
3.3	103.30	210.01	320.24	434.11	551.74
3.4	103.40	210.32	320.88	435.20	553.41
3.5	103.50	210.62	321.49	436.24	555.01
3.6	103.60	210.93	322.12	437.31	556.65
3.7	103.70	211.24	322.76	438.41	558.34
3.8	103.80	211.54	323.37	439.45	559.94
3.9	103.90	211.85	324.01	440.54	561.61
4.0	104.00	212.16	324.65	441.61	563.31
4.1	104.10	212.47	325.28	442.72	564.98
4.2	104.20	212.78	325.92	443.81	566.65
4.3	104.30	213.08	326.54	444.88	568.31
4.4	104.40	213.39	327.18	445.98	570.01
4.5	104.50	213.70	327.81	447.08	571.66
4.6	140.60	214.01	328.45	448.15	573.36
4.7	104.70	214.32	329.09	449.25	575.06
4.8	104.80	214.63	329.73	450.35	576.76
4.9	104.90	214.94	330.37	451.46	578.48
5.0	105.00	215.25	330.01	452.56	580.19
5.1	105.10	215.56	331.65	453.66	581.89
5.2	105.20	215.87	332.29	454.76	583.60
5.3	105.30	216.18	332.94	455.89	585.36
5.4	105.40	216.49	333.58	456.99	587.06
5.5	105.50	216.80	334.22	458.10	588.78
5.6	105.60	217.11	334.86	459.29	590.50
5.7	105.70	217.42	335.51	460.33	592.26
5.8	105.80	217.74	336.17	461.47	594.04
5.9	105.90	218.05	336.82	462.60	595.80
6.0	106.00	218.36	337.46	463.71	597.54
6.1	106.10	218.67	338.11	464.84	599.30
6.2	106.20	218.98	338.75	465.95	601.04
6.3	106.30	219.30	339.42	467.11	602.84
6.4	106.40	219.61	340.07	468.24	604.61

续表

平均每年增长/%	最后一年发展水平为基期的/%				
	1 年	2 年	3 年	4 年	5 年
6.5	106.50	219.92	340.71	469.35	606.35
6.6	106.60	220.24	341.38	470.52	608.18
6.7	106.70	220.55	342.03	471.65	609.95
6.8	106.80	220.86	342.68	472.78	611.73
6.9	106.90	221.18	343.35	473.95	613.56
7.0	107.00	221.49	343.99	475.07	615.33
7.1	107.10	221.80	344.64	476.20	617.10
7.2	107.20	222.12	345.31	477.37	618.94
7.3	107.30	222.43	345.96	478.51	620.74
7.4	107.40	222.75	346.64	479.70	622.61
7.5	107.50	223.06	347.29	480.84	624.41
7.6	107.60	223.38	347.96	482.01	626.25
7.7	107.70	223.69	348.61	483.15	628.05
7.8	107.80	224.01	349.28	484.32	629.89
7.9	107.90	224.32	349.94	485.48	631.73
8.0	108.00	224.64	350.61	486.66	633.59
8.1	108.10	224.96	351.29	487.85	635.47
8.2	108.20	225.27	351.94	489.00	637.30
8.3	108.30	225.59	352.62	490.19	639.18
8.4	108.40	226.91	353.29	491.37	641.05
8.5	108.50	226.22	353.95	492.54	642.91
8.6	108.60	226.54	354.62	493.71	644.76
8.7	108.70	226.86	355.30	494.91	646.67
8.8	108.80	227.17	355.96	496.08	648.53
8.9	109.90	227.49	356.63	497.26	650.41
9.0	109.00	227.81	375.31	498.47	652.33
9.1	109.10	228.13	357.99	499.67	653.24
9.2	109.20	228.45	358.67	500.87	656.15
9.3	109.30	228.76	359.33	502.04	658.02
9.4	109.40	229.08	360.01	503.25	659.95
9.5	109.50	229.40	360.69	504.45	611.87
9.6	109.60	229.72	361.37	505.66	663.80
9.7	109.70	230.04	363.05	506.86	665.72

平均每年增长/%	最后一年发展水平为基期的/%				
	1 年	2 年	3 年	4 年	5 年
9.8	109.80	230.36	362.73	508.07	667.65
9.9	109.90	230.68	363.43	509.30	669.62
10.0	100.00	231.00	364.10	510.51	671.56
10.1	110.10	231.32	364.78	511.72	673.50
10.2	110.20	231.64	365.47	512.95	675.47
10.3	110.30	231.96	366.15	514.16	677.42
10.4	110.40	232.28	366.84	515.39	679.39
10.5	110.50	232.60	367.52	516.61	681.35
10.6	110.60	232.92	368.21	517.84	683.33
10.7	110.70	233.24	368.89	519.05	685.28
10.8	110.80	233.57	369.60	520.32	687.32
10.9	110.90	233.89	370.29	521.56	689.32
11.0	111.00	234.21	370.97	522.77	691.27
11.1	111.10	234.53	371.66	524.01	693.27
11.2	111.20	234.85	372.35	525.25	695.27
11.3	111.30	235.18	373.06	526.52	697.32
11.4	111.40	235.50	373.75	527.76	699.33
11.5	111.50	235.82	374.44	529.00	701.33
11.6	111.60	236.15	375.15	530.27	703.38
11.7	111.70	236.47	375.84	531.52	705.41
11.8	111.80	236.79	376.53	532.76	707.43
11.9	111.90	237.12	377.24	534.03	709.48
12.0	112.00	237.44	377.93	535.28	711.51
12.1	112.10	237.76	378.62	536.52	713.53
12.2	112.20	238.09	379.34	537.82	715.63
12.3	112.30	238.41	380.03	539.07	717.67
12.4	112.40	238.74	380.75	540.37	719.78
12.5	112.50	239.06	381.44	541.62	721.82
12.6	112.60	239.39	382.16	542.92	723.94
12.7	112.70	339.71	382.85	544.17	725.98
12.8	112.80	240.04	383.57	545.47	728.09
12.9	112.90	240.36	384.26	546.72	730.14
13.0	113.00	240.69	384.98	548.03	732.28

续表

平均每年增长/%	最后一年发展水平为基期的/%				
	1 年	2 年	3 年	4 年	5 年
13.1	113.10	241.02	385.70	549.33	734.40
13.2	113.20	241.34	386.39	550.59	736.46
13.3	113.30	241.67	387.11	551.89	738.59
13.4	113.40	242.00	387.83	553.20	740.73
13.5	113.50	242.32	388.53	554.48	743.83
13.6	113.60	242.65	389.25	555.79	744.98
13.7	113.70	242.98	389.97	557.10	747.13
13.8	113.80	243.30	390.67	558.38	749.23
13.9	113.90	243.63	691.39	559.69	751.38
14.0	114.00	243.96	392.11	561.00	753.53
14.1	114.10	244.29	392.84	562.34	755.74
14.2	114.20	244.62	393.56	563.65	757.89
14.3	114.30	244.94	394.26	564.93	760.01
14.4	114.40	245.27	394.99	566.27	762.21
14.5	114.50	245.60	395.71	567.59	764.39
14.6	114.60	245.93	396.43	568.90	766.55
14.7	114.70	246.26	397.16	570.24	768.76
14.8	114.80	246.59	397.88	571.56	770.94
14.9	114.90	246.92	398.61	572.90	773.18
15.0	115.00	247.25	699.34	574.24	775.38
15.1	115.10	247.58	400.06	575.56	777.56
15.2	115.20	247.91	400.79	576.91	779.80
15.3	115.30	248.24	401.52	578.25	782.02
15.4	115.40	248.57	402.25	579.60	784.26
15.5	115.50	248.90	402.93	580.94	786.48
15.6	115.60	249.23	403.71	582.29	783.73
15.7	115.70	249.56	404.44	583.64	790.97
15.8	115.80	249.90	405.19	585.02	793.26
15.9	115.90	250.23	405.92	586.36	795.49
16.0	116.00	250.56	406.65	587.71	797.74

附表 3　F 检验临界值表

$\alpha = 0.01$

$u_2 \backslash u_1$	1	2	3	4	5	6	7	8	9	10	12	15	20	24	30	40	60	120	∞
1	4 052	5 000	5 403	5 625	5 764	5 859	5 928	5 982	6 022	6 056	6 106	6 157	6 209	6 235	6 261	6 287	6 313	6 339	6 366
2	98.5	99.0	99.2	99.2	99.3	99.3	99.4	99.4	99.4	99.4	99.4	99.4	99.4	99.5	99.5	99.5	99.5	99.6	99.5
3	34.1	30.8	29.5	28.7	28.2	27.9	27.7	27.5	27.3	27.2	27.1	26.9	26.7	26.6	26.5	26.4	26.3	26.2	26.1
4	21.2	18.0	16.7	16.0	15.5	15.2	15.0	14.8	14.7	14.5	14.4	14.2	14.0	13.9	13.8	13.7	13.7	13.6	13.5
5	16.3	13.3	12.1	11.4	11.0	10.7	10.5	10.3	10.2	10.1	9.89	9.72	9.55	9.47	9.38	9.29	9.20	9.11	9.02
6	13.7	10.9	9.78	9.15	8.75	8.47	8.26	8.10	7.98	7.87	7.72	7.56	7.40	7.31	7.23	7.14	7.06	6.97	6.88
7	12.2	9.55	8.45	7.85	7.46	7.19	6.99	6.84	6.72	6.62	6.47	6.31	6.16	6.07	5.99	5.91	5.82	5.74	5.65
8	11.3	8.65	7.59	7.01	6.63	6.37	6.18	6.03	5.91	5.81	5.67	5.52	5.36	5.28	5.20	5.12	5.03	4.95	4.86
9	10.6	8.02	6.99	6.42	6.06	5.80	5.61	5.47	5.35	5.26	5.11	4.96	4.81	4.73	4.65	4.57	4.48	4.40	4.31
10	10.0	7.56	6.55	5.99	5.64	5.39	5.20	5.06	4.94	4.85	4.71	4.56	4.41	4.33	4.25	4.17	4.08	4.00	3.91
11	9.65	7.21	6.22	5.67	5.32	5.07	4.89	4.74	4.63	4.54	4.40	4.25	4.10	4.02	3.94	3.86	3.78	3.69	3.60
12	9.33	6.93	5.95	5.41	5.06	4.82	4.64	4.50	4.39	4.30	4.16	4.01	3.86	3.78	3.70	3.62	3.54	3.45	3.36
13	9.07	6.70	5.74	5.21	4.86	4.62	4.44	4.30	4.19	4.10	3.96	3.82	3.66	3.59	3.51	3.43	3.34	3.25	3.17
14	8.86	6.51	5.56	5.04	4.69	4.46	4.28	4.14	4.03	3.94	3.80	3.66	3.51	3.43	3.35	3.27	3.18	3.09	3.00
15	8.68	6.36	5.41	4.89	4.56	4.32	4.14	4.00	3.89	3.80	3.67	3.52	3.37	3.29	3.21	3.13	3.05	2.90	2.87
16	8.53	6.23	5.29	4.77	4.44	4.20	4.03	3.89	3.78	3.69	3.55	3.41	3.26	3.18	3.10	3.02	2.93	2.84	2.75

续表

u_1 / u_2	1	2	3	4	5	6	7	8	9	10	12	15	20	24	30	40	60	120	∞
17	8.40	6.11	5.18	4.67	4.34	4.10	3.93	3.79	3.68	3.59	3.46	3.31	3.16	3.08	3.00	2.925	2.83	2.75	2.65
18	8.29	6.01	5.09	4.58	4.25	4.01	3.84	3.71	3.60	3.51	3.37	3.23	3.08	3.00	2.92	2.84	2.75	2.66	2.57
19	8.18	5.93	5.01	4.50	4.17	3.94	3.77	3.63	3.52	3.43	3.30	3.15	3.00	2.925	2.84	2.76	2.67	2.58	2.49
20	8.10	5.85	4.94	4.43	4.10	3.87	3.70	3.56	3.46	3.37	3.23	3.09	2.94	2.86	2.78	2.69	2.61	2.52	2.42
21	8.02	5.78	4.87	4.37	4.04	3.81	3.64	3.51	3.40	3.31	3.17	3.03	2.88	2.80	2.72	2.64	2.55	2.45	2.36
22	7.95	5.72	4.82	4.31	3.99	3.76	3.59	3.45	3.35	3.26	3.12	2.98	2.83	2.75	2.67	2.58	2.50	2.40	2.31
23	7.88	5.66	4.76	4.26	3.94	3.71	3.54	3.41	3.30	3.21	3.07	2.93	2.78	2.70	2.62	2.54	2.45	2.35	2.26
24	7.82	5.61	4.72	4.22	3.90	3.67	3.50	3.36	3.26	3.17	3.03	2.89	2.74	2.66	2.58	2.49	2.40	2.31	2.21
25	7.77	5.57	4.68	4.18	3.85	3.63	3.46	3.32	3.22	3.136	2.99	2.85	2.70	2.62	2.54	2.45	2.36	2.27	2.17
30	7.56	5.39	4.51	4.02	3.70	3.47	3.30	3.17	3.07	2.98	2.84	2.70	2.55	2.47	2.39	2.30	2.21	2.11	2.01
40	7.31	5.18	4.31	3.83	3.51	3.29	3.12	2.99	2.89	2.80	2.66	2.52	2.37	2.29	2.20	2.11	2.02	1.92	1.80
60	7.08	4.98	4.13	3.65	3.34	3.12	2.95	2.82	2.72	2.693	2.50	2.35	2.20	2.12	2.03	1.94	1.84	1.73	1.60
120	6.85	4.79	3.95	3.48	3.17	2.96	2.78	2.66	2.56	2.47	2.34	2.19	2.03	1.95	1.86	1.76	1.66	1.53	1.38
∞	6.63	4.61	3.78	3.32	3.00	2.80	2.64	2.51	2.41	2.32	2.18	2.04	1.88	1.79	1.70	1.59	1.47	1.32	1.00
1	161	200	216	225	230	234	237	239	241	242	244	245	248	249	250	251	252	253	254
2	18.5	19.0	19.2	19.2	19.3	19.3	19.4	19.4	19.4	19.4	19.4	19.4	19.4	19.5	19.5	19.5	19.5	19.5	19.5
3	10.1	9.55	9.28	9.12	9.01	8.94	8.89	8.85	8.81	8.79	8.74	8.70	8.66	8.64	8.62	8.59	8.57	8.55	8.53
4	7.71	6.94	6.59	6.39	6.26	6.16	6.09	6.04	6.00	5.96	5.91	5.86	5.80	5.77	5.75	5.72	5.69	5.66	5.63
5	6.61	5.79	5.41	5.19	5.05	4.95	4.88	4.82	4.77	4.74	4.68	4.62	4.56	4.53	4.50	4.46	4.43	4.40	4.36
6	5.99	5.14	4.76	4.53	4.39	4.28	4.21	4.15	4.10	4.06	4.00	3.94	3.87	3.84	3.81	3.77	3.74	3.70	3.67
7	5.59	4.74	4.35	4.12	3.97	3.87	3.79	3.73	3.68	3.64	3.57	3.51	3.44	3.41	3.38	3.34	3.30	3.27	3.23
8	5.32	4.46	4.07	3.84	3.69	3.58	3.50	3.44	3.39	3.35	3.28	3.22	3.15	3.12	3.08	3.04	3.01	2.97	2.93

续表

u_2 \ u_1	1	2	3	4	5	6	7	8	9	10	12	15	20	24	30	40	60	120	8
9	5.12	4.26	3.86	3.63	3.48	3.37	3.29	3.23	3.18	3.14	3.0	3.01	2.94	2.90	2.86	2.83	2.79	2.75	2.71
10	4.96	4.10	3.71	3.48	3.3	3.22	3.14	3.07	3.02	2.98	2.91	2.85	2.77	2.74	2.70	2.66	2.62	2.58	2.54
11	4.84	3.98	3.59	3.36	3.20	3.09	3.01	2.95	3.90	2.85	2.79	2.72	2.65	2.61	2.57	2.53	2.49	2.45	2.40
12	4.75	3.89	3.49*	3.26	3.11	3.00	2.91	2.85	2.80	2.75	2.69	2.62	2.54	2.51	2.47	2.43	2.38	2.34	2.30
13	4.67	3.81	3.41	3.18	3.03	2.92	2.83	2.77	2.71	2.67	2.60	2.53	2.46	2.42	2.38	2.34	2.30	2.25	2.21
14	4.60	3.74	3.34	3.11	2.96	2.85	2.76	2.70	2.65	2.60	2.53	2.46	2.39	2.35	2.31	2.27	2.22	2.18	2.13
15	4.54	3.68	3.29	3.06	2.90	2.79	2.71	2.64	2.59	2.54	2.48	2.40	2.33	2.29	2.25	2.20	2.16	2.11	0.37
16	4.49	3.63	3.24	3.10	2.85	2.74	2.66	2.59	2.54	2.49	2.42	2.35	2.28	2.24	2.19	2.15	2.11	2.06	2.01
17	4.45	3.59	3.20	2.96	2.81	2.70	2.61	2.55	2.49	2.45	2.38	2.31	2.23	2.19	2.15	2.10	2.06	2.01	1.96
18	4.41	3.55	3.16	2.93	2.77	2.66	2.58	2.51	2.46	2.41	2.34	2.27	2.19	2.15	2.11	2.06	2.02	1.97	1.92
19	4.38	3.52	3.13	2.90	2.74	2.63	2.54	2.48	2.42	2.38	2.31	2.23	2.16	2.11	2.07	2.03	1.98	1.93	1.88
20	4.35	3.49	3.10	2.87	2.71	2.60	2.51	2.45	2.39	2.35	2.28	2.20	2.12	2.08	2.04	1.99	1.95	1.90	1.84
21	4.32	3.47	3.07	2.84	2.68	2.57	2.49	2.42	2.37	2.32	2.25	2.18	2.10	2.05	2.01	1.96	1.92	1.87	1.81
22	4.30	3.44	3.05	2.82	2.66	2.55	2.46	2.40	2.34	2.30	2.23	2.15	2.07	0.23	1.98	1.94	1.89	1.84	1.78
23	4.28	3.42	3.03	2.80	2.64	2.53	2.44	2.39	2.32	2.27	2.20	2.13	2.05	2.01	1.96	1.91	1.86	1.51	1.76
24	4.26	3.40	3.01	2.78	2.62	2.51	2.42	2.36	2.30	2.25	2.18	2.11	2.03	1.98	1.94	1.89	1.84	1.79	1.73
25	4.24	3.39	2.99	2.76	2.60	2.49	2.40	2.34	2.28	2.24	2.16	2.09	2.01	1.96	1.92	1.87	1.82	1.77	1.71
30	4.17	3.32	2.92	2.69	2.53	2.42	2.33	2.27	2.21	2.16	2.09	2.01	1.93	1.89	1.84	1.79	1.74	1.68	1.62
40	4.08	3.23	2.84	2.61	2.45	2.34	2.25	2.18	2.12	2.08	2.00	1.92	1.84	1.79	1.74	1.69	1.64	1.58	1.51
60	4.30	3.15	2.76	2.53	2.37	2.25	2.17	2.10	2.04	1.99	1.92	1.84	1.75	1.70	1.65	1.59	1.53	1.47	1.39
120	3.92	3.07	2.68	2.45	2.29	2.17	2.09	2.02	1.96	1.91	1.83	1.75	1.66	1.61	1.55	1.50	1.43	1.35	1.25
8	4.84	3.00	2.60	2.37	2.21	2.10	2.01	1.94	1.88	1.83	1.75	1.67	1.52	1.52	1.46	1.39	1.32	1.22	1.00

参考文献

[1] 马玉林,沈民.市场预测与决策[M].成都:四川人民出版社,1996.

[2] 宋光辉,许鹏.统计学[M].长沙:湖南出版社,1993.

[3] 徐国祥.统计预测与决策[M].上海:上海财经大学出版社,1998.

[4] 黄良文,陈仁恩.统计学原理[M].北京:中央广播电视大学出版社,1992.

[5] 向蓉美,李载卿.国民经济统计概论[M].成都:西南财经大学出版社,1994.

[6] 陈仁恩.社会经济统计学原理习题汇编[M].北京:中国统计出版社,1984.

[7] 王芸,周光大.企业经济统计学[M].成都:西南财经大学出版社,1995.

[8] 鲍丽娜,米娟.统计学原理与企业统计[M].大连:大连海事大学出版社,1996.

[9] 曹诘祥,董逢谷.企业管理统计[M].上海:立信会计出版社,1996.

[10] 曹毓侯,赵文蔚,统计原理与经济统计习题解[M].北京:中国发展出版社,1984.

[11] 黄良文.社会经济统计学原理(增订本)[M].北京:中国财政经济出版社,1998.